STORIA IN LABORATORIO
N. 21

DIRETTA DA
MASSIMO COLTRINARI

Massimo Coltrinari

LE MARCHE
E LA I GUERRA MONDIALE:
IL 1914

Le Brigate di Fanteria "Marchigiane":
Marche, Ancona, Macerata, Piceno e Pesaro

Edizioni Nuova Cultura

Il presente volume esce con un contributo di:

e di:

ISBN: 9788868124878
DOI: 10.4458/4878

In copertina: *Una guerra di Popolo*. Riproduzione di una cartolina di propaganda utilizzata come cartoncino/invito per l'apertura del ciclo delle Commemorazioni del Centenario della Grande Guerra da parte del Comando Militare Esercito "Marche". (Ancona, 23 ottobre 2014, Polo Museale della Marina Militare "Sant'Agostino").

Copertina: a cura di Tiziano Fani Braga
Composizione grafica: a cura di Luca Mozzicarelli

Questo volume è stato stampato
con tecnologia *"print on domand"*
presso centro stampa "Nuova Cultura"
p.le Aldo Moro 5 00185 Roma
www.nuovacultura.it
Per ordini: ordini@nuovacultura.it
cervinocause@libero.it

FSC www.fsc.org MISTO Carta da fonti gestite in maniera responsabile FSC® C007287

Questo libro è stampato su carta FSC amica delle foreste. Il logo FSC identifica prodotti che contengono carta proveniente da foreste gestite secondo i rigorosi standard ambientali, economici e sociali definiti dal Forest Stewardship Council

INDICE

PRESENTAZIONE

L'Accademia di Oplologia e Militaria non poteva non accettare e condividere l'idea dell'Autore di questo volume volta ad approfondire il tema "Le Marche e la Prima Guerra Mondiale". Con un approccio contestualizzato, ovvero ricordare il centenario degli avvenimenti anno dopo anno a partire da quel 1914 che è stato l'anno fatale per l'Europa; un anno che vide l'Italia fuori dalla guerra in una situazione quanto mai difficile e complessa. Il 1914 è stato indubbiamente un anno variegato con eventi in contrasto tra loro, che si sono susseguiti con contraddizioni e sovrapposizioni che ancora oggi fanno discutere e che hanno messo l'Italia, nel contesto europeo, in una situazione difficile, aperta a critiche anche pesanti. Aver voluto, in vari incontri, vedere via via queste situazioni particolari può servire a capire quello che successe nel 1915 e soprattutto a comprendere il nostro intervento in guerra.

Sarebbe stato un vero peccato quello di non conservare traccia di tutto il lavoro di divulgazione e di ricerca svolto nella seconda metà del 2014 a favore dell'approfondimento dei temi riguardanti la Prima Guerra Mondiale. Da qui l'idea di mettere la gran parte del materiale utilizzato ed elaborato a disposizione di tutti attraverso questo volume. Volume che si riferisce al 1914, un anno, come detto, in cui sono stati alterati gli equilibri europei, ma che vedeva l'Italia neutrale.

Nelle Marche, peraltro, sono successi avvenimenti estremamente interessanti che hanno portato la Regione ed il suo Capoluogo alla ribalta nazionale. Dapprima la Settimana Rossa, con tutto quello che sta a significare, poi, al momento della dichiarazione della neutralità, l'inizio del confronto tra neutralisti ed interventisti. Sarà oggetto questo tema del prossimo volume, quello dedicato al 1915, ma che qui trova un riverbero nell'accenno alla "Rossa avanguardia delle Argonne", che vide uno dei fulcri di azione nel Partito Repubblicano Italiano con i suoi esponenti, tra i quali spiccano figure come Giuseppe Chiostergi e Lamberto Duranti, uno di Senigallia, l'altro di Ancona. Un degno corollario al tema di questo volume, che permette di avere una introduzione di "partecipazione" diretta ai temi della Grande Guerra. Introduzione al tema del volume che riporta le operazioni e gli avvenimenti che videro le Brigate di fanteria del Regio Esercito Italiano che portavano un nome Marchigiano. È un filo rosso, molto sottile, che collega le Marche e il fronte di guerra. Le Brigate operano non solo sulla fronte isontina e nel trentino, cioè in Italia, ma anche oltre il territorio metropolitano, in Albania.

Il volume ci propone, quindi, un quadro generale di quello che fu, dal punto di vista militare, la Grande Guerra, attraverso le vicende delle Brigate di fanteria che portano il nome marchigiano. Ci avvicina molto al rapporto Le Marche e la Prima Guerra mondiale, in cui la parte introduttiva ci dà degli squarci abbastanza significativi di questo rapporto in un periodo, il 1914, in cui Ancona e le Marche stesse ebbero modo di essere protagonisti della vita politica italiana.

Da ultimo, il volume può rappresentare un utile strumento per i soci della Accademia di Oplologia e Militaria, in quanto estremamente ricco di spunti e note di interesse, con un alto valore documentario e scientifico che possono dare la possibilità ai Soci stessi di avviare dibatti, ricerche ed approfondimenti, oltre che allargare le proprie conoscenze, che è uno dei fini ultimi, della Accademia stessa.

Franco Sestilli
Presidente Accademia di Oplologia e Militaria di Ancona

PREFAZIONE

Tra le molte iniziative messe in atto per ricordare e celebrare la data centenaria della Prima Guerra Mondiale, che sono in essere o stanno per avviarsi nella nostra Regione, la Mediateca Comunale "Gualterio Giamagli" di Polverigi ha messo in cantiere una iniziativa che merita di essere citata, anche perché rappresenta il punto di riferimento di un segmento del Progetto "Storia in Laboratorio". La Mediateca "Giamagli" di Polverigi, attraverso il suo Presidente, Prof. Rigotti, ha varato un programma di conferenze che ha avuto l'accettazione del Comitato per le Commemorazioni del Centenario della Prima Guerra Mondiale della Presidenza del Consiglio – Struttura di Missione per gli anniversari di interesse nazionale. Tale progetto ha avuto il titolo *"Capire la Grande Guerra – percorso per immagini, suoni, parole e documenti"* e, con il riconoscimento della Presidenza del Consiglio, accredita questa iniziativa quale progetto rientrante nel Programma ufficiale delle commemorazioni del Centenario della Prima Guerra Mondiale. Il progetto intende "capire" la Grande Guerra" come un evento che, iniziatosi nel risorgimento nazionale, può essere considerato come quello che ha finalmente dato una identità completa all'Italia. Per attuare questo si intende organizzare, nell'arco di quattro anni, due conferenze all'anno contestualizzate. Saranno conferenze a tre voci: una parte di esse sarà dedicata alla Grande Guerra e sue conseguenze dal punto di vista strettamente militare, quindi si approfondiranno e si vorrà capire gli eventi militari; una parte dedicata ai riflessi che la Grande Guerra ha avuto sulla grande Storia, sullo sviluppo sociale, sulla politica, sulla economia, sulla scienza sulla cultura ed in particolare sui "media" e i "nuovi media": letteratura, fotografia, cinema, musica, giornalismo ecc. Infine una terza parte si dedicherà ai riflessi della Grande Guerra a livello locale. Particolare del progetto da mettere in evidenza è il coinvolgimento delle scuole, che in questo momento tendono a rinchiudersi su se stesse per evidenti ragioni; coinvolgimento anche delle Associazioni ed organizzazioni locali affinché ci sia sinergia di finalità. Il progetto della Mediateca di Polverigi si collega, con quello a più ampio raggio del Comando Militare Esercito "Marche", che su input dello Stato Maggiore Esercito, attraverso le Prefetture delle Marche, intende celebrare e ricordare la

Grande Guerra, con un approccio non generale, ma attraverso l'ottica di regione, ovvero Le Marche e la Prima Guerra Mondiale. Questa chiave di intervento, nel più grande contesto nazionale, vuole essere un apporto tale da rimettere in primo piano, soprattutto per le nuove generazioni, aspetti che hanno ben focalizzato l'apporto delle Marche alla Prima Guerra Mondiale e che erano notissimi ai nostri Padri ed ai nostri Nonni, ma che stanno lentamente scivolando verso l'oblio con il passare del tempo ed il susseguirsi delle generazioni. La combinazione di iniziative private, a cui occorre citare anche quelle messe in atto dalla nostra Accademia di Oplologia e Militaria di Ancona, oltre a varie Associazioni e Centri Studi locali, con quelle delle Istituzioni può aiutare a comprendere e capire la Prima Guerra Mondiale. Questo volume ha "l'intento" di mettere "su carta" quanto prodotto per renderlo disponibile a chi ne ha interesse. E come più volte sottolineato dal Presidente, in un contesto di massima apertura verso tutte le altre iniziative, quello di permettere ai Soci di avere materiale per i loro incontri ed i loro approfondimenti così che, in seno alla Accademia, il dibattito su questo tema grandioso, come quello della Prima Guerra Mondiale, possa essere ampiamente documentato e discusso.

Massimo Ossidi
Vice Presidente Accademia di Oplologia e Militaria

RINGRAZIAMENTI

Per la realizzazione di questo volume, i ringraziamenti vanno a tutti coloro che l'hanno permesso. In primo luogo il Generale Comandante il Comando Militare Regione "Marche", gen. b. *Rosario Silvestro Moschella*, che ha dato un aiuto non solo istituzionale ma entusiastico e da amico; ed ai suoi collaboratori, in particolar modo il Ten. Col. Giorgio Clemente e il Ten. Col. Pericle Tiscione.

Enzo Monsù ed agli amici che operano nella Associazione "Arcobaleno" di Pietralacroce (Ancona) che hanno realizzato la mostra al Forte Altavilla, esempio concreto di un linguaggio materico semplice ed efficace.

Tutti coloro che, nell'ambito della Accademia di Oplologia e Militaria si sono impegnati e ben spesi per la mostra a Pesaro, in particolare l'ing. Remigio Izzo e Marina Cecchini.

Gli amici di Rimini della Associazione Aires, con il suo Presidente, Geatano Rossi, ancora una volta brillante curatore della Mostra, rinverdendo fasti degli anni passati; l'arch. Foschi, l'amm. Cingolani nonché il brillante storico ed amico Andrea Santangelo.

Il Centro Studi di Agugliano e Castel d'Emilio, con il suo Presidente, e la Società Operaia di Mutuo Soccorso di Castel d'Emilio e i Soci, in particolare il Presidente Paolo Nisi.

Il Club Ufficiali Marchigiani, che oltre al Presidente, è stato presente in varia misura con i suoi maggiori esponenti, tra i quali non si possono non ricordare il gen. Luigi Chiavarelli e il gen. Luigi Cocozza,

Infine, un particolare ringraziamento a Franco Sestilli e Massimo Ossidi che sono stati, nel quadro delle attività della Accademia di Oplologia e Militaria, il motore e i sostenitori ultimi di questa realizzazione e a Giovanni Cesaretti che ha rivisto il testo.

NOTA DELL'AUTORE

L'idea di raccogliere in un volume la storia delle operazioni delle Brigate che portano un nome marchigiano nasce in seno al Comitato Scientifico del Club Ufficiali Marchigiani, nel momento in cui si dibatteva come ricordare e celebrare la Grande Guerra. Il Club, come noto, raccoglie tutti gli Ufficiali che hanno avuto i loro natali nelle Marche, che si riuniscono per rivivere e affermare, in un contesto di libera decisione e propositivo, la loro marchigianità; nel contempo, dovendo molti di loro, per ragioni professionali, girovagare per l'Italia e per l'estero, ci è sembrato utile ricordare loro la loro terra di origine e, in tanti casi, quella di farla meglio conoscere.

Accanto a questo è sembrata cosa degna di nota approfondire alcuni temi di Storia Militare riguardante le Marche. Quindi il tema "Le Marche e la Prima Guerra Mondiale" ha trovato fertile terreno, che ha permesso di sviluppare i contenuti di questo libro.

L'Autore, come Direttore del Comitato Scientifico del Club, ha avuto quindi facile gioco nello sviluppare il progetto e le idee che ad esso sono premessa e, con ricerche mirate presso la Biblioteca Militare Centrale del Ministero della Difesa e dell'Ufficio Storico dello Stato Maggiore dell'Esercito, è riuscito ad avere il materiale utile che è stato riportato nella sua integralità, essendo tratto, nella sua gran parte, dai Diari Storici delle Unità prese in considerazione.

A premessa di questa documentazione, si è riportato quanto è stato elaborato per convegni e iniziative varie per presentare gli avvenimenti che si sono succeduti nel 1914 aventi riferimenti alla nostra Regione, incentrando tutto sempre sul rapporto "Le Marche e la Prima Guerra Mondiale", con la consapevolezza che sono solo alcuni aspetti dei tanti che potevano essere trattati.

Il volume, inserito nella Collana Storia in Laboratorio, è il primo, almeno nelle intenzioni, di altri che seguiranno dedicati ad ogni anno di guerra dal 1915 al 1918, sempre con il tema contestualizzato "Le Marche e la Prima Guerra Mondiale". L'amore per questa magnifica terra natia merita questo piccolo omaggio.

M.C

PREMESSA

Scopo di questo volume, nel quadro generale del rapporto tra *Le Marche e la Prima Guerra mondiale*, nella data centenaria del 1914, è quello di fornire al lettore ed agli studiosi un quadro abbastanza esaustivo delle attività svolte dalle Brigate che nel corso del conflitto portarono un nome geografico marchigiano. In questo quadro vengono principalmente descritti gli avvenimenti in cui la Brigata presa in esame è stata protagonista, cercando di evidenziare i fatti salienti e particolarmente significativi, indicando anche i servizi prestati in linea, nei quattro anni di guerra; evidenziare il grado di adesione e consenso dimostrato dalla Brigata e dai suoi uomini, elencando le ricompense al valore sia collettive che individuali; evidenziare, inoltre, il contributo in termini di sacrificio, indicando in modo capillare il numero dei Caduti, Dispersi e Feriti, come segno del costo che la Brigata ha pagato per il suo impegno e per il suo comportamento. Ne nasce, quindi, un quadro ancorché sinottico e schematico, chiaro e preciso dell'impegno di queste Brigate, nel quadro generale della guerra. Un quadro che potrebbe essere un tassello, almeno questa è la speranza, che contribuirà a formare quello più grande del contributo delle Marche alla Grande Guerra. Premessa, questa, al volume che si dedicherà al valore del soldato marchigiano come singolo aspetto e segno della adesione alla Guerra, almeno intesa come quarta guerra di Indipendenza nel contesto del Risorgimento Nazionale.

I limiti di spazio sono ancorati alle zone di operazioni ove le Brigate sono state impiegate: i fronti di guerra: dall'Isonzo, basso e medio, a quello degli Altipiani, da quello dolomitico al fronte albanese, particolarmente tragico per la Brigata Marche, in cui perse, per siluramento, un intero suo reggimento. Nessuna Brigata è stata impiegata in Francia, anche se numerosi marchigiani erano presenti nel Corpo d'Armata inviato nel fronte francese.

I limiti di tempo vanno dalla preparazione al conflitto (1914), con accenni alla tradizione delle Brigate più antiche, come la **Marche** e la **Ancona**, che risalgono agli anni postrisorgimentali, alla fine della guerra (1918).

Fig.1. S.M. il Re tiene rapporto sul campo

INTRODUZIONE[1]
41 MESI E 10 GIORNI DI GUERRA

Nel voler evidenziare alcune peculiarità del rapporto tra le Marche e la Prima Guerra Mondiale, in questa data centenaria, è stato individuato un tema che presenta spunti interessanti di riflessione: "I Reparti di fanteria con nome marchigiano nella Prima Guerra Mondiale". Si vuole evidenziare un aspetto della Fanteria del Regio Esercito del primo novecento, che era ordinata come unità base su Brigate, a cui era dato il nome geografico di regioni, città, fiumi ed altre peculiarità geografiche nel nostro territorio. Accanto a questa denominazione vi era la numerazione progressiva reggimentale che, partendo da n. 1 determinava l'anzianità e la tradizione del reggimento e quindi della Brigata. Questa impostazione terminologica risale agli ordinamenti del Regno di Sardegna adottati all'indomani della restaurazione del 1815, dopo il periodo napoleonico.

Le Brigate, ordinate ciascuna su due reggimenti, riportavano, quindi, la numerazione progressiva. Nel 1815 vi erano solo 9 Brigate su 18 reggimenti: sono i tradizionali e carichi di gloria reggimenti del vecchio Regno di Sardegna.

Con gli eventi del 1859-1860 si costituirono reggimenti di fanteria con numerazione dal n. 19 in avanti via via che le regioni geografiche venivano annesse al Regno di Sardegna (Lombardia, Toscana, Emilia e Romagna, Toscana). A cui poi si aggiunsero le Marche e l'Umbria e le regioni meridionali dopo la rinuncia di Giuseppe Garibaldi a costituire una Repubblica mazziniana nell'ex Regno delle Due Sicilie.

Le scelte ordinative come sopra presentate, oltre a proseguire una tradizione, avevano anche come scopo quello di contribuire a creare il senso di identità nazio-

[1] Testo della Conferenza, II parte, tenuta dall'Autore, dal titolo "*I Reparti di fanteria con nome marchigiano nella Prima Guerra Mondiale*", in occasione delle commemorazioni del Centenario della Grande Guerra indette dal Comando Militare Esercito "Marche", tenutasi giovedì 23 ottobre 2014 presso il Polo Museale della Marina Militare "Sant'Agostino" di Ancona.

nale e di appartenenza ad una Nazione, sulla scia dell'approccio da tutti sentito, all'indomani della proclamazione del Regno d'Italia il 17 marzo 1861, *"fatta l'Italia, necessitava fare gli Italiani"*.

Ogni Brigata dal nome marchigiano, **Marche**, **Ancona**, **Macerata**, **Piceno** e **Pesaro** è presentata iniziando con cenni alla situazione al momento della mobilitazione, con la indicazione della sede dei reggimenti in pace, alle operazioni di radunata e, quindi, all'avvio al fronte; segue poi, in forma il più possibile sintetica ma esaustiva la descrizione delle operazioni negli anni 1915, 1916, 1917, 1918: quarantuno mesi e dieci giorni di guerra.

Spazio è dedicato agli eventi più significativi riferiti alla Brigata, con cenni e note di sintesi, nel più ampio quadro delle undici battaglie dell'Isonzo, (maggio 1915 – settembre 1917) che in nota sono sintetizzate in modo didascalico nel primo paragrafo in cui si traccia un quadro generale della guerra, la 12a battaglia dell'Isonzo, ovvero di Caporetto, la battaglia di arresto (novembre 1917) la battaglia del Solstizio (giugno 1918) e la battaglia di Vittorio Veneto (ottobre-novembre 1918).

Questa sintesi delle attività delle Brigate "marchigiane" ha come corollario alcune schede didascaliche. Sono riportati nominativamente i Decorati di Medaglia d'Oro al Valor Miliare di ogni Brigata, quelli dell'Ordine Militare di Savoia, mentre solo in modo numerico riassuntivo quelli decorati di Medaglia d'Argento e di Bronzo. Sono poi citati i nomi dei Comandanti delle Brigate e dei Reggimenti; in modo descrittivo e non schematico, i servizi prestati in linea e i periodi di riposo. Infine un quadro delle Perdite subite dalla Brigata nella tradizionale articolazione di Caduti, feriti e Dispersi, questo a sottolineare il costo che la Brigata ha pagato in termini di uomini alla Guerra.

Si deve, peraltro, aggiungere che la documentazione sulla Brigata dal nome "marchigiano" riporta anche la indicazione dei Distretti di alimentazione della Brigata stessa e, quindi, questo sistema merita alcune considerazioni esplicative.

Il sistema di alimentazione del personale alle Brigate era discendente dal principio che in una Brigata dovevano far servizio, l'uno accanto all'altro, gruppi di soldati provenienti da dieci distretti diversi. Lo scopo era, primariamente, di far conoscere gli uni agli altri, in tutti i vari aspetti (etnico, linguistico, degli usi e dei costumi di ciascuno, ecc.). Quindi il nome della Brigata non significava una unità a reclutamento regionale: solo il nucleo iniziale aveva attinenza all'area geografica di riferimento a cui era stato assegnato. Ogni soldato doveva conoscere gli aspetti peculiari delle tradizioni della Brigata oltre che del reggimento, e quindi anche il significato storico-geografico del nome della Brigata. Tutto questo affinché l'amalgama che necessariamente si doveva ottenere sotto l'aspetto operativo, doveva anche essere ottenuto sotto l'aspetto della provenienza, oggi si direbbe della "socializzazione". Tutti dovevano conoscere tutto di tutti. Si puntava decisamente a formare, oltre che il soldato combattente, anche l'Italiano, il Cittadino, che in armi serviva la Patria e che aveva accanto a se altri Italiani che si apprestavano a iniziare lo stesso percorso. Il nome geografico della Brigata discende dalla vecchia tradizione del Regno di Sardegna di denominare i soldati dal nome della regione di provenienza. Dopo l'unità d'Italia questa tradizione rimase, ma via via, assunse la funzione sopra descritta, di amalgama, coesione e senso di appartenenza nazionale. Il nome della Brigata e del Reggimento serviva anche a far conoscere una parte del territorio italiano, le sue peculiarità, le sue caratteristiche, oltre che a sviluppare il cameratismo e l'amicizia d'armi.

Questa lettura che con questo volume si è voluta dare, di cui le cinque Brigate che portano un nome geografico marchigiano, serve anche per approfondire ed evidenziare un aspetto estremamente importante della Grande Guerra: al di là dei suoi orrori e delle sue tragedie: essa è stata un crogiuolo per noi Italiani, in cui si sono superati i regionalismi, le differenze localistiche di ogni genere, il concetto di minoranza che ancora molti Italiani avevano, dialetti, costumi e tradizioni, tutti fattori in cui si erano persi per vari secoli gli Italiani in quanto tali.

Questo permette, quasi come corollario, di dire che la Prima Guerra Mondiale è a tutti gli effetti la quarta guerra d'indipendenza, vera guerra finale del ciclo risorgimentale, quel ciclo che ha portato l'Italia stessa a passare, nella considerazione internazionale, da una semplice espressione geografica ad uno Stato unitario, comprendente la Nazione Italiana.

Si riportano anche alcune iconografie dedicate alle Brigate dal nome marchigiano. Come medaglie e simbologia, oltre che cartoline espressamente dedicate ai reggimenti della Brigata. La Cartolina reggimentale ha avuto un ruolo molto importante negli aspetti motivazionali e psicologici del soldato italiano del tempo. L'inizio della produzione delle cartoline reggimentali ha avuto inizio nel 1897, quando venne eseguita la prima cartolina reggimentale ufficiale ad opera del pittore, molto noto fra i militari di ieri e di oggi, Quinto Cenni, per il 78° Reggimento fanteria, riproducente un episodio della "Battaglia di San Martino". Dopo quella, quasi tutti i Corpi, gli Istituti, i Reggimenti e le Scuole, oltre che i Comandi vollero produrre ed avere una loro Cartolina. Si trattava, per lo più, di cartoline riproducenti episodi delle campagne di indipendenza o riproducenti le uniformi dei vari reparti, il tutto graficamente immerso nello stile dell'epoca, ricco di fiori, fronte, lauri, fanciulle aleggianti da eteree niche. Con lo scoppio della Grande Guerra la cartolina assume un valore fondamentale, in quanto diviene elemento di "essere" e di "messaggio". Messaggio di propaganda, ecco le cartoline del prestito nazionale, propaganda satirica, ecco le cartoline che ci mostrano i nemici trasformati in polli da aquile, o in maiali, o in orridi e sanguinari mostri. Così per ogni emozione, sentimento o necessità ecco le cartoline psicologicamente mirate. Anche i reggimenti di fanteria rinnovarono le loro immagini, mentre i nuovi, quelli costituiti alla vigilia o guerra durante devono inventarsi una loro immagine; immagine che si rifà ai combattimenti sostenuti ed alle zone di impiego.

Molto presto la cartolina rappresenta il legame di notizie tra la famiglia ed il soldato, sia esso marito, figlio, nipote o amico, ma assurge anche a vetrina del reparto che la produce, per l'orgoglio dei comandanti dei reggimenti di mostrare le azioni valorose e quindi alimentazione dello spirito di corpo. La grafica cambia radicalmente guerra durante: non più soldatini, fanciulle, fiori e ghirlande, ma immagini crude e dure, in cui sullo sfondo vi è sempre la guerra con i suoi orrori.[2]

Hanno contribuito ai disegni soldati, artisti, sconosciuti e di grande fama, come Cascella, Beltrame, Dudovich, Ximenes, Sironi, Sarti ecc. Una ultima annotazione, peculiare per le Brigate dal nome marchigiano. Tra i collezionisti di Cartoline Militari, numerosi in tutta Italia, le più ricercate sono le cartoline delle Brigate di formazione recente, quelle formate durante la guerra, ovvero di tutti i reggimenti ad alta numerazione. Oggi esse sono una autentica rarità, sia perché la produzione fu scarsa, sia perché il tempo era veramente poco per dedicarsi a scrivere a casa dato l'incalzare degli avvenimenti e l'organizzazione che vi doveva provvedere non riusciva a tenere i ritmi delle nuove Brigate. Oggi sono ricercatissime ed autentiche rarità. Tra queste le cartoline "rare" vi sono quelle della Brigata **Pesaro** e soprattutto, della Brigata **Piceno**.

Prima di esporre gli avvenimenti relativi alle Brigate dal nome marchigiano, si crede opportuno farli precedere dai due capitoli introduttivi ed esplicativi della attività svolta; il primo è dedicato alla presentazione della Grande Guerra nel suo insieme e come si è sviluppata anno dopo anno, preceduta da brevi note sulla nostra politica estera di fine ottocento ed inizio novecento, note senza le quali non si possono ben comprendere le scelte italiane dell'estate del 1914, nel momento in cui scoppiava la guerra nel resto dell'Europa. Scelte che sicuramente non trovarono impreparato l'Esercito Italiano almeno sul piano concettuale-operativo, avendo lo stesso, ancorché in forma ufficiosa e come ipotesi di studio, fin dal 1885 preso in esame una guerra sul confine orientale. Scelte che cambiarono radicalmente la prospettiva politico-sociale italiana, generando quel confronto tra interventisti e neutralisti che per oltre nove mesi permeò tutta la vita nazionale. In questo confronto le Marche furono in prima fila con tanti suoi esponenti che, nel solco risorgimentale, si spesero per un intervento armato contro il cosiddetto "nemico ereditario", cioè l'Austria; alcuni, nel solco della tradizione garibaldina, andarono a combattere in Francia, testimonianza diretta di quale si doveva assolutamente fare nel contesto della guerra europea.

Nel secondo capitolo: note più tecniche, riguardanti l'Esercito Italiano dei primi

---

[2] De Biase, L.A., *Le Cartoline delle Brigate e dei Reggimenti di Fanteria nella Prima Guerra Mondiale*, Roma, Ministero della Difesa, Stato Maggiore dell'Esercito, Ufficio Storico, 1993, p. 496.

anni del novecento, alcuni aspetti ordinativi riguardanti le Brigate di fanteria e loro evoluzione durante il conflitto, un cenno all'uniforme con cui entrammo in guerra, adottata pochi anni prima, che rappresenta il riferimento iconografico e di immagine della Grande Guerra per tutti gli italiani; infine è riportato il Quadro di Battaglia con cui l'Esercito Italiano entrò in guerra, per dare una dimensione quantitativa del nostro intervento e delle nostre capacità.

CAPITOLO I
UN POPOLO IN ARMI

1.1 *Un popolo in armi. La Grande Guerra*[1]

Il naturale concludersi del Trattato della Triplice Alleanza che legava l'Italia alla Germania all'Austria-Ungheria, corrispose alla volontà delle due nazioni alleate ad alterare gli equilibri europei a loro favore. Convinte della loro superiorità militare e, nel contempo, della fragilità sociale della Russia e della debolezza militare della Francia, sull'onda dell'attentato di Sarajevo contro l'Arciduca d'Austria, Germania ed Austria scatenarono la guerra, convinte che in poche settimane avrebbero trionfato.

In questo contesto, l'Italia, terzo componente della Triplice, lasciata ai margini delle decisioni, si cautelava dichiarando la propria neutralità, il 2 agosto 1914.

Neutralità che aveva anche le sue ragioni nella insensibilità dell'Austra-Ungheria a comprendere le richieste di Roma, volte a rafforzare il proprio indifendibile confine orientale con la richiesta di cessione dell'Istria e di Trieste, ritenute sufficienti a compensare le conquiste che Vienna avrebbe conseguito nei Balcani, senza alcun compenso o partecipazione italiana.

Una neutralità che era, anche, una premessa al nostro intervento l'anno successivo, in quanto le contro-offerte austriache si dimostrarono sempre insufficienti ad appagare le richieste di sicurezza dei confini italiani.

In Italia, in quel 1914, si assistette ad una veloce metamorfosi: dalla attenzione

---

[1] Testo della Conferenza tenuta dall'Autore, dal titolo "*La Grande Guerra*", in occasione della presentazione del Calendario dell'Esercito Italiano per il 2015, da parte del Prefetto di Ancona e del Comandante del Comando Militare Esercito "Marche" presso la Prefettura di Ancona, il 12 dicembre 2014.

incentrata sulle questioni socio-economiche (di cui la Settimana Rossa nelle Marche e nell'Emilia Romagna furono l'apice) si passò a privilegiare il dibattito se intervenire o meno nella guerra, che già sconvolgeva l'Europa.

Il braccio di ferro tra interventisti e neutralisti si sviluppò trasversalmente in tutti gli strati sociali italiani e coinvolse tutti i partiti, soprattutto quelli di sinistra, che trovarono intese, primi i repubblicani, con quelli di destra in tema di intervento, in un rinnovato clima risorgimentale che vedeva nell'Austria-Ungheria il tradizionale nemico ereditario.

L'esempio del movimento garibaldino, che con i suoi esponenti di spicco, accorse in massa nelle file dell'Esercito francese, quella che fu definita "la rossa avanguardia delle Argonne", convinsero sempre più l'opinione pubblica italiana a orientarsi verso l'intervento. Si doveva ritornare a combattere, come detto, quel nemico ereditario rappresentato dall'Austria Ungheria, che da più di un secolo aveva sempre ostacolato e soffocato le aspirazioni della Nazione italiana, considerando l'Italia una semplice espressione geografica.

Concluso in modo forse troppo affrettato il Patto di Londra, il 26 aprile 1915, con il quale ci impegnavamo ad entrare in guerra entro un mese a fianco degli Stati dell'Intesa, Francia e Gran Bretagna e loro alleati, il dado fu tratto il 24 maggio 1915.

Le illusioni furono molte in quello che fu definito, dopo il discorso di "Quarto", (4 maggio 1915, tenuto da Gabriele d'Annunzio ad una folla entusiasta) il "maggio radioso".

Convinti che una azione combinata con gli eserciti russo, serbo e montenegrino avrebbe portato facilmente l'Esercito Italiano ad avere ragione di quello, scarso di numero e male armato schierato contro di noi dall'Austria, e a conseguire gli obiettivi di Trieste e Lubiana.

Entravamo in guerra in modo illusorio e spensierato. La guerra sembrava a tutti breve e gloriosa.

Alla dichiarazione di guerra l'Austria non si fece sfuggire quella che riteneva una grossa opportunità. Poche ore dopo la proclamazione dello stato di guerra, la flotta austriaca al completo si presentò di fronte alle coste romagnole e marchigiane bombardando le città costiere, in primo luogo Ancona. Era una azione strategica. A Vienna si era convinti che questo bombardamento contro le indifese cittadine romagnole e marchigiane avrebbe fatto scoccare la scintilla per appiccare il fuoco della rivoluzione nelle due regioni, memori della recentissima Settimana Rossa, che si sarebbe estesa a tutto il paese.

In pochi mesi, però, la realtà italiana era mutata. I Partiti ed i protagonisti di quelle giornate rivoluzionarie del 1914, in primo luogo quello repubblicano e i suoi capi, compreso Nenni, e quello socialista, in parte, con Mussolini erano diventati tutti interventisti ed avevano accantonato ogni rivendicazione rivoluzionaria contro il Re ed il Governo, coinvolgendo in questa loro scelta la gran parte della popolazione.

L'attacco austriaco fallì per questa mutata situazione e fu il primo segno di coesione e adesione alla guerra che trovò la sua massima espressione nei giorni seguenti Caporetto, quando ormai tutto sembrava perduto.

L'avanzata dell'Esercito Italiano oltre confine ben presto si trasforma in una manovra lenta e metodica. Ben presto la realtà si appalesa in tutti i suoi drammatici contenuti.

Dopo le prime battaglie[2] anche sulla fronte italiana si passa ad una estenuante guerra di logoramento, e gli obiettivi dell'Hermada, Trieste e Lubiana un miraggio.

Si intuisce, passate le illusioni, che la guerra sarà lunga e deve essere combattuta non solo dall'Esercito ma da tutta la Nazione, che per raggiungere la Vittoria si devono mobilitare tutte le energie necessarie per vincerla.

Con il nuovo anno, il 1916, la guerra appalesa la sua ampiezza di guerra "industriale", a cui la Nazione, la popolazione, è chiamata a dare il suo contributo di lavoro, sacrificio, umiltà e silenzio.

Con la primavera, l'Esercito Italiano attacca ancora sull'Isonzo[3] ma il 1916 è caratterizzato da due grande battaglie, una difensiva ed una offensiva.

---

[2] *I battaglia dell'Isonzo. 23 giugno – 7 luglio 1915.* L'offensiva italiana fu lanciata contro le teste di ponte di Tolmino e di Gorizia, e contro il ciglione del Carso, con il risultato di riuscire a portare le linee a stretto contatto con quelle nemiche della V Armata, la "Isonzo Armee", al comando del Boraevic.

II battaglia dell'Isonzo. 18 luglio – 3 agosto 1915. Nell'alto Isonzo fu conquistato il Monte Rosso, mentre sui rimanenti tratti di fronte i progressi furono lievi. Si ebbero 6147 Caduti, 4897 Dispersi, circa 30000 Feriti. Gli Austriaci 7721 Caduti, 12290 Dispersi e circa 26000 Feriti.

III battaglia dell'Isonzo. 18 ottobre – 4 novembre 1915. L'obiettivo principale italiano era quello di conquistare la testa di ponte di Gorizia. La lotta divenne aspra da Tolmino al mare, ma produsse pochi risultati sul Vodhill (zona di Tolmino) e sul ciglione carsico. Si ebbero 10633 Caduti, 11985 Dispersi, circa 40000 Feriti. Gli Austriaci 8228 Caduti, 7201 Dispersi e circa 26000 Feriti.

IV battaglia dell'Isonzo. 10 novembre 1915 – 2 dicembre 1915. Lo sforzo principale fu esercitato contro la testa di ponte di Gorizia e il Carso settentrionale con risultati completamente negativi. Si ebbero 7498 Caduti, 7513 Dispersi, circa 33000 Feriti. Gli Austriaci 5510 Caduti, 593 Dispersi e circa 19000 Feriti.

Solo osservando le perdite di entrambe le parti si comprende che gli Austriaci, inizialmente in posizioni attrezzate a difesa, si erano rafforzati in termini di uomini e mezzi. Questo nelle successive battaglie portò ad elevare il numero di perdite tra gli Italiani, a fronte di scarsissimi risultati sia tattici, che tantomeno strategici.

[3] *V battaglia dell'Isonzo. 1-15 marzo 1916.* Preceduta da una offensiva austriaca di alleggerimento che fece arretrare di poco la linea avanzata italiana nella zona di Oslavia (si ebbero oltre 4000 Caduti) dall'11 al 19 marzo si passò all'offensiva. Questa battaglia era motivata dall'obbligo contratto con gli Alleati di impegnare le forze austro-ungariche mentre i Tedeschi attaccavano a Verdun (Francia). Si ebbero in questa fase circa 1882 Caduti, mentre 1985 furono quelli Austriaci. Successivi attacchi effettuati dagli Austro-ungarici tra il 17 marzo ed il 7 aprile servivano a mascherare la preparazione dell'offensiva di maggio nel Trentino (Strafexpedition). Le posizioni italiane ressero e in un contrattacco in forze fu preso il Monte Kukla, perso in febbraio.

La prima, quella difensiva, è volta a parare l'azione del Conrad che finalmente, nonostante il parere contrario della Germania, scatena una offensiva contro l'Italia nel trentino preparata con cura fin dal 1908 e più volte proposta ma mai attuata. È la "Spedizione Punitiva" degli Austriaci, un atto di suprema arroganza e presunzione. L'obiettivo è sfondare sugli altipiani, sbucare in pianura, raggiungere Venezia e, per manovra, accerchiare l'Esercito Italiano schierato sull'Isonzo. Dopo un intenso bombardamento, l'Esercito Austro-ungarico riuscì ad avanzare per una ventina di chilometri, ma poi venne fermato.

La battaglia è vinta, anche per una intelligente manovra per linee interne attuata dal Cadorna, che travasò numerose forze dalla fronte isontina.

La seconda, offensiva, fu la battaglia di Gorizia[4] che fu conquistata. La vittoria fu accolta con tanto entusiasmo nel Paese, ma che sul piano strategico non conseguì l'obiettivo principale, ovvero proseguire in profondità.

Sorse la "vexata quaestio" di questo mancato sfruttamento del successo dopo la conquista della riva sinistra dell'Isonzo e di Gorizia, che lasciò al nemico il tempo di riorganizzarsi sulla nuova linea di difesa.

Dopo Gorizia si combatterono altre battaglie, dal settembre al novembre 1916, la 7[5], la 8[6] e la 9[7]: sono le famose "spallate" del generale Cadorna messe in campo per migliorare le posizioni e rafforzare le linee, a premessa dell'offensiva finale su Trieste e Lubiana.

Sono battaglie che non hanno precedenti per il nostro Esercito e nella nostra storia militare. Sopratutto in termine di Perdite, che sono ingentissime. Basti pensare

---

[4] *VI battaglia dell'Isonzo 6-16 agosto 1916.* Definita anche la battaglia per Gorizia. Riunite le forze senza che il nemico se ne avvedesse, Cadorna lanciò un attacco diversivo per disorientare l'avversario nel settore di Monfalcone con il VII Corpo d'Armata. L'attacco principale (VI Corpo d'Armata) investì la testa di ponte di Gorizia. Una colonna, comandata dal colonnello Badoglio, conquistò il Sabotino come pure vennero conquistate tutte le posizioni sul resto della fronte e l'XI Corpo d'Armata conquistò il San Michele. Dopo una lotta accanita per tutta la durata del 7 agosto, gli Austriaci sgombrarono nella notte dell'8 agosto le alture prospicienti Gorizia, che fu occupata. Sul Carso la III Armata conquistò il Vallone, ma il II Corpo d'Armata non riuscì a conquistare il monte Kuk. In questa battaglia si ebbero tra gli Italiani 6130 Caduti, 12127 Dispersi, circa 32000 Feriti. Gli Austriaci 3719 Caduti, 13829 Dispersi e circa 19000 Feriti.

[5] *VII battaglia dell'Isonzo. 14-17 settembre 1916.* Fu la prima di tre "spallate" per estendere l'avanzata italiana del Vipacco sino al mare. Si svolse esclusivamente sul Carso senza dare risultati soddisfacenti. Si ebbero tra gli Italiani 2487 Caduti, 3286 Dispersi, circa 15000 Feriti. Gli Austriaci 2477 Caduti, 4493 Dispersi e circa 12000 Feriti.

[6] *VIII battaglia dell'Isonzo. Ottobre 1916.* Fu la seconda "spallata" effettuata nella pianura a sud di Gorizia e sul Carso. La lotta fu accanita e costrinse gli Austriaci a ripiegare sulla seconda linea. Si ebbero tra gli Italiani 3042 Caduti, 3790 Dispersi, circa 15000 Feriti. Gli Austriaci 3919 Caduti, 14422 Dispersi e circa 17000 Feriti.

[7] *IX battaglia dell'Isonzo. 1-4 Novembre 1916.* Fu questa la terza "spallata" che, dopo lotta accanita, ottenne maggiori risultati delle precedenti. L'Esercito Italiano conquistò il Faiti, il Pecinka e raggiunsero quasi l'abitato di Castagnevizza. Si ebbero tra gli Italiani 4785 Caduti, 9217 Dispersi, circa 19000 Feriti. Gli Austriaci 2382 Caduti, 8119 Dispersi e circa 12000 Feriti.

che in tutto il nostro Risorgimento dal 1848 al 1879, si ebbero in totale non più di 7000 Caduti. In un anno e mezzo di guerra, si ebbero oltre 118.000 Caduti.

Il 1916, nel secondo anno di guerra, non si raggiunsero gli obiettivi e la stasi invernale diede spazio a riflessioni. I successi non sembravano appagare gli enormi sacrifici; le perdite sono ingenti e gli sforzi che si dovevano fare appaiono ancora enormi. In questo quadro il morale, soprattutto quello del fronte interno, tra la popolazione civile, è intaccato. A Torino la popolazione operaia sciopera; il fronte interno appare diviso, riemergendo le vecchie questioni tra interventisti e neutralisti ("né aderire né sabotare", il motto dei Socialisti, contrari alla guerra, faceva, nelle difficoltà, più presa.)

Vi concorrono anche altri fattori come la guerra sottomarina ad oltranza scatenata dalla Germania, anche nel Mediterraneo, con perdite sensibili tra le fila della nostra Marina mercantile. Perdite che vanno ad acuire la scarsità di materie prime essenziali per lo sforzo bellico. A questo si aggiunge anche la crisi dell'agricoltura italiana, sia per congiunture sfavorevoli che per il fatto che gli erano state sottratte notevoli forze umane con l'invio della popolazione maschile al fronte. (L'Esercito Italiano aveva oltre il 43% di contadini nelle sue fila.).

Tutto questo si riverberò nel combattente al fronte che ha effetti negativi sul morale dell'uomo in prima linea.

Nella primavera del 1917, il terzo anno di guerra, si cerca la soluzione finale, ma sarà l'anno più difficile di tutta la guerra.

Si preparò con intensità quella che poi fu chiamata la 10 battaglia dell'Isonzo.[8] E nell'estate si ebbe un ulteriore grande sforzo italiano. Si diede vita alla XI battaglia dell'Isonzo, ovvero della Bainzizza, che per poco non ebbe completo successo portando le forze italiane ad un soffio dal dilagare verso Trieste e Lubiana. Fu un grande pericolo per gli Austro-Ungarici, convinti che un'altra battaglia avrebbe portato al collasso il loro fronte.

È la svolta della guerra sulla fronte italiana. Chiesto aiuto ai Tedeschi, che oltre a far affluire il XIV Corpo d'Armata, lo diedero dal punto di vista concettuale e dottrinale.

---

[8] *X battaglia dell'Isonzo 12-28 maggio 1917*. Questa battaglia aveva come obiettivo di costituire una testa di ponte oltre il medio Isonzo per poi attaccare l'altipiano della Bainsizza e di conquistare l'Hermada, sul Carso, indispensabile per conquistare Trieste per manovra. La II Armata conquistò il monte Kuk e dopo ave raggiunto la vetta del Monte Santo, persa e ripresa con un contrattacco, occupò le pendici del Vodice. La III Armata giunse col centro e la destra fino alle pendici dell'Hermada. Il successo fu soddisfacente permettendo l'avanzata di 4 km su tutto il fronte, da Castegnevizza al mare. Si ebbero tra gli Italiani 13524 Caduti, 34472 Dispersi, circa 73000 Feriti. Gli Austriaci 7300 Caduti, 23400 Dispersi e circa 45000 Feriti.

Tra il 4 ed il 6 giugno all'offensiva italiana seguì una corrispondente controffensiva austro-ungarica che, per merito della sorpresa, ottenne un discreto risultato il primo giorno (4 giugno) dinanzi all'Hermada, ma poi si esaurì per la resistenza italiana.

Constatato che la guerra di logoramento avrebbe portato alla loro sconfitta, i Tedeschi, alla Scuola di Guerra di Potsdam, vicino Berlino, studiarono i modi per trovare soluzioni alternative a questa situazione. Andando indietro nella Storia, si trovò la soluzione studiando la battaglia di Canne combattuta tra Romani e Cartaginesi nel 216 a.c. Tratti i procedimenti di impiego da questa battaglia e formulata la relativa dottrina, la si applicò in via sperimentale il 1 settembre 1917 a Riga con risultati lusinghieri (in un sol giorno si avanzò per 6 km); poi fu applicata contro di noi.

È la XII battaglia dell'Isonzo (24 ottobre – 7 novembre 1917) detta anche di Caporetto.

Fu una totale sorpresa strategica: si attaccò da sud verso nord e non da est verso ovest, in un solo punto e non su tutta la linea; si evitò di ricorrere ad un bombardamento preventivo privilegiando la sorpresa; si rinunciò alla conquista delle quote per acquisire il dominio di fuoco; si proseguì in avanti, non curandosi dei fianchi, lasciando alle truppe di rincalzo questo compito; ed altro ancora.

La somma di tutto questo ci costrinse non solo ad arretrare dalla linea dell'Isonzo ma a ripiegare prima sulla linea del Tagliamento e poi del Piave, cedendo quel territorio che era stato conquistato con tantissimo sangue.

Si parlò di sciopero militare, ma i soldati non c'entrano per nulla; la sorpresa è strategica, come peraltro si dimostrò l'anno successivo. I Tedeschi applicarono questa tattica contro i Francesi ed Inglesi, le cui linee ad Arras furono sfondate per oltre 55 chilometri mettendo in crisi tutto il fronte occidentale e solo l'incapacità tedesca di sfruttare il successo permise ai Franco-Inglesi di salvarsi.

Su Caporetto sono stati versati fiumi di inchiostro, su cui non è caso di tornare.

Ma Caporetto innescò un processo sociale che ancora oggi ha conseguenze.

Il 12 novembre 1917 il Re lanciò un proclama ai Soldati in cui, tra frasi di incoraggiamento ed incitamento, e un po' di retorica, chiese loro di difendere non La Patria, la Nazione o altro, ma la loro "Terra" e promise, a guerra vinta, che la "terra" difesa sarebbe stata loro.

Si affrontava l'annoso problema della riforma agraria che tanto aveva tormentato l'Italia post-risorgiementale (Garibaldi, Andrea Costa e la tassa sul macinato, Bava Beccaris e la Settimana Rossa.)

Ad un Esercito composto da metà di contadini, questo fu un messaggio efficace. Nessuno cercava più di salvarsi; tutti ripresero il loro posto, per combattere per una causa che interessava loro stessi.

Da qui la svolta della guerra: si combatte oltre che per la vittoria, anche per la "terra" ed è qui che l'Italia diventa una e la Nazione italiana si completa. Dopo l'Italia si erano fatti gli Italiani.

Sul piano militare si hanno due battaglie difensive ed una offensiva. La prima nel novembre 1917, di arresto, impedisce agli Austriaci di sfondare, come erano convinti, e con loro anche i Francesi e gli Inglesi, il fronte italiano. È il miracolo del Grappa e del Piave.

Prima si ha il cambio del Capo di Stato Maggiore, da Cadorna a Diaz, ed una maggiore attenzione alle esigenze delle masse e dei soldati in particolare.

Il 1917 si chiude con un bilancio non positivo, dopo tanti sacrifici si era rischiato il tracollo, ma con speranza nel futuro

Tutta la primavera del 1918 è dedicata alla preparazione della Battaglia che noi definimmo del Solstizio con cui l'Austria intendeva avere ragione dell'Italia e chiudere la guerra.

Il 15 giugno 1918 grazie al sapiente impiego delle artiglierie, che sconvolsero gli ammassamenti austriaci sulle linee partenza per l'attacco, questa battaglia difensiva fu vinta. Si concludeva il terribile ciclo iniziato nove mesi prima con Caporetto. L'Italia era salva.

L'estate del 1918, mentre sul fronte occidentale stavano affluendo gli Statunitensi e i Tedeschi tentavano l'ultima grande offensiva per vincere la guerra, fu spesa per preparare l'offensiva finale.

Ad un anno esatto da Caporetto, l'Esercito Italiano lanciò quell'offensiva che passò poi alla Storia come Battaglia di Vittorio Veneto. Puntando con decisione in un sol punto, la sella di Fadalto, punto meridionale dell'accesso alle Dolomiti, con il fine di separare le forze austro-ungariche di montagna con quelle di pianura, dimostrando di avere ben imparato la tecnica tedesca usata contro di noi nella conca di Tolmino e Plezzo, l'Esercito Italiano mirava a scardinare il fronte nemico attaccando in un punto ben scelto. I primi tre giorni di battaglia videro la situazione in equilibrio. Sul Piave, le passerelle gettate furono in gran parte travolte da una improvvisa piena del fiume. Nonostante questo la progressione delle Brigate Italiane, tra cui si distinse la Brigata Ancona nel suo settore, fecero progressi tali che il 29 ottobre già si delineava il completamento della rottura della fronte austro-ungarica. Sviluppando l'azione, il 30 ottobre si iniziò a penetrare nelle retrovie nemiche, e nei due giorni successivi l'azione fu così profonda che determinò il crollo definitivo del fronte. Con la Cavalleria che, rimontava a cavallo, e con le truppe celeri lanciate verso gli obiettivi lontani, il 3 mattina a Serravalle, sul forte trentino si presentarono parlamentari austriaci, con il mandato di chiedere un armistizio.

Questo fu firmato alle 15 pomeridiane del 3 novembre a Villa Giusti, nei pressi di Padova ed entrava in vigore dalle ore 00,01 del 4 novembre.

Veniva emesso il famoso proclama della "Vittoria" che fu riprodotto in migliaia di copie. In queste copie era riportato, alla fine, la dizione "Firmato Diaz", e moltissimi italiani nati nel primo dopoguerra si chiamarono "Firmato" intendendo molti questo il nome di battesimo del Generale Diaz.

Un proclama che termina, aggiunte a mano da Diaz, con le famose parole "Quello che fu uno dei eserciti più potenti del mondo, risale in disordine quelle valli che aveva disceso con orgogliosa sicurezza"

Terminava una guerra mondiale, che aveva visto l'Esercito Italiano impegnato in battaglie mai combattute prima. Una guerra che aveva visto momenti tragici e difficili, in cui l'Italia poteva scomparire come Stato; ma la coesione e la volontà di tutte le componenti della nazione, creando finalmente una Nazione, composta da Italiani, aveva dimostrato di saper resistere e superare le prove più difficili.

Fu un contributo di tutti, come il Calendario qui presentato sta a dimostrare; è questo il retaggio migliore e più significativo che credo valga la pena di indicare, in questa data anniversaria della Prima Guerra Mondiale, come ricordo e come memoria, onorando i nostri Padri, che ne furono protagonisti".[9]

Questa conferenza permette di offrire un quadro generale di sintesi della Grande Guerra, nel suo sviluppo generale, durante le offensive dei primi due anni, Caporetto, e le due battaglie d'arresto con la conclusione dell'offensiva di Vittorio Veneto. Sono temi che nel corso degli anni a venire, saranno ripresi ed approfonditi, via via che la data centenaria arriva, in modo contestuale.

1.2 La Triplice Alleanza: una assicurazione sulla vita[10]

Non si può comprendere a pieno gli eventi del 1914 se non ci si sofferma, anche per un solo attimo, sulle vicende di politica estera italiana nella seconda metà dell'800.

La costituzione dello stato unitario italiano nasce, nella sostanza, nella volontà francese, ed in particolare di Napoleone III di limitare, contenere e ridurre il predominio dell'Austria in Italia. La stessa spedizione "repubblicana" del 1849 da parte della Francia, che, manu militari, soppresse e cancellò la Repubblica Romana di Mazzini, Armellini e Saffi, espressione massima a metà dell'ottocento delle aspirazioni unitarie e progressiste italiane, non aveva altro scopo che sottomettere, iniziando un protettorato che durerà fino al 1864, lo Stato Pontificio ed il Governo di Pio IX; nel contempo estrometteva e riduceva l'influenza dell'Austria su Roma ed il Lazio. L'Austria, peraltro, aveva annesse ai suoi territori la Lombardia ed il Veneto e tramite Principati ad essa legata, tutta l'Italia centrale. In più, tramite legami dinastici, faceva sentire la sua influenza anche nel Regno delle Due Sicilie. In pratica l'Italia, che a Vienna era considerata una semplice espressione geografica, era sotto l'influenza austriaca. Rimaneva il Regno di Sardegna, che nel 1848 aveva dichiarato la guerra all'Austria innalzando la bandiera tricolore della indipendenza nazionale. Era stato sconfitto, ma rimaneva l'unico Stato in cui l'Austria non aveva influenza né diretta né indiretta.

In quello che noi italiani chiamiamo il "decennio di preparazione" (1850-1859) il

---

[9] Il testo è anche reperibile, come post, su www.coltrinaristoriamilitare.blogspot.com.

[10] Testo della Conferenza tenuta dall'Autore alla Sala del Consiglio Comunale di Polverigi (Ancona) dal titolo "*La politica estera italiana e l'Esercito fino al 1914*" organizzata dalla Mediateca "Gualtiero Giamagli" di Polverigi il 16 gennaio 2015, conferenza inaugurale del ciclo *Capire la Grande Guerra* di otto conferenze contestualizzate, ciclo che si concluderà nel 2018.

Regno di Sardegna aveva sempre ottenuto l'appoggio francese. Nel 1855, per iniziativa del Cavour, il Regno di Sardegna partecipa alla spedizione in Crimea, accanto a Francesi e Britannici, con un Corpo di spedizione di 15.000 uomini. Più che un successo militare fu un successo diplomatico e politico in quanto questa partecipazione permise, al Congresso della Pace a Parigi del 1856, al Cavour di porre la questione della unificazione italiana al concerto internazionale ed alla attenzione di tutte le Nazioni. L'attentato di Felice Orsini a Napoleone III nel 1857 rinsalda ancor più l'alleanza con la Francia e due anni dopo, nel 1859, i Francesi scendono in Italia per combattere contro gli Austriaci accanto al Regno di Sardegna. È la seconda guerra di indipendenza, che si concluderà con l'armistizio di Villafranca, ma che darà l'avvio a quel biennio "mirabilis" in cui il Regno di Sardegna, grazie ai plebisciti, acquisisce la Lombardia e l'Italia Centrale. A seguire, per arginare e portare nell'alveo moderato la Spedizione dei Mille, che per il suo successo e per le influenze di Mazzini e del partito d'Azione mirava a costituire una Repubblica nell'Italia meridionale, il Regno di Sardegna invade le Marche e l'Umbria e raggiunge Napoli nell'ottobre del 1860. Con l'incontro di Teano l'Italia era unita, anche se mancavano ancora Roma, Venezia, Trento e Trieste. Il 17 marzo 1871 il Regno d'Italia fu proclamato.

La grande protettrice dell'Italia che permise tutto questo è indubbiamente la Francia, che in dieci anni riuscì, con la costituzione del Regno d'Italia a limitare e a ridurre il predomino Austriaco nella penisola. Nel 1864, con le Convenzioni di Settembre tra la Francia e l'Italia si stabilisce che l'Italia rinuncia a Roma, lasciandola al Papa con il territorio circostante (il cosiddetto Patrimonio di San Pietro corrispondente all'odierno Lazio) e la Francia avrebbe ritirato la guarnigione che teneva dal 1849. A dare valore a questa convenzione, l'Italia spostò la capitale da Torino a Firenze, come segno manifesto di rinuncia a Roma come Capitale del Regno d'Italia.

Acquisito il Veneto con la terza guerra di indipendenza, rimaneva aperta la questione di Roma. L'occasione venne con la sconfitta di Napoleone III a Sedan contro il Tedeschi nel 1870. L'Italia interpretò la Convenzione di Settembre come un patto sottoscritto con Napoleone III e non con la Francia. Caduto Napoleone III, la Convenzione non aveva più valore: quindi invase il Patrimonio di San Pietro ed entrò a Roma il 20 settembre 1870 proclamando Roma capitale d'Italia, ed aprendo non solo la questione con la Santa Sede, la nota questione romana che fu risolta solo nel 1929, ma una controversia ed una inimicizia con la Francia che durò fino al Patto di Londra del 1915. La Francia per oltre un cinquantennio non ci perdonò mai l'entrata a Roma e ci fu nemica ed avversaria in ogni circostanza, soprattutto nelle vicende economiche e coloniali. In questo clima di contrapposizione, che non fu attenuato dall'iniziativa di Garibaldi e dai suoi volontari che nel 1871 era accorso a combattere a fianco dei Francesi contro i Tedeschi, sul finire degli anni settanta la Francia, nonostante le promesse e le assicurazioni, di iniziativa occupò Tunisi, che l'Italia considerava, come tutta la Tunisia, di sua pertinenza geopolitica. È il famoso "*Schiaffo di Tunisi*" che procurò una "ferita" diplomatica molto profonda in Italia che non si sarebbe rimarginata facilmente. Le polemiche che ne seguirono furono roventi: non vi è lo spazio qui di discutere se l'Italia era una vittima della protervia francese oppure, molto più verosimilmente, vittima dei propri errori diplomatici, alcuni anche madornali; quello che qui si vuole sottolineare è che tra l'Italia e la Francia si avviò una contrapposizione di lungo periodo.

L'Italia prese atto che in Europa non aveva amici. Lontana l'Inghilterra nel suo splendido isolamento, ovvero intenta a curare solo e solamente i suoi interessi, nemica la Francia, occorreva rivedere le posizioni con l'Austria, la nemica ereditaria del Risorgimento e con la Germania e la Russia.

Negli anni ottanta l'assillo principale dei nostri governanti era una invasione marittima. Si era consci che la nostra flotta non era in grado di difendere il Paese. Nella riunione del 3 marzo 1882 la Commissione per la difesa dello Stato si soffermava su Taranto Venezia ed Ancona:

> *Per Taranto all'unanimità "riconobbe la necessità che venga con la massima sollecitudine costruito ivi un arsenale marittimo" sia per dare alla Marina una base "indispensabile"nel Mar Ionio, sia perché vi si riconosceva il punto più idoneo e difendibile per installare uno stabilimento marittimo. La difesa della Piazza di Venezia doveva interessare la laguna ed il fronte a terra, in appoggio all'ala destra di un esercito che operasse tra l'Adige e il Piave, occorreva inoltre costruire galleggianti armati di cannone per la difesa locale. Ancona pur mancando di requisiti significativi, doveva essere attrezzata come base di appoggio della flotta in Adriatico, cercando di ricavarne il massimo profitto.*[11]
>
> ....
>
> *S'aggiunga che il porto di Ancona, anche nelle attuali condizioni, quando non fosse da noi difeso, potrebbe servire per operazioni di sbarco nel nostro territorio. Ne deriva che esso sia validamente fortificato per mare e per terra e che venga messo in condizioni di potere all'evenienza accogliere la nostra squadra".*[12]

Con la Francia nemica e ipotizzando anche un attacco dell'Austria, per i nostri governanti di allora si imponeva una iniziativa tale che garantisse la sopravivenza dello Stato Italiano. Il pericolo di ritornare alla situazione del 1849 era reale e non tanto remoto.

---

[11] Gabriele M., *La frontiera nord-occidentale dall'Unità alla Grande Guerra (1861-1915). Piani e Studi operativi italiani verso la Francia durante la Triplice Alleanza, Roma, Ministero della Difesa, Stato Maggiore dell'Esercito, Ufficio Storico*, Roma, 2005, p. 86.

[12] Lettera del tenente generale Luigi Mezzacapo, presidente della Commissione al Ministro della Guerra Emilio Ferrero, Roma 3 marzo 1882 in Gabriele M., *La frontiera nord-occidentale dall'Unità alla Grande Guerra (1861-1915). Piani e Studi operativi italiani verso la Francia durante la Triplice Alleanza*, cit., p. 87.

La soluzione fu trovata nella stipula di un patto di alleanza con la Germania e con l'Austria, chiamata poi il Patto della Triplice Alleanza, che fu intesa, all'inizio, come una vera e propria assicurazione sulla vita per il Regno d'Italia.

Il primo patto fu stipulato il 20 maggio 1882 ed aveva validità quinquennale, la prima Triplice (1882-1887). Alla scadenza fu rinnovata fino al 1891, la seconda Triplice (1887-1891). Interessante in questo contesto la Convenzione militare del 1888. La memoria preliminare firmata a Berlino il 28 gennaio 1888 di questa Convenzione prevedeva che, in caso di guerra delle potenze della Triplice contro la Francia e la Russia, la maggior parte dell'Esercito Italiano avrebbe attaccato sulle Alpi la Francia, mentre il resto si sarebbe riunito alla forze tedesche destinate ad operare sul Reno. Il trasferimento riguardava 6 Corpi d'Armata e 3 Divisioni di Cavalleria da raggruppare in una o due armate dipendenti dal Comandante in capo Germanico ed il trasporto avrebbe dovuto avvenire attraverso le ferrovie austriache.[13]

Allo scadere nel 1891, fu rinnovata senza entusiasmo in quanto erano emerse parecchie difficoltà, soprattutto con gli Austriaci, e delusioni. Abbiano quindi la terza Triplice (1891-1902) che durò il doppio delle precedenti. In questo periodo, tra le tante questioni, vi era quella che l'Italia, qualora l'Austria negasse il passaggio sul suo territorio per vari motivi, ipotizzava una invasione della Svizzera per portare le sue truppe in Germania. Lo Stato Maggiore Italiano mise allo studio piani in cui si ipotizzava che in 13 giorni si sarebbe avuta ragione della Svizzera e quindi proseguire per la Germania. Era un piano abbastanza azzardato, in quanto avrebbe significato una intesa Franco-Svizzera che non era da sottovalutare.[14]

Nel 1902 la Triplice fu rinnovata ancora senza entusiasmo, ed abbiamo la quarta Triplice (1902-1912). Sono anni molto intensi, in cui permane l'idea di mandare truppe in Germania attraverso la Svizzera, ma si impone sulla scena la questione balcanica e sul finire del decennio arriva la guerra in Libia, che condiziona ogni cosa.

Il trattato di pace con la Turchia non aveva concluso la guerra in Libia, ove la rivolta senussita era ancora attiva, soprattutto in Cirenaica. La guerra di Libia era stata onerosa ed aveva consumato una aliquota notevole di mezzi, tre classi di leva,

---

[13] Inoltre *"l'Italia avrebbe pagato tutte le spese e provveduto ai rifornimenti per l'intera durata della guerra; avrebbe anche fornito il materiale rotabile. Se, però, il conflitto fosse rimasto localizzato alla Germania ed all'Italia da un lato ed alla Francia dall'altro, il governo di Vienna si riservava il diritto di rimanere neutrale e di non consentire il transito sul suo territorio"*. Gabriele M., *La frontiera nord-occidentale all'Unità alla Grande Guerra (1861-1915). Piani e Studi operativi italiani verso la Francia durante la Triplice Alleanza*, cit., p. 137.

[14] Ministero della Difesa, Stato Maggiore dell'Esercito, Ufficio Storico, *Sunto degli Studi compiuti e dall'azione esplicata dal Comando del Corpo di Stato Maggiore per la difesa dello Stato dal 1906 ad oggi, 1 gennaio 1908*, Cartella F 4, Ordinamento e Mobilitazione, Cartella 116 F 9 Commissione Difesa, Cartella R 1; Cartella G 23 Scacchiere Occidentale R 1, Busta 165 fascicolo 4.

quelle del 1888, del 1889 e del 1890 risultarono essere molto depauperate; il risultato fu che nel 1912 l'Esercito Italiano non aveva più quella esuberanza di uomini che era il presupposto per il trasferimento in Germania, in caso di guerra, di una grossa armata italiana in Germania. Un'altra conseguenza della firma del Trattato di pace fu che non esistevano più impedimenti per il rinnovo della alleanza, in quanto il governo italiano aveva portato come impedimento al rinnovo la guerra di Libia in corso. Dopo non facili trattative, in cui il capo di Stato Maggiore pro-tempore, Alberto Pollio, inistette con Berlino che la nuova situazione dell'Esercito Italiano non permetteva di mandare una Armata in Germania e quindi nella nuova Convenzione questo non poteva essere compreso. La rinuncia alla Convenzione del 1888 venne accettata, anche se il Conrad nelle sue memorie non mancò di criticarla, accusando apertamente l'Italia che, in caso di guerra, non avrebbe assolto i suoi doveri di alleata.

Il 5 dicembre 2012 fu firmato il rinnovo dell'alleanza, la quinta Triplice (1912-1915) in cui non era rinnovata la Convenzione militare del 1888.

Il 21 dicembre 1912 il gen. Pollio scrisse a Moltke una lettera in cui chiariva le ragioni che lo avevano indotto alla decisione di trattenere in Italia la III Armata e ribadiva che in caso di guerra tutte le forze italiane di terra e di mare avrebbero attaccato la Francia. Su questo punto, durante il 1912 ed il 1913 la situazione cambiò radicalmente, tanto che nel novembre 1913 si arrivò al punto che la Convenzione del 1888 poteva essere di nuovo ripristinata. In una serie di incontri tra dicembre 2013 e febbraio 2014 a Vienna gli alleati triplicisti presero accordi per il trasporto ferroviario attraverso l'Austria di reparti italiani da inviare in Germania. A breve una delegazione italiana con a capo il gen. Zuccari si incontrò con una delegazione tedesca con a capo il gen. Waldersee e nelle riunioni del 10-11 marzo 1914 concordarono in 12 punti una nuova convenzione militare. In pratica l'Italia avrebbe inviato sul Reno una Armata, a fianco delle forze tedesche. La Convenzione del 1914 era come quella, nella sostanza, del 1888. I Tedeschi nei loro piani speravano di avere la cavalleria italiana entro il 10° giorno di mobilitazione e il resto entro tre settimane. Nel loro "Progetto di impiego 1914-1915" assegnavano agli Italiani obiettivi nell'Alta Mosella e le fortezza di Belfort ed Epinal ed assicuravano l'appoggio di 8 batterie di mortai da 210. Questa Convenzione era in atto tra Germania e Italia, ma gli Austriaci, che in ogni caso dovevano dare il permesso di transito, speravano, o si illudevano o forse avevano in mente di chiedere altre truppe italiane, che queste forze, una volte giunte nel loro territorio, non proseguissero per la Germania ma che si dirottassero verso Oriente.

Nel giugno 1914 lo Stato Maggiore Italiano valutò la richiesta austriaca di impiego di forze italiane ad oriente e mise allo studio l'ipotesi di inviare l'intera III Armata non in Germania ma contro la Russia. Al riguardo sorsero degli attriti e polemiche tra Italiani ed Austriaci, che insistevano anche con mezzi decisi, di avere truppe italiane per il loro fronte orientale.

La morte per infarto il 28 giugno 1914, il giorno dell'attentato a Sarajevo al Principe Ereditario d'Austria, del gen. Pollio mise in turbolenza una situazione che non era semplice. Gli successe Luigi Cadorna, forse per la sua rigidità la persona meno adatta a gestire situazioni come quella dell'estate del 1914. La Triplice Alleanza, da una assicurazione per la sopravvivenza dello Stato stava per diventare una trappola in cui l'Italia rischiava, nel partecipare alla rottura degli equilibri europei, molto di più della sua stessa esistenza. La Triplice non garantiva più gli interessi italiani e come tutti gli strumenti che non portano frutti fu prima vista con diffidenza poi abbandonata. Ma la convenzione ebbe uno strascico, che val la pena di sottolineare.

Luigi Cadorna fu nominato l'8 luglio 1914 Capo di Stato Maggiore dell'Esercito ma solo il 21 luglio ebbe tutti i crismi e di poteri della carica. Si mise la lavoro alacremente. Tenuto all'oscuro di tutto ragionava ancora come triplicista e con la convenzione in mano fresca di inchiostro. Il 29 luglio si premurò di prevenire l'attesa offensiva tattica francese con una serie di provvedimenti diretti a procedere all'occupazione avanzata delle linee e delle fortezze alpine, chiedendo il rientro dalla Cirenaica di 4 battaglioni alpini e prendendo altre misure di varia natura. Per Cadorna il programma era semplice: combattere con tutte le forze mobilitate a fianco della Germania contro la Francia, non a fianco dell'Austria contro la Russia. Attuazione della Convenzione e l'invio di una Armata in Germania. Come è evidente Cadorna non decideva quale nemico doveva combattere. E proseguiva attuando quanto stabilito. L'Autorità politica avrebbe avuto l'obbligo morale e il dovere professionale di aggiornare il Capo delle Forze Armate Italiane e renderlo edotto della evolversi della situazione: questa autorità politica, il Re, il Presidente del Consiglio Salandra, il ministro degli esteri San Giuliano a fine luglio avevano maturato l'idea che la neutralità era "cosa fatta", ma non ebbero la cortesia di avvertire chi stava già inviando l'Esercito alla frontiera occidentale.

Cadorna il 3 agosto 1914 fu colto completamente di sorpresa: "*...immediatamente vado da Salandra. Gli dico: la neutralità che ha dichiarato significa che la guerra con la Francia non si farà più? Mi rispose Sì!*".[15]

---

[15] Cfr. Gatti A., *Un Italiano a Versailles*, Milano, Ceschina, 1958, p. 438-439. Mariano Gabriele, al riguardo osserva "*Per la verità, al racconto del Gatti si potrebbe obiettare che il "Corriere della Sera" di sabato 1 agosto 1914 titolava su tutta la pagina "La guerra europea sta per scoppiare. L'ultimatum tedesco alla Russia ed alla Francia. L'Italia resterà neutrale"*. Si può osservare che Cadorna o non leggeva i giornali oppure, molto più verosimilmente stante il suo modo di comando, non li teneva in nessuna considerazione e si atteneva solo alle fonti ufficiali.

Fig.2. La Triplice Alleanza nella iconografia ufficiale

Fig.3. La Triplice Alleanza nella iconografia popolare

Fig.4. Il Ministro degli Esteri italiano, marchese di San Giuliano

Fig.5. Il Ministro degli Esteri dell'Austria-Ungheria, Alois von Aehrenthal

Fig.6. Carl Conrad von Hoetzendorf nel 1908

Fig.7. Carl Conrad von Hoetzendorf nel 1916

Fig.8. Gen. Enrico Cosenz, Capo di Stato Maggiore (1882-1893)

Fig.9. Gen. Tancredi Saletta, Capo di Stato Maggiore (1896-1908)

Fig.10. Gen. Alberto Pollio, Capo di Stato Maggiore (1908-1914)

Fig.11. Gen. Luigi Cadorna, Capo di Stato Maggiore (1914-1917)

Fig.12. Giuseppe (Peppino) Garibaldi, in uniforme francese. 1914

Fig.13. I sei nipoti di Giuseppe Garibaldi, volontari in Francia. 1914. Con il n. 1 è indicato Bruno Garibaldi, Caduto il 26 dicembre 1914; con il n. 2 è indicato Costante Garibaldi, Caduto il 5 gennaio 191

1.3 *Dalla Triplice Alleanza alla Neutralità*[16]

a. Una alleanza a senso unico

La causa occasionale dello scoppio della prima guerra mondiale fu l'assassinio dell'erede al trono austro-ungarico a Sarajevo, il 28 giugno 1914.

Le vere cause sono complesse e remote, che in breve possono essere così riassunte:

- rivalità accesa tra Germania e, da una parte, Francia e dall'altra la Gran Bretagna, per questioni economiche, e coloniali;
- corsa agli armamenti, soprattutto per il dominio dei mari, da parte di tutti di Stati, in un equilibrio internazionale precario;

[16] Testo della Conferenza, I parte, tenuta dall'Autore, dal titolo *"I Reparti di fanteria con nome marchigiano nella Prima Guerra Mondiale"*, in occasione delle commemorazioni del Centenario della Grande Guerra indette dal Comando Militare Esercito "Marche", tenutasi giovedì 23 ottobre 2014 presso il Polo Museale della Marina Militare "Sant'Agostino" di Ancona.

revanscismi e nazionalismi effervescenti, questi soprattutto nell'Impero Austro-ungarico, che raccoglieva entro i suoi confini oltre sedici nazionalità diverse.

Accanto a queste principali cause, e se ne possono indicare altre minori, gioca un ruolo incisivo e determinate l'assunto che nessun monarca, nessun politico era disposto a rinunciare ai propri obiettivi, politici, economici e militari, in nome di un equilibrio tra le Nazioni, ovvero al mantenimento della pace. Tenere il punto d'onore era un assioma irrinunciabile. Alterare questo equilibrio significava andare alla guerra.

In accordo con la eredità ottocentesca, ancora si pensava che i nodi politici si potessero sciogliere con la guerra, ritenuta, nel solco del pensiero clausevitziano, uno strumento sì oneroso, ma efficace per determinare un vinto ed un vincitore a costi accettabili. Infatti la guerra coinvolgeva solo gli addetti, cioè l'Esercito, gli uomini d'arme, e solo quelle popolazioni dove si svolgevano uno o più battaglie, e la durata della guerra stessa, era sull'ordine di mesi, per lo più quelli estivi. Si pensi alle nostre guerre del Risorgimento, alla guerra tra Prussia ed Austria del 1866, e soprattutto tra quella tra Prussia e Francia del 1870-71.

Era convinzione generale, soprattutto a Vienna e a Berlino, nel 1914 che per sciogliere gli ormai intricati noti politici in Europa, si poteva e si doveva andare in guerra, che sarebbe stata breve, gloriosa e relativamente poco onerosa, ove tutto si risolveva.

Su queste convenzioni si gestì la crisi politico-diplomatica tra Austria e Serbia seguita all'attentato al Principe Ereditario.

L'Austria, ritenendo la Serbia responsabile dell'accaduto, inviò al Governo di Belgrado un ultimatum con condizioni particolarmente dure ed umilianti, che, peraltro, furono tutte accettate, tranne quella che "*funzionari austriaci partecipassero alla inchiesta giudiziaria contro gli attentatori*". Tutto fu inutile.

Dal 25 al 30 luglio furono fatti ulteriori tentativi per impedire che la guerra divenisse generale, ma la Russia, per sostenere la Serbia, ordinò la mobilitazione generale, venendo in tal modo a minacciare l'Austria e la Germania.

Di fronte a questo pericolo, la Germania dichiarò guerra alla Russia (31 luglio 1914).

La Francia, alleata della Russia, entrò anch'essa in guerra il 2 agosto 1914, e pochi giorni dopo, uscendo dal suo splendido isolamento, anche la Gran Bretagna dichiarò guerra alla Germania, in quanto vedeva minacciata dai Tedeschi il suo predomino sul mare del Nord (4 agosto 1914).

Seguirono le dichiarazioni di guerra della Serbia alla Germania (6 agosto), dell'Austria-Ungheria alla Russia (6 agosto), della Francia all'Austria Ungheria (11 agosto), dell'Inghilterra all'Austria-Ungheria (12 agosto).

Gli eserciti russi, sotto il comando del granduca Nicola, avanzarono rapidamente, prima ancora che il paese avesse terminato la sua mobilitazione generale, nella Prussia Orientale (agosto) e nella Galizia austriaca (agosto-settembre) occupando Leopoli ed avanzando verso i Carpazi. La Germania sorpresa da una così veloce reazione russa non preventivata, fu costretta a richiamare in servizio un generale in congedo, il maresciallo Hindenburg, il quale, prese l'iniziativa, e riportò le schiaccianti vittorie di Tannenberg (23-30 agosto) e dei Laghi Masuri (7-13 settembre 1914) che costrinsero i Russi a sgombrare gran parte della Prussia orientale. Non riuscì, invece, la controffensiva austro-tedesca in Galizia, dove i Russi, sconfitto nuovamente il nemico a Leopoli (8-13 settembre) occuparono la Bucovina e raggiunsero la linea dei Carpazi, minacciando d'invadere la stessa Ungheria.

L'andamento delle operazioni sul fronte orientale nell'agosto 1914, rafforzarono nei Tedeschi il convincimento di piegare sia la Russia che la Francia in poche settimane, sull'onda dei ricordi della guerra franco-prussiana del 1870-71.

Sul fronte occidentale si impose alle truppe operanti una velocità operativa estremamente elevata in quanto si voleva costringere la Francia alla resa prima che la Gran Bretagna inviasse in continente il suo esercito.

In virtù di questo, lo Stato Maggiore Tedesco non esitò ad invadere il Belgio, in quanto da Bruxelles a Parigi la via era facile e piana.[17] Era l'attuazione integrale del piano Schlieffen, dal nome del Capo di Stato Maggiore tedesco, gen. Alfred Graf von Schlieffen, che l'avea ideato, nel 1905, denominato "dell'ala marciante".

Iniziate le operazioni il 4 agosto 1914, ben presto i Tedeschi occuparono Liegi e Namour, il 21-23 agosto si scontrarono con l'esercito franco-belga-inglese a Charleroi, che si risolse in una disfatta alleata; avanzarono, poi, nel cuore della Francia avendo come obiettivo Parigi e loro pattuglie giunsero a Compiegne, a 70 chilometri dalla capitale.

Errori tattici del gen. von Moltke il giovane, che si discostò dai dettami del piano Schlieffen, attirato dal miraggio di conquistare Parigi "a botta dritta" e non per manovra, favorivano la reazione francese.

Von Moltke con la sua condotta non ortodossa, aveva lasciato scoperto il suo fianco destro: è qui che attaccò il gen. Joffre con tutte le sue forze (5-12 settembre 1914), mentre il gen. Gallieni, difensore di Parigi, attaccò l'altro fianco tedesco minacciando l'aggiramento. È la battaglia della Marna, o dei Taxi, con cui i Francesi fermarono i Tedeschi alle porte di Parigi, salvandola dalla occupazione.

I Tedeschi furono costretti a retrocedere dietro la linea dell'Aisne.[18]

---

[17] Il Belgio era uno stato neutrale, garantito da trattati internazionali. La Germania violò brutalmente la sua neutralità. Da notare che fu in questa occasione che il cancelliere tedesco Bethmann-Hollweg affermò che i trattati sono soltanto "pezzi di carta".

[18] Per ovviare al fallito tentativo di occupare Parigi, lo Stato Maggiore Tedesco decide di raggiungere Calais, per tagliare le comunicazioni tra la Gran Bretagna e la Francia ed affronta gli Alleati nella sanguinosissima battaglia delle Fiandre (17 ottobre-12 novembre 1914); una battaglia che ha esito incerto.

La guerra di movimento si stava trasformando in guerra di posizione e logoramento. Qui si aprì uno spiraglio, una opportunità per salvare l'Europa dal baratro in cui stava cadendo.

Trattative politico-diplomatiche potevano essere intavolate, e da più parti furono consigliate e sollecitate, per porre fine alla guerra. I Tedeschi non erano riusciti a sconfiggere in poche settimane la Francia, l'obiettivo strategico non era stato conseguito, quindi la guerra non aveva dato i risultati sperati. È il punto di svolta della Prima Guerra Mondiale. Fare un passo indietro, cercare di non tenere a tutti i costi il punto d'onore, per trovare una nuova situazione, un equilibrio europeo diverso.

Non fu così. Il momento favorevole alla pace, un attimo, passò e si scelse la via militare. Fu il fallimento prima diplomatico, poi politico, rinnegando tutti gli insegnamenti dell'ottocento, che la guerra poteva dare frutti sperati e positivi solo se fosse stata breve e relativamente onerosa. Ci si avventurò verso l'ignoto. Ovvero verso una guerra sconosciuta, quella di logoramento, una guerra lunga, snervante, di trincea e di posizione, che si combatteva con criteri e concetti inadeguati, spesso assurdi e senza una visione d'insieme, con risultati minimi a fronte di costi enormi.

b. La neutralità italiana[19]

In questo contesto l'Italia, nonostante facesse parte della Triplice Alleanza con l'Austria-Ungheria e Germania fin dal 1882, proclamò la sua neutralità.

Le ragioni sono:

- *il trattato di alleanza aveva carattere difensivo e non offensivo, mentre in questa occasione era stata l'Austria stessa a provocare la guerra.*
- *il medesimo trattato, l'articolo 7, dichiarava che, se l'Austria o l'Italia, fossero state costrette a mutare lo "status quo" in Oriente, avrebbero dovuto prendere precedenti accordi sul principio del reciproco compenso, mentre in questa occasione l'Austria aveva dichiarato la guerra all'insaputa dell'Italia.*

Queste ragioni devono, naturalmente, essere approfondite per comprendere e rifiutare l'accusa di non rispetto dei patti avanzata, a posteriori, da Austria e Germania, accusa che ancora oggi aleggia attorno al nome dell'Italia nei paesi di lingua tedesca.

I Tedeschi riescono ad espugnare Anversa (9 ottobre) ed ad estendere la loro occupazione sul litorale belga, ma i Belgi, insieme a reparti anglo-francesi, attuano una difesa valida, in mezzo alla fitta rete di canali che da Ypres va a Niuport e impediscono al nemico di raggiungere il suo obiettivo. Ben resto anche in questa zona la guerra di movimento si trasforma in guerra di posizione.

[19] Testo della Conferenza, II parte, tenuta dall'Autore, dal titolo *"I Reparti di fanteria con nome marchigiano nella Prima Guerra Mondiale"*, in occasione delle commemorazioni del Centenario della Grande Guerra indette dal Comando Militare Esercito "Marche", tenutasi giovedì 23 ottobre 2014 presso il Polo Museale della Marina Militare "Sant'Agostino" di Ancona.

La figura chiave per comprendere queste ragioni e approfondire gli avvenimenti del 1914 nei rapporti nell'ambito della Triplice Alleanza e dei Governi interessati, è quella del Ministro degli Esteri Italiani, marchese di San Giuliano. Attraverso la sua azione fino alla crisi estiva del 1914, si può capire il perché delle scelte dell'Italia.

La Triplice Alleanza, patto che univa l'Italia alla Germania e alla Austria-Ungheria, e si contrapponeva alla Triplice Intesa, era stata fino al 1914 una garanzia per mantenere lo *status quo* in Europa.

Ora questo equilibrio stava per finire.

Secondo San Giuliano, nelle rivoluzioni territoriali che si delineavano per il caso della guerra europea, il Governo tedesco avrebbe conseguito grande conquiste a spese della Francia e della Russia nel continente europeo e nelle colonie. Il Governo austriaco avrebbe esteso il suo controllo a tutta la penisola Balcanica; il Governo italiano doveva, nel quadro della Triplice secondo questi presupposti, e secondo San Giuliano, partecipare alla spartizione del bottino.

Gli "acquisti" dell'Italia potevano avvenire in diverse direzioni: in Europa a spese della Francia verso i confini occidentali o a spese dell'Austria o questa consenziente, verso i confini orientali; in Albania, nel Mediterraneo orientale a spese della Turchia o della Grecia; nell'Africa settentrionale, a spese della Francia, in Africa orientale a spese dell'Abissinia. San Giuliano non aveva preferenze: avrebbe agito secondo le circostanze.

Era fermo nella convinzione di sostenere l'Austria e la sua azione contro la Russia e la Serbia, convinto che il movimento slavo e l'irredentismo italiano fosse un pericolo non solo per l'Austria ma anche per l'Italia. L'Austria doveva contenerli tutte e due ostacolarli con ogni mezzo e quindi procedere alla conquista di tutta la Balcania espandendosi verso oriente.

Era una visione che presupponeva la vittoria della Germania ad occidente e dell'Austria nei Balcani.

Secondo la tradizionale teoria dello Stato Maggiore Italiano la difesa del Veneto era difficile, se non impossibile, contro un assalto da oriente finché l'Austria fosse rimasta padrona di Trieste e dell'Istria, ed anche del Trentino, che rappresentava una ulteriore minaccia aggiuntiva.

In accordo con il Ministero della Guerra, il Ministero degli Esteri insisteva, con posizione ferma, che la primaria richiesta Italiana di compensi per l'espansione dell'Austria nei Balcani era, in modo assoluto, Trieste e l'Istria, anche per garantirsi i confini orientali e il Veneto, poi territori in Albania e nelle colonie o altrove.

San Giuliano era, peraltro, convinto, che questa richiesta non avesse nessuna speranza che questo potesse accadere (da qui il suo rifiuto dell'irredentismo che considerava un male incurabile sia per il Governo di Vienna che per quello di Roma). L'Austria non avrebbe mai acconsentito a cedere Trieste e l'Istria al tavolo diplomatico. Le cose sembravano impossibili, ma, ed era il pensiero ultimo del nostro Ministro degli Esteri, nessuna porta poteva essere chiusa verso l'avvenire, come la Storia ben insegna. San Giuliano, quindi si affida ad una sorta di fatalismo e di speranza.

Dal 1910 al 1914 la trattativa sui compensi tra Berlino, Vienna e Roma fu intensa; l'Austria arrivò a proporre come compensi Valona e territori in Albania, ma l'Italia voleva Trieste e l'Istria.

> *Ma a Vienna tutti erano d'accordo che concessioni su quel terreno erano assolutamente impossibili. Era, dunque, da prevedere che una crisi sarebbe scoppiata nei rapporti italo-austriaci non appena il Gabinetto di Vienna avesse avuto l'opportunità o si fosse trovato nella necessità di prendere iniziative aggressive nei Balcani.*[20]

Su questo assunto si aggregarono a Vienna molte correnti anti-italiane. Uno degli esponenti più influenti ed incisivi di queste correnti era il Capo di Stato Maggiore Austro-Ungarico, Conrad von Hoetzendorf.

Le sue tesi erano estremamente chiare:

> *Il Governo di Roma non doveva pretendere compensi che il Governo di Vienna era deliberato a rifiutare. Meno che mai doveva disdire l'alleanza e dichiarare la guerra all'Austria se il governo di Vienna rifiutava di accordarsi. Se questo avesse fatto, si sarebbe reso colpevole di "tradimento". Prima che il "tradimento" si manifestasse, l'Italia doveva essere messa fuori combattimento mediante una guerra "preventiva.*[21]

Siamo nel 1907 e già gli Austriaci parlavano di "tradimento" italiano se questi non accettavano la loro politica. Peraltro la guerra preventiva di Conrad non era una fantasia e fu più volte preparata.

Durante il terremoto di Messina (1908) che prostrò e costernò l'Italia, Conrad pensò che quello era per l'Austria il momento buono per dichiarare la guerra preventiva, contro il "tradimento" futuro. I preparativi furono portati ad uno stato avanzato.

Roma si rivolse a Berlino per frenare tali ardori e tali azioni, che sicuramente non erano i crismi di un alleato onesto e corretto. Il tentativo di attacco all'Italia rientrò grazie a Berlino.

Conrad ritornò alla carica tre anni dopo.

Nel 1911, quando l'Italia si impegnò a fondo nella guerra di Libia e stava avendo delle difficoltà, anche di carattere interno, Conrad avrebbe voluto approfittare di questa situazione per assalire l'Italia. Questa volta fu fermato dall'Imperatore Francesco Giuseppe e dal ministro degli Esteri, Aehrenthal.

In sintesi Conrad, e molti come lui a Vienna, voleva attaccare l'Italia "preventi-

---

[20] Salvemini G., *La politica estera italiana dal 1871 al 1915*, Milano, Feltrinelli, 1970, p. 463.

[21] Ibidem.

vamente" in quanto l'Italia insisteva nel volere Trieste e l'Istria, e questo significava "guerra" e quindi "tradimento" dell'Italia. Quello che era scritto nel trattato della Triplice non contava nulla ed anche per gli Austriaci, come per i Tedeschi, i trattati sono "pezzi di carta", come dimostra l'invasione del Belgio nell'agosto del 1914.

Occorre riflettere molto attentamente sulla politica del San Giuliano. Si era alleato con una nazione che mai avrebbe acconsentito politicamente a dare ciò che l'Italia chiedeva; inoltre aspettava questo alleato il momento buono per attaccare per eliminare "un pericolo futuro". Buon senso ed altro avrebbe consigliato, per lo meno di uscire dall'Alleanza quanto prima e trovarsi nuovi alleati o affidarsi ad una rigorosa politica di neutralità, sull'esempio di Svizzera e Svezia.

Ma la neutralità italiana del 1914 ha avuto una ragione ulteriore, che è forse quella più esemplificativa. Berlino e Vienna erano così sicuri della loro potenza che consideravano l'Italia un fattore ininfluente sullo scenario europeo. In pratica, come ha scritto Margherita Mcmillan, l'Italia era considerata grande potenza solo per convenzione e cortesia, non nella realtà.

> *La politica dei Gabinetti di Berlino e di Vienna verso il Gabinetto di Roma si spiega perfettamente quando si consideri che i diplomatici tedeschi e austriaci basavano la loro azione verso l'Italia sulle stesse ipotesi su cui fondava la propria azione il marchese di San Giuliano. San Giuliano, infatti, pensava che l'Inghilterra sarebbe rimasta neutrale in una guerra continentale; che la Francia sarebbe stata facilmente prostrata in conseguenza della debolezza propria e della impotenza russa. Sfortunatamente per lui anche i Tedeschi e gli Austriaci erano convinti che l'Inghilterra non avrebbe partecipato ad una guerra continentale, che la Russia era una grande "Im-Potenza" e che sarebbe stato facile abbattere la Francia. Date queste illusioni, l'aiuto dell'Italia non appariva indispensabile né al Governo di Vienna né a quello di Berlino.*[22] *Lungi da desiderarlo, il Governo di Vienna giudicava il Governo di Roma ingombrante e noioso, oltre che inutile.*
>
> *Per il Governo di Vienna l'ideale era che Roma rimanesse neutrale e lasciasse le mani libere all'Austria sulle questioni balcaniche. Rimanendo neutrale essa non avrebbe potuto aver pretese nella distribuzione del bottino e nel nuovo assetto territoriale. Se avesse alzato la voce sarebbe stato agevole metterla a posto, in una Europa in cui la Germania e l'Austria avessero già soggiogato la Francia e la Russia.*[23]

Berlino, peraltro, avrebbe desiderato l'intervento italiano nel quadro della Triplice:

---

[22] Ibidem "Se fosse intervenuto nella guerra a fianco degli Imperi Centrali, il Governo Italiano avrebbe domandato i compensi secondo l'articolo VII della Triplice, e avrebbe sollevato problemi su cui il governo di Vienna non ammetteva discussioni. I suoi compensi il Governo Italiano doveva andarli a cercarli sulle Alpi Occidentali, in Corsica, in Tunisia ovunque meno che verso la frontiera austriaca e nell'Adriatico".

[23] Ibidem, p. 465.

> *Ma l'aiuto dell'Italia, per quanto utile, non appariva neanche a Berlino indispensabile e perciò non meritava di essere pagato troppo caro. Soprattutto non meritava che il governo di Berlino compromettesse, per i begli occhi dell'Italia, la intimità ben più necessaria col governo di Vienna. Così anche il Governo tedesco era portato a contentarsi della neutralità Italiana.*

San Giuliano offriva agli Imperi Centrali un aiuto di cui questi non sentivano con assoluta necessità e domandava in cambio di questo aiuto un pagamento, Trieste e L'Istria, che i destinatari dell'aiuto offerto, soprattutto l'Austria, non intendevano corrispondere.

San Giuliano non aveva ben compreso e ben valutato che nel 1914 la politica dell'equilibrio in Europa, tra l'Intesa e gli Imperi Centrali stava per finire per volontà di quest'ultimi. San Giuliano si era sbilanciato verso gli Imperi Centrali, ma questi lo avevano ignorato e respinto, e quindi la sua azione di trasformare la Triplice Alleanza da "*un contratto di assicurazione*" ad un "*contratto di acquisti*" non riuscì.

> *È non vi poteva riuscire, perché quanto più si era allontanato dalla Triplice Intesa tanto più si era indebolito nella Triplice. Faceva come chi rinunzia a dei possibili amici, si chiude da solo a solo in una stanza con un gangster più forte di lui, e aspetta che il più forte non abusi della propria forza.*[24]

Questo il giudizio di Gaetano Salvemini sul marchese di San Giuliano e la sua politica estera, che non si può non condividere.

Il corollario di quanto sopra è semplice e lineare.

Appare quanto mai evidente che ormai si dovrebbe cessare di parlare per il 1914, di tradimento "*di una Italia deliberata a tradire un'Austria, candida, innocente e generosa come una colomba*". Non si può parlare di tradimento fra uomini che non erano colombe e che conoscevano benissimo le intenzioni gli uni degli altri. Se proprio di un tradimento si volesse parlare bisognerebbe dire che erano i diplomatici austriaci che erano deliberati a tradire gli italiani considerato come "un pezzo di carta" il trattato di alleanza, e si tenevano pronti a punire come tradimento qualunque domanda gli Italiani avessero fatto sulla base di quel trattato.[25]

Il 1914, l'anno della conflagrazione europea, della rottura degli equilibri, dell'"Europa in fiamme", dal punto di vista Italiano può avere questa chiave di lettura, che permette di comprendere e capire che cosa poi accadde l'anno successivo, il 1915.

---

[24] Idibem, p.466.

[25] Idibem, p. 466.

1.4 La difesa del confine orientale[26]

Nelle memorie del gen. Cadorna emerge chiaramente come il patto di Londra dell'aprile 1915 e le sue clausole sia stato predisposto e negoziato nella assoluta non conoscenza e partecipazione dello Stato Maggiore dell'Esercito.

Cadorna lamenta che nulla era stato preventivamente concordato e coordinato, tanto che ancora nella primavera del 1915 l'Esercito era orientato sia ad una guerra alla Francia che una guerra ai confini orientali. E fu, quindi, perso tempo prezioso.

Questo scollamento tra diplomatici e militari è grave in quanto la questione di una guerra ai confini orientali era sul tappeto da tempo. Mancavano i dettagli, ma nelle sue linee generali lo Stato Maggiore aveva predisposto piani per una guerra all'Austria già dal 1882.

a. Il piano di difesa di Ricotti Magnani 1870-1885

Al momento della stipulazione della Triplice Alleanza l'Italia era schierata decisamente con Germania e con l'Austria; l'alleanza stava a significare un preciso atteggiamento antifrancese. Tutti gli studi erano orientati ad occidente, sul confine con la Francia e con la Svizzera. Ma non si credeva opportuno limitarsi a studiare piani in funzione antifrancese. In via cautelativa si iniziò a predisporre piani anche verso il confine orientale e predisporre le misure più idonee nel caso di una guerra isolata con l'Austria-Ungheria.

Nel 1870 l'idea generale di difesa era quella messa in atto dal gen. Ricotti-Magnani, che aveva individuato nella zona di Piacenza-Stradella, in cui radunare tutto l'Esercito, centrale, nella Pianura Padana, per poter fronteggiare la minaccia, da nord, da qualsiasi direzione provenisse.

Il documento fondamentale a firma di Ricotti-Magnani ha titolo *"Relazione alla Commissione per lo studio della sistemazione a difesa nel teatro di guerra a nord-est"*, relazione presentata alla Camera nella seduta del 25 novembre 1870.

Era una concezione che resistette tra il 1870 ed il 1880. Con la costituzione della carica di Capo di Stato Maggiore nel 1882[27], dopo le manovre in Umbria, con baricentro Foligno, che vide l'impiego a partiti contrapposti di ben due Corpi d'Armata, con oltre 60.000 uomini. La situazione era mutata e si sentiva la necessità di mettere in essere studi su altri approcci concettuali.

I nuovi piani sono interessanti in quanto avranno importanza ed incidenza fino

[26] Il paragrafo riporta gran parte del testo della conferenza tenuta dall'Autore, in occasione della giornata di inaugurazione della Mostra *"Il Piave mormorava"* tenutasi alla Caserma Giulio Cesare, di Rimini, allestita dalla Associazione AIRES di Rimini e dal Comando del 121° Reggimento Artiglieria contraerea II Battaglione, dall' 11 ottobre al 9 novembre 2014.

[27] La carica di Capo di Stato Maggiore fu istituita su proposta del Ministro della Guerra, Ferrero, nella sua configurazione di carica permanente, e fu approvata dal Parlamento nel 1882 con R.D. n. 968, in data 11 novembre 1882.

al piano generale di operazioni formulato da Cadorna nel maggio 1915, con cui entrammo nella Grande Guerra. I presupposti di questi nuovi studi erano dettati dal fatto che, nonostante l'Alleanza in essere, l'Austria era pur sempre quello che la tradizione risorgimentale definiva il "nemico ereditario"; inoltre, cosa a dire il vero alquanto inquietante, l'analisi dettagliata del trattato che legava l'Italia alla Germania ed all'Austria non era stato dotato di alcuna clausola militare, clausola o clausole che stabilissero in termini chiari gli impegni da prendere, e quindi, l'entità delle forze ed i loro schieramenti. Occorre dire che vi furono intese a partire soltanto dal 1888, come già si è visto.

b. Il piano di difesa di Enrico Cosenz 1885-1889

Infatti in quel 1882 il primo Capo di Stato Maggiore[28], gen. Enrico Cosenz, fece predisporre un piano[29] particolareggiato dal ten. col. Viganò.[30] È il primo studio organico di difesa del confine orientale, ma soprattutto è importante perché il Trattato della Triplice Alleanza, firmato solo tre anni prima, non prevedeva alcuna intesa militare, che stabilisse, in termini concreti, gli impegni assunti e quindi l'entità delle forze e il loro schieramento.

Il piano, era su sette paragrafi: a) condizioni generali dell'Italia di fronte all'Austria; b) condizioni iniziali dell'offensiva all'Austria; c) compito del Corpo Speciale; d) radunata dell'Esercito e successivi spostamenti; e) condizioni di lotta durante il primo periodo delle operazioni e passaggio dalla difensiva alla offensiva; f) ritirata dell'Esercito in caso di rovescio sul Piave; g) svolgimento dell'offensiva italiana verso Est. (Una di queste prevedeva anche l'arretramento e la resistenza sul Piave, nella convinzione che il confine, nella sua linea pedemontana, era indifendibile).

In pratica il piano prevedeva una iniziativa austriaca, con l'ipotesi di una resi-

---

[28] Dalla istituzione della carica di Capo di Stato Maggiore, 29 giugno 1882, al 24 maggio 1915, ricoprirono tale carica i seguenti generali:

.Ten. Gen. Enrico Cosenz dal 1 settembre 1882 al 1 dicembre 1893

.Ten. Gen. Domenico Primerano dal 1 settembre 1893 al 1 giugno 1896

.Ten. Gen. Tancredi Saletta dal 1 giugno 1896 al 1 giugno 1908

.Ten. Gen. Emilio Massone dal 27 giugno 1908 al 1 luglio 1908 (int.)

.Ten. Gen. Alberto Pollio dal 1 luglio 1908 al 10 luglio 1914

.Ten. Gen. Luigi Cadorna 10 luglio 1914 al 8 novembre 1917.

[29] Negli Stati Maggiori di ogni Esercito è norma predisporre piani che sono la diretta emanazione della politica ufficiale del Governo in carica; inoltre è anche norma predisporre piani e studi che sottendono ad ipotesi teoriche e realtà ufficiose, al fine di essere sempre pronti, nella evoluzione della politica governativa o nel mutarsi della realtà ufficiale ed internazionale ad affrontare con cognizione di causa ogni evenienza.

[30] Lo studio aveva il seguente titolo: "*Studio circa la difensiva e l'offensiva verso est*". Superava il concetto proposto da Ricotti-Magnani nel 1873 che per la difesa dell'arco alpino l'Esercito Italiano si doveva schierare in modo baricentrico all'arco stesso, e quindi prendere le decisioni sia essa proveniente dalla Francia, dalla Svizzera o dall'Austria.

stenza iniziale sul confine, poi sul Piave; qualora questa fosse stata non sufficiente, si pensava di appoggiarsi a sinistra sulla piazzaforte di Venezia, e appoggiarsi alle piazzaforti come Cittadella e Bassano ed il centro avrebbe resistito sempre più in posto.

Lo studio poi prevedeva l'ipotesi di operazioni offensive e controffensive verso est, che prevedeva ipotesi che avrebbero permesso di assolvere il compito avuto, cioè di difendere il confine orientale. Negli anni successivi le singole fasi del Piano vennero sottoposte a sperimentazione mediante esercitazione per i quadri, previste nell'ambito degli studi per gli ufficiali di Stato Maggiore.

Lo studio del Cosenz venne via via perfezionato fino al 1889.

c. Il piano di Tancredi Saletta 1889 -1909

Negli anni successivi le singole fasi del Piano Cosenz vennero sottoposte a sperimentazione mediante esercitazione per i quadri, previste nell'ambito degli studi per gli ufficiali di Stato Maggiore. Con l'assunzione alla carica di Capo di Stato Maggiore del gen. Tancredi Saletta, il piano Cosenz fu sottoposto, a radicale revisione, anche se parziali modifiche erano già state apportate a partire dal 1889. Tancredi Saletta lo aggiorna e predispone un nuovo piano nel 1904, che nelle sue linee generali è sempre imperniato sul concetto di una difesa dalla minaccia austriaca, cioè ha un'impronta totalmente difensiva. Nonostante il rinnovo del Trattato della Triplice, i piani sono sempre aggiornati. Sono i tempi, come detto, che il Conrad voleva una guerra preventiva contro l'Italia ed il nostro Stato Maggiore non era insensibile a questa minaccia.

Nel dettaglio, appena nominato capo di Stato Maggiore, il gen. Saletta mise a verifica, attraverso numerose esercitazioni con i quadri, le diverse ipotesi operative prese in considerazione dal generale Enrico Cosenz, in quanto appariva a tutti evidente che dovevano essere aggiornate.

Una prima innovazione fu quella di assicurare una maggiore difesa delle coste italiane, ritenendo opportuno schierare alcuni reparti rafforzando, nel meridione, alcuni punti ritenuti essenziali per la difesa del Paese. Una divisione fu posta alla difesa di Roma, una divisione fu inviata in Sicilia, un Corpo d'Armata in Puglia. Fu sciolto il Corpo d'Armata Speciale, incaricato di operare ad ovest del Tagliamento, e le sue funzioni date a tre divisioni di cavalleria. Sul Piave si dovevano attestare la 2a e la 3a Armata, che dovevano spingere tre Corpi d'Armata tra Piave e Tagliamento, ed un quarto Corpo d'Armata si doveva spingere verso Belluno.

La riserva, a livello di Armata, venne dislocata più a nord rispetto allo studio Cosenz, nella zona di Padova, Lonigo-Rovigo.

Era questo uno studio innovativo che prevedeva, se tradotto, come fu, in piano operativo, una radicale revisione di tutta la predisposizione per la radunata e per la mobilitazione. La materia non fu di pertinenza del solo Stato Maggiore, ma anche di vari ambienti politici, diplomatici ed economici e soprattutto fu centrale nelle discussioni nei circoli militari italiani dell'epoca. Il dibattito sulla difesa del confine orientale divenne oggetto di conferenze, dibattiti e polemiche, spesso anche di qualche spessore. Appariva evidente che occorreva dare una concreta risposta alla ipotesi, prima nemmeno formulata, di una eventuale guerra con l'Austria-Ungheria. Anche il Parlamento non rimase estraneo al dibattito e nelle tornate del 1899 e 1900 ribadì che si doveva dare una concreta attuazione alla difesa del confine orientale.

Gli studi di Stato Maggiore si infittirono. Si pose come cardine di ogni studio che, data la potenza dell'Austria-Ungheria, l'Italia non poteva che assumere solo atteggiamenti difensivi. Dibattiti sorsero in merito alla valutazione da dare alle possibilità di difesa del Tagliamento: alla fine si arrivò alla conclusione che questo fiume non poteva, per le sue condizioni idro-geografiche, essere un ostacolo degno di nota su cui imbastire la difesa ad oltranza. Il fiume più adatto a questa funzione si ritenne fosse il Piave, ricco d'acqua, almeno in quegli anni, con sponde sopraelevate, ed appoggiato a due ostacoli naturali molto efficaci, quali il Montello a nord e la laguna veneta a sud; inoltre questo corso d'acqua era vicino ad importanti terminali ferroviari. Si concludeva, in quei anni, la discussione, iniziata con Ricotti – Magnani, che la difesa doveva essere imperniata non sull'Adige, ma sul Piave.

Il nuovo piano di guerra aveva le seguenti caratteristiche e peculiarità:

- ulteriori 150.000 uomini destinati alla difesa delle coste;
- la difesa del saliente trentino-tirolese, si organizzò in due settori: l'occidentale, dallo Stelvio al Lago di Garda, affidato ad un Corpo d'Armata autonomo su tre divisioni, con aliquote di truppe alpine; l'orientale, alla 1a Armata, costituito da quattro Corpi d'Armata;
- la riserva, costituita dalla 4a Armata concentrata tra Monselice e Padova;
- sul Piave vi era il nerbo delle forze italiane costituite dalla 2a e dalla 3a Armata;
- contro gli sbarchi lungo le coste della penisola si lasciava un Corpo d'Armata in Puglia ed una divisione a Roma.

Questo piano fu definito in tutti i suoi particolari e si provvide alla diramazione a tutti i livelli; completati e distribuiti anche i documenti di mobilitazione e di radunata.[31]

d. Il piano di Alberto Pollio 1909 -1914

Alberto Pollio subentrò a Tancredi Saletta nel 1909. Sotto la direzione del gen. Pollio, l'Esercito uscì dalla sua impasse. La situazione politica internazionale proce-

---

[31] Ruffo M., *L'Italia nella Triplice Alleanza. I piani operativi dello Stato Maggiore verso l'Austria-Ungheria dal 1885 al 1915*, Roma, Ministero della Difesa, Stato Maggiore dell'Esercito, Ufficio Storico, 1998, p. 157.

deva sempre più evidentemente verso una maturazione che non lasciava adito a dubbi nei riguardi di una soluzione bellica dei gravi e inconciliabili dissensi esistenti fra le maggiori Potenze Europee. Al generale Pollio si poneva, perciò, il problema di una sollecita preparazione dell'Esercito, in vista di un conflitto nel quale sarebbe stato coinvolto. Numerosi provvedimenti, di vasta portata, e di notevole impegno, furono avviati a realizzazione: un consistente aumento della forza bilanciata, l'impianto di fortificazioni a sbarramento della linea del Tagliamento, della Carnia, del Cadore; l'ammodernamento delle artiglierie, alcune delle quali erano superate ed antiquate; la costituzione di notevoli scorte di munizioni e di tutti gli altri mezzi materiali occorrenti per una guerra che sarebbe stata di vaste proporzioni; il miglioramento del sistema ferroviario nazionale la cui situazione limitava alla linea del Piave le possibilità di radunata dell'Esercito di campagna. A questi problemi di natura logistica si affiancava quello prettamente operativo che richiedeva, quale base primordiale, la revisione dell'intera dottrina tattica alla luce delle evoluzioni intervenute in Europa negli ultimi tempi. Furono affrontati, definiti o avviati a decisiva soluzione problemi organizzativi e di potenziamento, quali:

. la sistemazione difensiva della frontiera con l'Austria, che era stata esclusa, nei periodi precedenti, dalle predisposizioni fortificatorie in base alla situazione politica dell'alleanza in atto. Tale decisione si adeguava esattamente alle condizioni del momento determinante dall'atteggiamento austriaco ed era indice preciso di una evoluzione dei concetti e degli orientamenti politici italiani sul piano internazionale.
. l'adozione della ferma biennale per tutte le armi, ad esclusione dei Carabinieri, con estensione dell'obbligo di leva a tutti i cittadini;
. incremento degli stanziamenti ordinari di bilancio mediante assegnazioni straordinarie (che raggiunsero la cifra di 553 milioni) ripartite in più esercizi;
. l'integrazione con mitragliatrici dell'armamento della Fanteria e della Cavalleria;
. la progressione sostituzione del traino animale con il traino meccanico, entro i limiti dell'ancora scarso sviluppo di questo nuovo e modernissimo mezzo tecnico;
. una prima creazione di una organizzazione aerea;
. l'ammodernamento e il potenziamento organico delle varie specialità di artiglieria (da campagna, a cavallo, da montagna, pesante campale, d'assedio);
. l'organizzazione, su razionale pianificazione, dei servizi di campagna.

Sul piano operativo i termini operativi di debolezza erano quelle tradizionali: maggior tempo per mobilitazione e radunata; rapporto di forze favorevoli (4 Armate contro le 12 o di più dell'Austria-Ungheria); mentalità difensiva di Capi e di quadri. Per la prima volta in uno studio dello Stato Maggiore dell'Esercito Italiano si ipotizzava che, contenuto il nemico, seguendo le circostanze, si doveva riconquistare il terreno perduto ed inseguire il nemico nel suo stesso territorio.

Il piano di Pollio messo a punto del 1913 prevedeva:

- la 1a Armata lungo il saliente trentino dalla Valtellina-Valcamonica fino al Brenta;
- la 4a Armata a fronteggiare la rimanente linea di confine trentino dal Brenta a Pieve di Cadore ed a difesa dell'alto Cadore;
- la 2a Armata e la 3a Armata sul Piave tra Montebelluna al mare. La prima delle due con un corpo d'armata spostato in avanti verso il medio Tagliamento a sostegno dell'occupazione avanzata della Carnia; la seconda, invece, avrebbe dislocato un altro Corpo d'Armata a cavallo del Tagliamento inferiore ed a sostegno dell'occupazione avanzata del basso Friuli e delle tre divisioni di Cavalleria che si sarebbero radunate ad Udine, Codroipo e Latisana con il compito di prendere contatto con il nemico. Due Corpi d'Armata sarebbero restati uno a Padova ed uno sul Mincio a disposizione del Comando Supremo;
- era previsto anche un Corpo d'Armata ed una divisione per la difesa del territorio da sbarchi dal mare e la costituzione di un Corpo d'Armata d'osservazione lungo la frontiera svizzera.

Un interessante dato riguardante la mobilitazione italiana è il cambiamento del concetto base, avvenuto sul finire della gestione Pollio e l'inizio della gestione Cadorna (inizio estate 1914). Fino al 1914, la radunata e la mobilitazione si soprapponevano. In pratica i reparti giungevano nelle zona di radunata e qui venivano implementati e completati per poi essere inviati in zona di operazione. Dal gennaio 1915 questo concetto di mobilitazione fu cambiato: si adottò il principio di compiere sul posto la mobilitazione scindendola dalla radunata, ovvero di completare le unità ed i reparti nei loro organici di guerra, nelle sedi stanziali, completare l'addestramento e poi avviare unità e reparti alla zona di radunata per essere prontamente impiegabili, senza ulteriori strascichi.

Questo sistema aveva l'indubbio vantaggio di mandare al fronte reparti ed unità già costituiti ed in grado di essere impiegati immediatamente, mentre con il precedente il completamento avveniva afflusso durante.

Si ebbero, a margine, fitti contatti con l'autorità politica, per definire il nuovo modello di mobilitazione. In breve la radunata e la mobilitazione del vecchio sistema fu definita "camoscio", dal colore della carta su cui era scritta e stampata; il nuovo modello la radunata e la mobilitazione fu definita "rossa" in quanto era stampata su carta rossa.

In marzo Cadorna illustra ai dipendenti comandanti di Armata i lineamenti della mobilitazione e radunata "rossa", e le peculiarità diverse rispetto a quella "camoscio".

Pollio prese atto dei miglioramenti nella organizzazione dell'Esercito, il buon fine raggiunto dalla organizzazione in 1a, 2a, 3a, categoria che aveva dato la creazione e la disponibilità di numerosi reparti della varie armi. Si apportarono miglioramenti, alla vigilia dello scoppio della guerra, soprattutto nella difesa del saliente trentino e la difesa degli altipiani, e soprattutto del settore Brenta-Piave ritenuto molto critico.

Queste innovazioni non portarono ad una riformulazione del piano, ma ad un successivo e consequenziale aggiornamento della situazione operativa.

Nel 1913 il progetto operativo era ancora vincolato alla difensiva: questo tenendo conto dei fattori di debolezza dell'Esercito Italiano rappresentati dai tempi molto lunghi di mobilitazione e radunata, dallo sfavorevole rapporto di forze con l'Esercito e dalla cronica mentalità difensiva. Tutto questo sommato significava che nelle prime settimane di guerra l'Esercito austriaco avrebbe conquistato tutto il Veneto.

Pollio prevedeva, nel suo piano, che contenuto nel migliore dei modi l'attacco nemico, ipotizzava una manovra controffensiva da condursi sulla base delle circostanze del momento, al fine di conquistare il territorio italiano invaso e inseguire il nemico nel suo territorio.

La caratteristica del piano di Pollio era che prevedeva, come novità, la possibilità di una controffensiva da lanciarsi appena avute le forze necessarie, dopo aver contenuto l'iniziale azione nemica.

Tutto questo Pollio lo tradusse nelle *"Norme generali per l'impiego delle Grande Unità di guerra"*, datato appunto 1913.

Il punto di forza del piano Pollio era la constatazione che, in quell'anno, l'Italia, in un conflitto con l'Austria, ben difficilmente si sarebbe trovata sola; le forze alleate giunte in Italia avrebbero potenziato l'azione controffensiva, che mista anche all'irredentismo ed altri fattori contingenti, avrebbe permesso di conseguire la vittoria in termini accettabili.

e.Il piano Cadorna. 1914-1915

La morte improvvisa per arresto cardiaco, il 28 giugno 1914 del Pollio, la data dell'attentato di Sarajevo, fece si che l'Italia perse una delle menti più illuminate e capaci della storia militare del primo novecento, soprattutto un generale capace di gestire la situazione in modo aderente alla realtà, adattando la teoria alla pratica e alla situazione con elasticità.

Successe al Pollio il gen. Raffaele Cadorna, che assunse la carica di Capo di Stato Maggiore il 27 luglio 1914, la data dell'ultimatum dell'Austria alla Serbia. Cadorna era sì preparato, ma con un carattere rigido e schematico, poco amante della improvvisazione e carente in modo assoluto di fantasia, caratteristica questa che non aiuta molto nell'Arte della Guerra. Il 2 agosto 1914 l'Italia proclamò la sua neutralità. I suoi metodi e le sue predisposizioni fanno sì che già il 21 agosto 1914 si ha un piano con cui l'Italia possa affrontare la situazione a firma Cadorna. Porta il titolo significativo: "*Memoria riassuntiva circa un'azione offensiva verso la monarchia austro-ungarica durante l'attuale conflagrazione europea. Possibili obiettivi. Presumibili operazioni da svolgersi*".[32]

In questo documento l'obiettivo fondamentale era da ricercarsi nel goriziano e nel triestino, mentre quello secondario era il Trentino. Era presa in considerazione anche la possibilità di effettuare sbarchi sulle coste dell'Impero, tra Fiume e Trieste, a premessa di ulteriori operazioni verso l'interno. Erano ipotizzate anche operazioni di sbarco tra Antivari e Metkovic con lo scopo di inviare delle forze di rincalzo a quelle del Montenegro o per dare a queste un concorso diretto per poter procedere all'occupazione dell'Erzegovina. La Memoria, una volta diramata, dette l'avvio agli ordini di schieramento delle Armate. In pratica questa Memoria prevedeva un attacco diretto all'Austria, prendendo subito l'iniziativa, disponendo di quattordici divisioni lungo i 500 Km di fronte dallo Stelvio alla Carnia, quindici nei 90 chilometri del fronte principale, quello isontino, e sette di riserva, orientate al concorso dell'offensiva principale. Le unità della Regia Marina erano orientate a sostenere l'azione dell'Esercito, lì dove era necessario e richiesto. Il 1 settembre 1914 la Memoria fu tradotta in direttive di dettaglio alle Armate, in cui venivano fissati i lineamenti per la radunata e la mobilitazione. Essenziale era ridurre al minimo i tempi di radunata, affinché l'azione offensiva fosse efficace.

Altre disposizioni furono emanate per gli obiettivi secondari, per l'organizzazione dei collegamenti e per le informazioni.

Perdurando la neutralità, e con l'arrivo della stagione invernale, il Comando Supremo prese in considerazione l'ipotesi di inizio di una guerra durante l'inverno; in conseguenza emanò direttive, il 15 ottobre, per aggiustamenti tali da poter affrontare anche una campagna invernale.

La situazione rimane invariata per tutto il 1914. Il 27 gennaio il Comando Supremo, Ufficio del Capo di Stato Maggiore-Mobilitazione, emana direttive per garantire meglio i settori di copertura durante la mobilitazione per prevenire azioni offensive nemiche. Molti reparti a ridosso del confine sono portati ad organici di guerra.

Dopo di che il 1 aprile 1915 Cadorna emanò le varianti alle direttive del 1 settembre 1914. Queste permettono di passare, nel minor tempo possibile e senza grossi traumi, dalla concezione difensiva a quella offensiva e quindi essere pronti alla guerra, che sembrava sempre più ineluttabile.

Il Capo di Stato Maggiore gen. Cadorna, sulla base del Trattato di Londra in base al quale l'Italia si impegnava ad entrare in guerra entro il 26 maggio, emise

[32] Cfr.: *L'Esercito Italiano nella Grande Guerra. Relazione ufficiale*, Bollettino. II Bis Allegato 1, Ministero della Guerra, Stato Maggiore dell'Esercito, Ufficio Storico, 1929.

ordini chiari già dal 16 maggio. L'ordine di operazioni n. 1 riporta quella data, 16 maggio 1915. Questo ordine di operazioni costituisce, dunque, l'epilogo degli studi che lo Stato Maggiore sin dal 1885, iniziati dal gen. Cosenz, si erano succeduti per analizzare e pianificare le possibili operazioni sulla frontiera orientale.

Nella sostanza il Piano Cadorna aveva questa architettura:

- 1a Armata (due Corpi d'Armata ed una divisione) sulla fronte trentina dallo Stelvio a valle Cismon compresa;
- 4a Armata (due Corpi d'Armata) nel Cadore;
- Corpo della Carnia: (un Corpo d'Armata e sedici battaglioni alpini) dal Cadore al monte Maggiore;
- 2a Armata: (tre Corpi d'Armata) dal monte Maggiore alla strada Cormons-Gorizia compresa;
- 3a Armata: (tre Corpi d'Armata) dalla destra della 2a Armata al mare;
- riserva: (due Corpi d'Armata di tre divisioni di milizia mobile ciascuno) tra Verona e Desenzano, più una divisione dell'Esercito permanente a Bassano.[33]

L'entrata in guerra dell'Italia ed il piano di Cadorna non diede i frutti sperati. Il piano Cadorna, in tutta la sua essenza, era ispirato ad operazioni offensive figlie dirette del concetto di una guerra breve e risolutiva, e tendenti a raggiungere gli obiettivi strategici di Lubiana e di Trieste con gravitazione sul fronte del basso Isonzo. Prima ancora che al mancato concorso degli Eserciti russo e serbo, il fallimento del piano di operazioni di Cadorna fu dovuto a vari fattori che posiamo definire "tecnici": carenza di fuoco, carenza di materiali adatti a superare le trincee ed i reticolati, scarsa organizzazione logistica. In più non vi erano alternative ad una rapida e decisa offensiva iniziale.

In breve, anche sulla fronte italiana come su quella francese, nel giugno 1915, quando fallisce l'azione iniziale, dalla guerra di movimento si passa alla guerra di logoramento, guerra ove tutto avviene in uno spazio ristretto che divora continuamente in misura imprevista uomini e materiali e che dà origine ad un circolo perverso. La vittoria può essere conseguita solo logorando in misura superiore l'avversario; per logorare l'avversario bisogna attaccare; per raggiungere gli scopi sia pur limitati dell'attacco bisogna accumulare uomini, cannoni, munizioni, materiali in misura tale da stremare a loro volta le forze morali e materiali dell'avversario e del paese, e ciò nonostante in misura sempre insufficiente.

La Prima Guerra Mondiale sul fronte italiano è tutta qui: una serie di battaglie

[33] Ruffo M., *L'Italia nella Triplice Alleanza. I piani operativi dello Stato Maggiore verso l'Austria-Ungheria dal 1885 al 1915*, Roma, Ministero della Difesa, Stato Maggiore dell'Esercito. Ufficio Storico; 1998, p. 167.

che portarono l'Esercito Austriaco sull'orlo del collasso, ma costarono all'Esercito Italiano un grave logoramento morale e materiale.[34]

Nelle prime due settimane di guerra si vide che i piani erano insufficienti. Il voler a tutti i costi, dopo le prime battaglie offensive, continuare con gli stessi criteri di impiego, ed averlo ribadito per due anni di seguito fino a Caporetto, fu il più grave errore da imputare al Cadorna. I piani per la difesa del confine orientale furono fino al 1915 solo difensivi; questo avrà avuto una sua influenza nel momento della massima crisi nell'ottobre 1917 dopo lo sfondamento di Caporetto. Occorreva, con il senno di poi, fermarsi e riflettere di fronte alla incapacità di conseguire, a fronte di elevatissime perdite, un qualche risultato positivo. Quello che fecero i Tedeschi, ma, anche loro, solo dopo tre anni di guerra, e rivedere tutta l'architettura concettuale della Guerra. Ma questa è un'altra storia.

[34] Botti F., *La Logistica dell'Esercito Italiano (1831 – 1981),* Roma, Ministero della Difesa, Stato Maggiore dell'Esercito, Ufficio Storico, 1991, Vol. II.

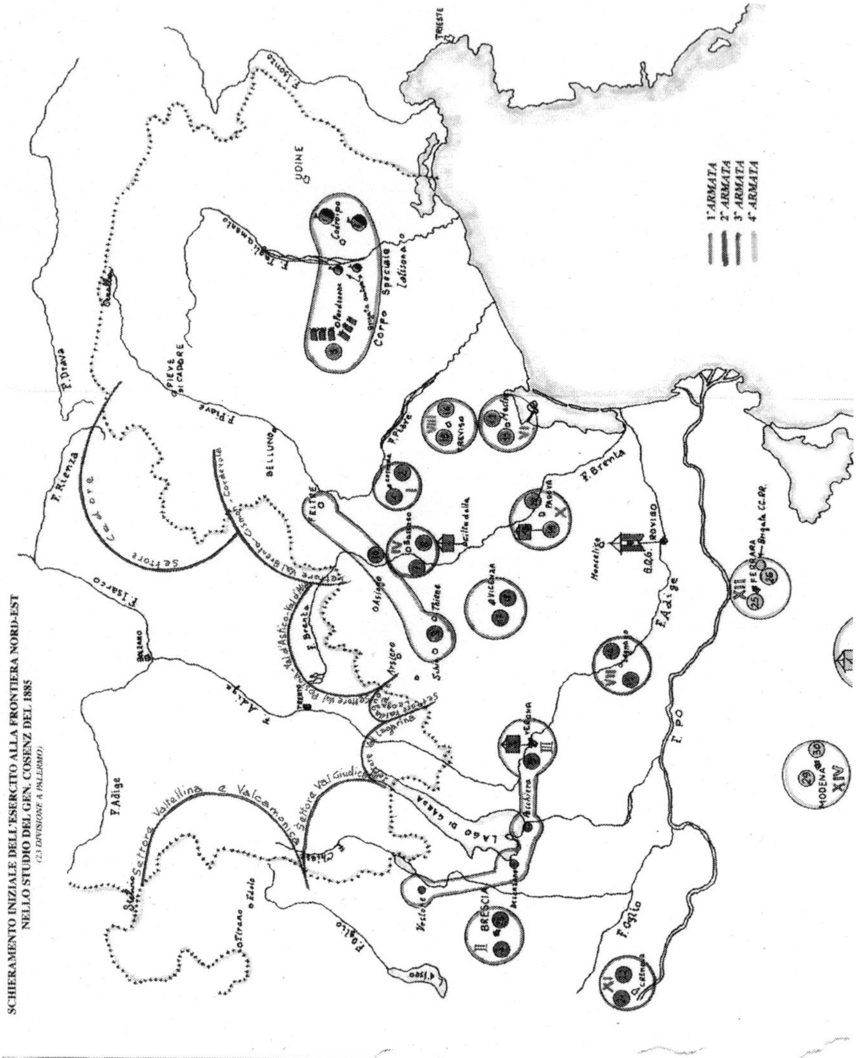

Cartina.1 Schieramento iniziale dell'Esercito alla frontiera Nord-Est nello studio del gen. Cosenz del 1885

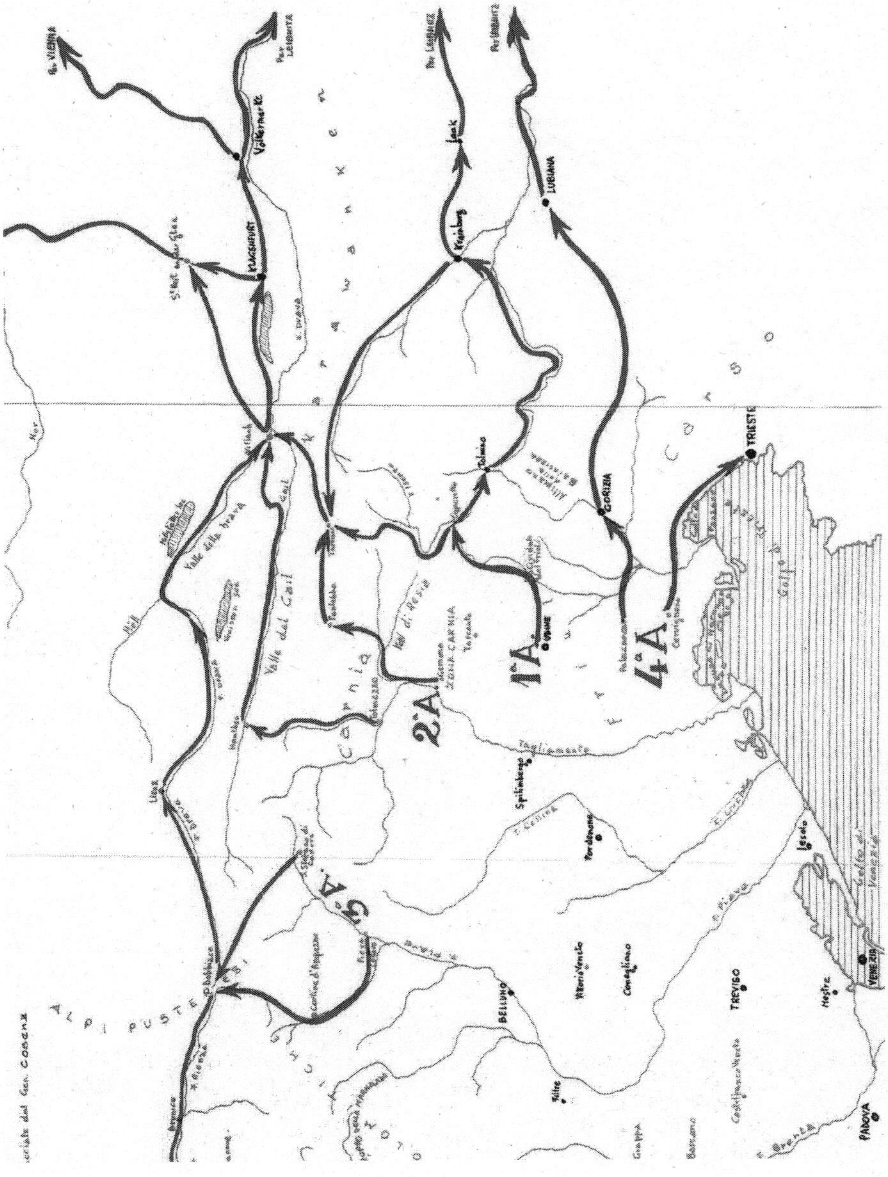

Cartina.2. Confine Orientale. Piano Cosenz 1885

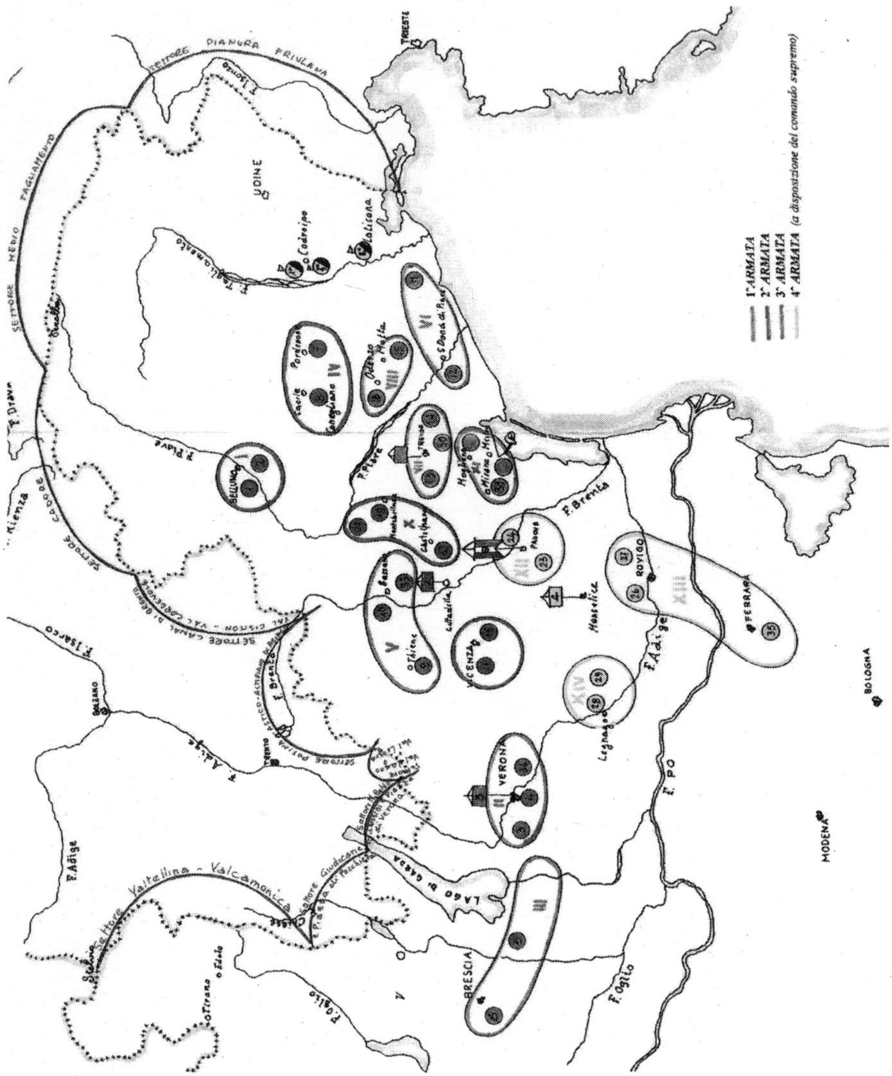

Cartina.3. Schieramento iniziale dell'Esercito a Nord-Est nello studio 1889

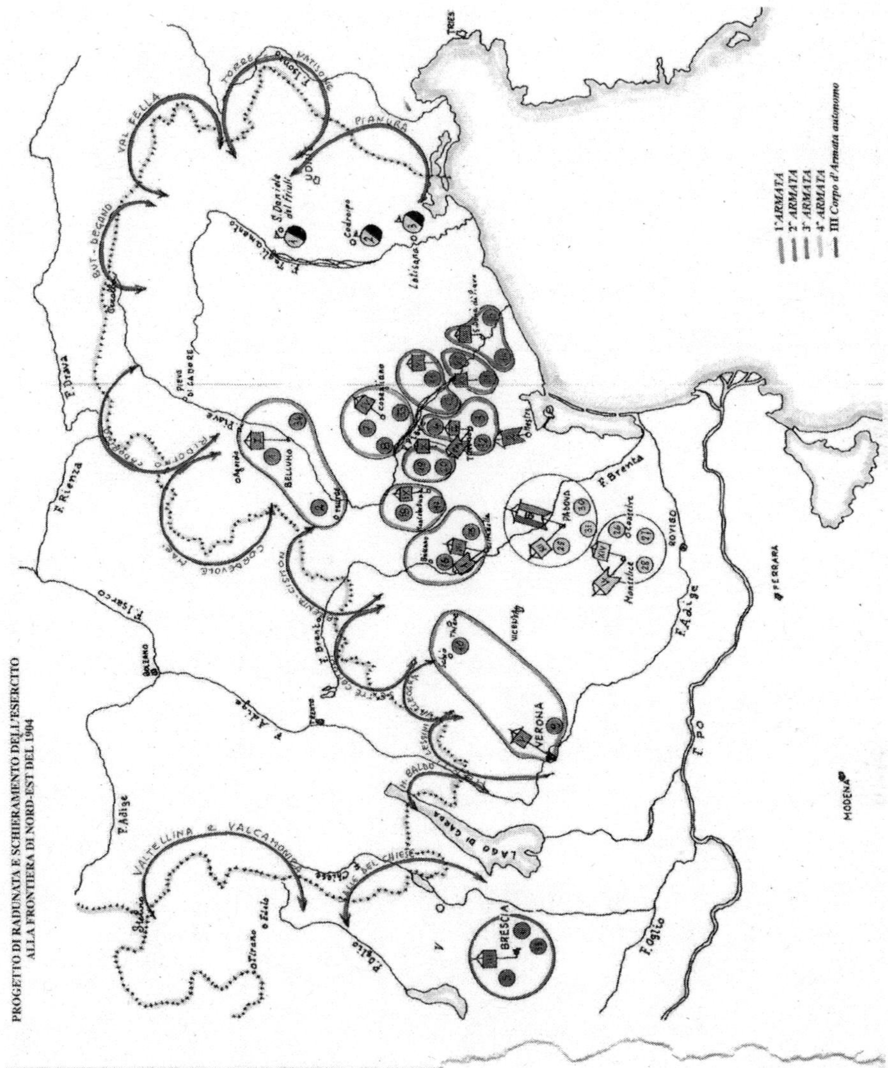

Cartina.4. Progetto di radunata e schieramento a Nord-Est nel 1904

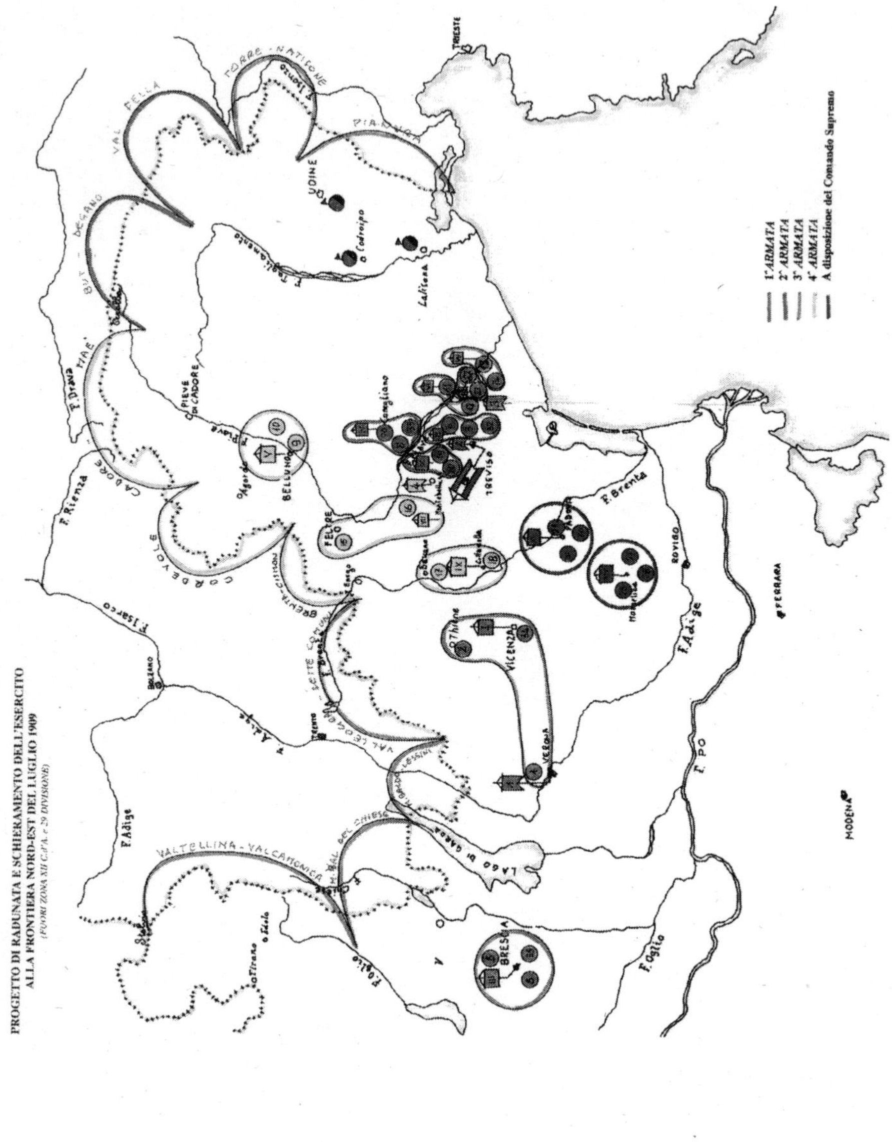

Cartina.5. Progetto di radunata e schieramento a Nord-Est nel 1909

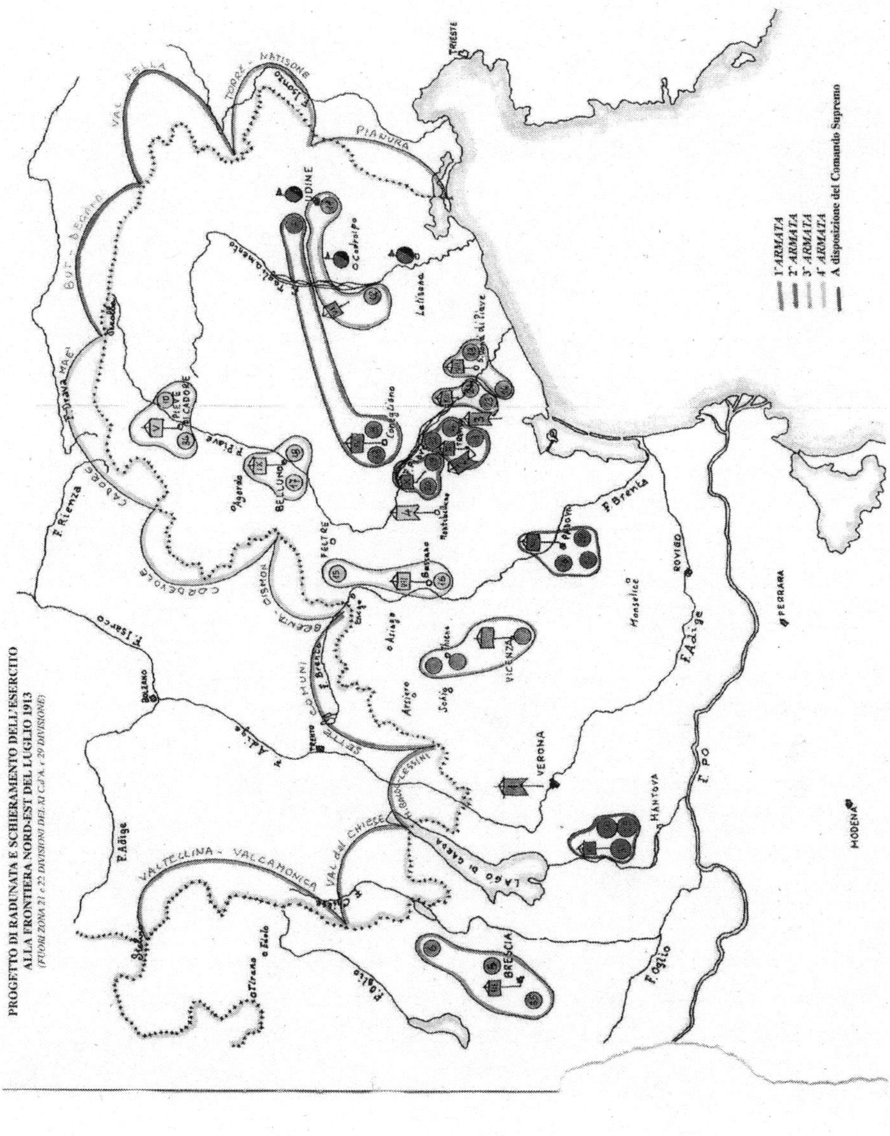

Cartina.6. Progetto di radunata e schieramento a Nord-Est nel 1913

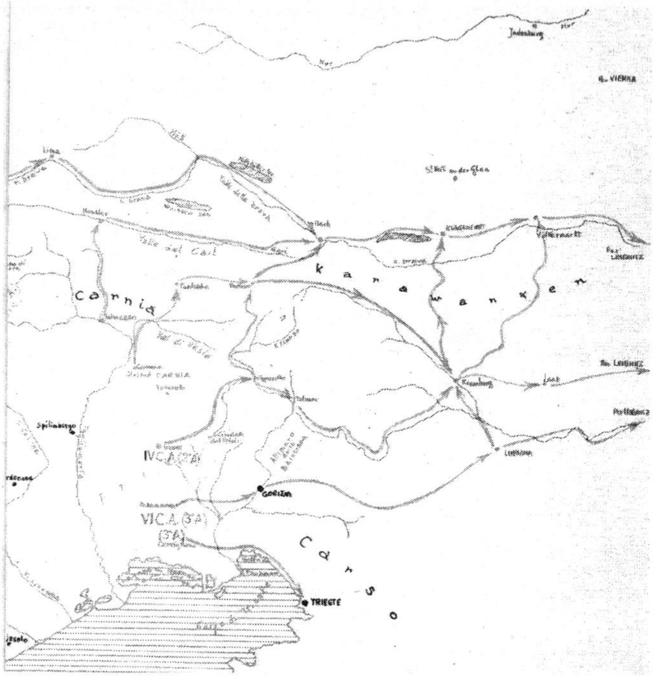

Cartina.7. Confine Orientale. Piano Cadorna 1915

1.5 La Rossa avanguardia delle Argonne[35]

Il 14 giugno 1914 si spensero gli ultimi fuochi della "Settimana Rossa". Due settimane dopo, a Sarajevo, l'attentato a Francesco Ferdinando, il 28 giugno 1914, avviava la Grande Guerra. Gli uomini che diedero vita a quelle giornate, tutti antimilitaristi convinti, si impegnarono a fondo affinché si evitasse la guerra. Comizi a Rimini, a Palermo ed in altre città improntati alla difesa della Serbia orientavano l'opinione pubblica ad impedire la guerra stessa; l'altro corollario a questa azione decisamente pro-serba era che se la guerra fosse scoppiata, sicuramente non ci si doveva entrare a fianco dell'Austria Ungheria, ma a fianco della Francia, la "sorella latina".

La ricostruzione che Margaret MacMillan ci fornisce di quei momenti, con riferimento all'Italia è interessante:

[35] Il paragrafo riporta sia parti del discorso commemorativo tenuto dall'Autore al Famedio del Cimitero Comunale delle Tavarnelle di Ancona il 5 gennaio 2015, data anniversaria della morte di Lamberto Duranti, sia parti della conferenza tenuta, sempre dall'Autore, alla Società Operaia di Mutuo Soccorso di Castel d'Emilio, (Agugliano-Ancona) dal titolo *"Lamberto Duranti. La Rossa avanguardia delle Argonne"* il 17 gennaio 2015, entrambe le manifestazioni organizzate dalla Accademia di Oplologia e Militaria di Ancona.

Le prime ondate di passione nazionalista iniziarono a perturbare la quiete sonnacchiosa dell'estate. Nelle strade di San Pietroburgo assembramenti più numerosi con il passare dei giorni portavano in processione il ritratto dello Zar e la Bandiera della Russia intonando il "Salva il tuo popolo, o Signore".

Quando Nicola II in persona prese parte ad una di quelle manifestazioni presentandosi al teatro di Krosnoe Selo, la folla si alzò in piedi e lo acclamò a diverse riprese. Gli Ufficiali presenti intonarono una canzone. A Parigi ci furono manifestazioni sotto le finestre dell'ambasciata austroungarica, mentre a Vienna, riferiva l'ambasciatore britannico," la folla è in preda ad un entusiasmo selvaggio": alcuni cittadini avevano tentato di inscenare una protesta davanti all'ambasciata russa, e tutti gli Ufficiali in divisa venivano salutati con calorose ovazioni. A Berlino, quando si seppe che la Serbia aveva respinto alcune delle condizioni dettate da Vienna, gli abitanti scesero nelle piazze per cantare versi patriottici ed intonare l'inno nazionale austriaco. Folle di studenti marciavano su e giù per Under den Linden scandendo slogan patriottici.

In Italia, in compenso, tutto taceva e l'ambasciatore britannico riferì che l'opinione corrente biasimava la Serbia, per il suo contributo all'attentato, ma anche la reazione troppo dura dell'Austria-Ungheria. Gli "Italiani aspettavano, trattenendo il respiro con una punta di inquietudine nel cuore". Il Governo, aggiungeva, stava cercando un pretesto accettabile per eludere le implicazioni militari della Triplice Alleanza. L'Italia si trovava alle prese con un dilemma: da una parte non era disposta ad accettare che l'Austria-Ungheria annientasse la Serbia e si affermasse per ciò stesso come potenza egemone nel Balcani, ma nel contempo non poteva permettersi di contestare pubblicamente gli Alleati. (Come molti europei dell'epoca, gli Italiani temevano in modo addirittura superstizioso la potenza militare tedesca.) Un'eventuale guerra europea, inoltre, avrebbe comportato un ulteriore rovello: se la Germania e l'Austria-Ungheria avessero vinto, l'Italia avrebbe subito più che mai il loro strapotere e avrebbe rischiato di ridursi ad uno Stato vassallo. L'opinione pubblica, che tendeva a percepire l'Austria-Ungheria come il nemico atavico che in passato aveva tiranneggiato e oppresso gli Italiani come faceva ora con i Serbi, esisteva a prendere le parti della Duplice Alleanza. C'era poi da considerare la debolezza intrinseca dell'Italia, la cui Marina sarebbe uscita con le ossa rotte da uno scontro con la potenza navale britannica e francese, ed il cui Esercito aveva un disperato bisogno di recuperare le forze dopo la guerra con l'Impero ottomano per il controllo della Libia. Anzi le truppe italiane erano ancora impegnate a domare la resistenza popolare in Nord Africa.

Il ministro degli Esteri di San Giuliano, uomo accorto e di lunga esperienza, stava trascorrendo le ferie di luglio alle terme di Fiuggi nel vano tentativo di curare la gotta che lo tormentava. (Le rinomate acque di Fiuggi erano particolarmente indicate contro i calcoli renali. Lo stesso Michelangelo aveva dichiarato che le terme lo avevano curato dal "mal di pietra", la sola pietra che non gli fosse cara).

L'ambasciatore tedesco gli fece visita a Fiuggi il 24 luglio per comunicargli i dettagli dell'ultimatum. Resistendo alle forti pressioni della Germania e dell'Austria-Ungheria, San Giuliano obbiettò e continuò a ripetere per settimane che l'Italia non era affatto tenuta a prendere parte ad una guerra che non aveva nulla di difensivo, anche se in determinate circostanze (per esempio se l'Austria-Ungheria avesse accettato di cedere i territori italofoni) il governo avrebbe potuto decidere di intervenire. Se l'Austria-Ungheria avesse annesso territori nei Balcani, naturalmente anche l'Italia avrebbe dovuto ricevere la sua parte. Il 2 agosto, il governo austroungarico, che accusò violentemente gli Italiani di essere dei conigli inaffidabili, cedette a malincuore alle pressioni tedesche e promise senza troppo sbilanciarsi di cedere alcuni territori a mo' di indennizzo (ma in nessun caso parti dell'Impero austroungarico e solo se l'Italia fosse entrata in guerra). L'indomani l'Italia fece sapere che sarebbe rimasta neutrale.[36]

In Gran Bretagna la posizione italiana non era meglio considerata, anche se non arrivava agli insulti. L'opinione pubblica in merito alla guerra era spaccata in due: il partito laburista e l'influente ala radicale del partito liberale erano contrari alla guerra. Il 27 luglio 1914 il Consiglio dei Ministri dovette constatare che era spaccato in due.[37] Al termine del Consiglio dei Ministri, il cancelliere dello Scacchiere, l'influente Lloyd George, propendeva ancora per la pace, disse ad un amico "*Non entreremo in guerra, lo escludo a priori. Non conosco un solo ministro disposto a votare a favore*".[38]

La posizione del Governo britannico era una posizione molto vaga, espresso anche attraverso il suo maggior esponente, Grey:

Se d'altro canto ci fossimo dichiarati pronti ad intervenire al fianco dell'Entente, la Russia avrebbe immediatamente attaccato l'Austria. Ne conseguiva che la nostra influenza pacificante dipendeva dalla nostra apparente indecisione. L'Italia, disonesta come sempre, stava eludendo i suoi obblighi nei confronti della Triplice ed adducendo il pretesto che l'Austria non l'aveva consultata prima di trasmettere l'ultimatum a Belgrado".[39]

Il 2 agosto 1915, quindi, l'Italia proclama la sua neutralità. Ma è una neutralità che non può rimanere statica in attesa degli eventi. Venerdì 2 Agosto a Rimini è convocata una riunione privatissima congiunta della Commissione Esecutiva, del Comitato Centrale, del Gruppo parlamentare e di personalità del partito, ed il giorno dopo, lo stesso durante il quale il Governo Italiano annuncia la neutralità italiana, pubblica l'ordine del giorno di detta riunione in cui si ribadisce l'opposizione a qualsiasi fiancheggiamento degli Imperi centrali.

Nel campo della sinistra antimilitarista e repubblicana immediatamente ci si muove in quella direzione che sarà la novità essenziale del finire del 1914 e dell'inizio del 1915: ovvero la partecipazione alla guerra contro l'Austria-Ungheria, nel solco del primo risorgimento. In questa visione chiara e definita, gli uomini della sinistra repubblicana, passarono subito all'azione costituendo un Comitato Segreto,

---

[36] MacMillan M., *1914. Come la luce si spense sul mondo di ieri*, Milano, Rizzoli, 2013, p. 660.

[37] Ibidem.

[38] Ibidem.

[39] Ibidem.

che quasi immediatamente articolò il suo operato su tutto il territorio nazionale. La prima riunione di questo Comitato si tenne a Milano l'11 agosto 1914. Al termine lancia il primo proclama a favore della guerra all'Austria-Ungheria, proclama che porta la parola d'ordine, divenuta famosa, concepita e scritta da Arcangelo Ghisleri *"O sui campi di Borgogna per la sorella latina o a Trento e Trieste"*.

È l'interventismo in tutta la sua portata storica. Praticamente la fine della "Settimana Rossa" nei suoi contenuti di rivolta sociale e antimonarchica. D'ora in avanti Governo e Re, monarchia e classi conservatori sono in parallelo con la sinistra repubblicana e socialista, in un rinnovato spirito unitario nazionale.

Il manifesto con l'indicazione di Ghisleri è stampato in migliaia di copie e diffuso in tutta Italia; sequestrato a ripetizione ed immediatamente ristampato. I membri del Comitato, individuati, vengono denunciati penalmente (saranno scagionati con l'amnistia proclamata al momento della dichiarazione di guerra).

Cesare Briganti e Carlo Bassi ricevono mandato per contattare le autorità militari francesi per avere l'appoggio della flotta d'oltralpe per un colpo di mano su Trieste, che si voleva mettere in atto da volontari garibaldini, che si sarebbero concentrati in Romagna.

A Senigaglia, per iniziativa di Giuseppe Chiostergi, il 10 agosto si da avvio alla costituzione di un battaglione di volontari per la difesa costiera; il 23 agosto il Partito Repubblicano Italiano, anche se frena sugli arruolamenti, è sempre più deciso ad opporsi alla guerra a fianco della Germania e qualora si addivenisse a questa risoluzione, non esita a dichiarare che sarà la rivoluzione, per impedire alla Monarchia una guerra a fianco dei Tedeschi.

Su iniziativa dei deputati repubblicani Chiesa, Ceppa, Colajanni, Acà, Sighieri, Pansini, Mazzolari, Saraceni, Auteri, Beretta, a cui si associa il socialista De Felice Giuffrida chiedono la convocazione del Parlamento, a cui Salandra, primo Ministro, risponde che il governo non vede che ci siano fatti tali da riaprire la Camera.

Iniziative ancora più concrete sono prese a Parigi da alcuni italiani che firmarono, in un caffè del Boulevard de Strasbourg, un invito ai propri connazionali di costituire un corpo di volontari da mettere a disposizione del Ministero della Guerra Francese. Il giorno dopo, 1 agosto 1914, circa tremila italiani si trovano nel luogo convenuto. Al termine della manifestazione viene scritto un proclama, in cui tra l'altro si legge:

> *Dobbiamo tenerci pronti a marciare... se la Germania dichiara la guerra. E se l'Italia, alleata della Germania, marcia al suo fianco, sappia che troverà più di quarantamila italiani alla frontiera delle Alpi Marittime, che l'attendono a braccia incrociate e che essa dovrà marciare sul petto dei suoi figli prima di entrare in Francia.*

Questa manifestazione è il primo nucleo della futura Legione Garibaldina.

Sul finire di agosto, la Direzione del Partito Repubblicano Italiano aveva stabilito contatti ed intese con il Governo Francese ed il 23 agosto Peppino Garibaldi, figlio di Ricciotti, si mette a disposizione. Il 5 settembre il ministro della guerra francese, Millerand, autorizza la costituzione di una Legione Italiana che si concentrerà a Marsiglia.[40] In questa città si costituì quasi subito un primo nucleo, che fu definito "Compagnia Mazzini".

La situazione era, dal punto di vista politico, molto confusa. Il Governo francese, che, sì accettava i volontari italiani, non aveva intenzione, però, di impiegare la compagnia ed i volontari italiani sul confine italiano, come desiderava il Partito Repubblicano e tutti i volontari, per non fare pressioni sul Governo Italiano.

Sulla base di questa situazione, la "Compagnia Mazzini", su disposizione della direzione del Partito Repubblicano Italiano riunita a Firenze, fu sciolta ed i volontari lasciati liberi.

Nel contempo, però, senza una "etichetta" di partito e politica si stava costituendo la Legione Garibaldina, con a capo Peppino Garibaldi, con il I ed il II battaglione a Montelimar, mentre il III a Nimes. Era una unità apolitica e solo espressione del "garibaldinismo" e quindi vista di buon occhio dal Governo Francese, che non doveva affrontare implicazioni politiche con l'Italia. Rimanevano a rappresentare il Partito Repubblicano presso lo Stato Maggiore della Legione Cesare Briganti, Ernesto Re e Carlo Bazzi.

Se la Legione non avesse potuto agire liberamente in Francia, il Partito Repubblicano si era impegnato con Peppino Garibaldi a fornire ogni aiuto per poter combattere contro l'Austria, evidentemente in appoggio all'Esercito serbo.

I Volontari garibaldini furono inquadrati, dopo trattative tra lo stesso Peppino Garibaldi e il Ministero della Guerra francese, nelle fila dell'Esercito francese, secondo le norme in vigore per la Legione Straniera[41], scartando l'idea di costituire un Corpo Franco o altro similare. Al termine di queste trattative fu costituito Il 4° Reggimento di Marcia del 1° Reggimento Straniero (reggimento garibaldino) dal Ministero della Guerra con telegramma in data 5 novembre 1914.[42] Con i quadri già

[40] In contemporanea in Italia si avranno delle denuncie penali contro coloro che operano in questo senso, ovvero di arruolare militari e volontari a favore di una potenza straniera. In particolare è denunciato il segretario del Partito Repubblicano Italiano, il quale era anche accusato di essere in collegamento con agenti francesi in Italia, accusa fermamente respinta.

[41] *"I Volontari italiani sottoscrivevano solamente un impegno non già per cinque anni come è in uso nella legione straniera, ma per la durata della guerra (con l'intesa che se l'Italia fosse intervenuta nella guerra anche questo obbligo sarebbe stato sciolto) né contraevano assolutamente alcun obbligo relativo alla cittadinanza francese. Nessun premio di indennità d'arruolamento veniva stabilito per i volontari italiani ed il loro stipendio veniva fissato a centesimi cinque al giorno anche sulla linea del fuoco. Per gli ufficiali lo stesso soldo degli ufficiali regolari francesi"*.

[42] Con Decreto 20 settembre 1914 (Journal Officiel 30 settembre 1914 p. 8116/7), furono nominati a titolo straniero e per la durata della guerra:

.al grado di Tenente Colonnello: Garibaldi Giuseppe,

.al grado di Maggiore: Orlandi Cadini (Antonio); Longo (Camillo)

nominati, venivano definitivamente costituiti e resi operativi i depositi di Nimes e Montelimar che, con ordine ministeriale del 3 novembre, costituirono il predetto 4° Reggimento di marcia del 1° Reggimento Straniero, chiamato Reggimento garibaldino in termini di burocrazia militare.

Le compagnie avrebbero dovuto contare 250 uomini ed il reggimento quattro battaglioni di quattro compagnie ciascuno per un totale di 4000 uomini. Ma al momento dell'impiego in linea i battaglioni erano tre con una forza effettiva media di 800 uomini. Ovvero la Legione Garibaldina consisteva in 2400 volontari in tutto sui 4000 che si pensava di avere.[43] Pertanto la "*Rossa avanguardia delle Argonne*" consisteva in 2400 italiani volontari.[44]

I Volontari ebbero un intenso addestramento che durò per tutto novembre e metà dicembre. Chiostergi e tanti volontari marchigiani sono inquadrati nel reggimento e Chiostergi, che aveva rifiutato i gradi di Ufficiale[45] fu assegnato come soldato di 2a classe nel 4° Reggimento di Marcia nel 1° Reggimento Stranieri, I Battaglione, 4a compagnia.

La vita del volontario è dura e l'addestramento ha termine nella terza settimana di dicembre. La Legione Garibaldina viene deciso di inviarla in linea. Il 24 dicembre, lasciati i quartieri di addestramento, la Legione giunge alla Maison Forestière ed il Natale è passato sotto tenda. Ed entra in linea, nel settore del V Corpo d'Armata, 10a divisione.

Nel Diario di Camillo Marabini si legge:

> *Pierre Croisè, 25 dicembre sera. Natale tragico. Le compagnie sono collocate in linea spiegata a ridosso della collina, a pochi metri dal costone. E ciò perché i proiettili*

.al grado di Capitano: Garibaldi (Ricciotti); Raffo (Carlo); Evamgelisti (Giuseppe); Pisani (Luigi); Cappabianca (Alberto); Bruera (Alberto); Canudo (Ricciotto); Angelazzi (Ildebrando); Finzi (Gino); Benucci (Mario Aroldo);

. al grado di Tenente. Pondichy (Alessandro); Marabini (Camillo); Carola (Raffaele); Duranti (Lamberto); Bazzi (Emilio); Butta (Ernesto); Oggero (Alfredo); Garibaldi (Sante); Marfello (Michele); Defner (Saverio); Trombetta (Gregorio);

. al grado di Sottotenente: Zonaro (Fausto); Fiaschi (Unico); Odevaine (Alfredo); Taraschi (Guido); Zambrini (Fausto); Roberto (Pasquale); Arizio (Angelo); Greco (Mario); Palarino (Antonio); Peloso (Giuseppe); Massa (Antonio); Garibaldi (Bruno); Rama (Pietro); Rovelli (Francesco);

. al grado di Capitano medico: Mari (Alessandro);

. al grado di Tenente medico: Largo (Alessandro), Cristini (Umberto). Cfr. Marabini C., *La Rossa avanguardia dell'Argonna*, Milano, Ravà & C. Editori, 1915 p. 228.

[43] Ibidem

[44] I nomi degli appartenenti di questa "Avanguardia" sono nell' "*Elenco degli appartenenti al "Reggimento Garibaldino" nel giorno della partenza da Mailly-le-Camp per il fronte, il 12 dicembre 1914*" pubblicato in Marabini C., *La Rossa avanguardia dell'Argonna*, cit., p. 302.

[45] "*So quanto sia difficile la vita del volontario; devo quindi essere semplice soldato se voglio aiutare i miei compagni a sopportarla*". Cfr. Chiostergi G., *Diario garibaldino ed altri scritti e discorsi*, Milano, Associazione Mazziniana Italiana, 1961. p. 23.

dell'artiglieria nemica non possono farci danno. Infatti o il tiro dei cannoni tedeschi è corto ed allora... non ne parliamo; se l'obice passa e, in questo caso, per quanto rasenti la cima, non può che cadere una cinquantina di metri dietro di noi[46]

L'attacco è per il 26 dicembre: è la battaglia di Bolante, che così viene descritta:

Raggiunsero i garibaldini il 26 dicembre gli obiettivi a loro assegnati? Evidentemente no. La trincea nemica non fu conquistata. Perché? Perché il lavoro preparatorio che il Genio avrebbe dovuto compiere nella notte antecedente all'attacco non fu eseguito. I reticolati che impedivano l'avanzarsi verso la trincea tedesca non sono stati tagliati. Gli scalini d'uscita delle trincee non sono stati costruiti. Sicché i soldati dovettero arrampicarsi con molte difficoltà per uscire da trincee alte due metri. Inoltre il Comando della 10a divisione cambiò il terreno all'ultimo momento. Di modo che i Garibaldini si lanciarono alla baionetta contro una trincea che credevano tedesca, e, invece, si trovarono innanzi una trincea francese vuota. Fu proseguito l'attacco per ordine del colonnello Valdant, comandante la Brigata, contro la linea nemica e, per attraverso terribili difficoltà, in certi punti si addivenne a furiosi corpo a corpo. Ciò è dimostrato da coloro che furono feriti d'arma bianca tedesca. A questo punto sorgono due versioni: c'è chi sostiene che il nemico sia rimasto sulle sue posizioni. C'è chi giura che i tedeschi abbiano fatto saltare la loro trincea. Certo fu udito ad un certo punto un terribile scoppio e vi fu lancio di pietre e sommovimento di terra. Ma erano bombe a mano? La grossa artiglieria francese che bombardava? Senza dubbio la prima linea nemica fu ridotta in malo modo.[47]

In questo combattimento, che è per i volontari italiani fu il battesimo del fuoco, cade Bruno Garibaldi e la notizia immediatamente giunge in Italia, avendo ampia risonanza.

Ma le operazioni proseguono e il 5 gennaio 1915 la Legione Garibaldina è impegnata nella battaglia di Courtes Chaussées e di Four de Paris.[48] Il comunicato della Stefani del 7 gennaio così riporta la battaglia:

Il combattimento impegnato il 5 gennaio corrente del reggimento comandato dal colonnello Giuseppe Garibaldi e durante il quale è caduto l'aiutante Costante Garibaldi si è svolto nelle condizioni seguenti:

Nella notte del 4 e 5 gennaio il reggimento fu mandato ad occupare le trincee nella foresta delle Argonna a nord del villaggio di Le Caen. Dinanzi tre trincee francesi se

[46] Cfr. Marabini C., *La Rossa avanguardia dell'Argonna*, cit., p. 87.

[47] ibidem

[48] Il Comunicato dello Stato Maggiore Francese delle ore 15 del 6 gennaio è il seguente: *"Nelle Argonne presso il burrone Courtes Chaussées ove abbiamo fatto saltare con le mine le trincee tedesche, il reggimento italiano comandato dal tenente colonnello Peppino Garibaldi, ha vigorosamente attaccato nella breccia aperta dalla esplosione. Esso ha fatto 120 prigionieri di cui 12 sottufficiali, ha preso una mitragliatrice ed un cassone. L'aiutante capo Costante Garibaldi, fratello del tenente colonnello, è rimasto ucciso nell'attacco". Cfr. Marabini C., La Rossa avanguardia dell'Argonna*, cit., p. 285.

ne trovavano tre occupate dai tedeschi: la distanza tra le due prime trincee nemiche era di 60 metri. Tra le stesse trincee corre uno stretto sentiero della foresta. Le trincee francesi furono occupate dal primo e dal terzo battaglione del reggimento volontari italiani mentre il secondo battaglione si stendeva a sinistra della trincea stessa ed era collegato al resto del reggimento per mezzo delle truppe coloniali francesi. Entrati in trincea alle due del mattino del 5 corrente i volontari italiani intrapresero subito gli scavi per portarsi sotto le trincee nemiche e minarle. Alle 6 del mattino le operazioni erano compiute e la metà della trincea tedesca saltava in aria mentre i Garibaldini sbucando improvvisamente assalirono l'altra metà della trincea.

La resistenza fu accanitissima ma i tedeschi dovettero ritirarsi. Fu in questo momento che, colpito da una fucilata alla gola, cadde l'aiutante Costante Garibaldi. Raccolto dal fratello, capitano Ricciotti e da due volontari egli fu trasportato in una ambulanza vicina ove morì dopo quindici minuti.

Intanto il primo ed il terzo battaglione continuando l'attacco impetuoso, si slanciarono sulla seconda trincea tedesca e dopo un lungo violentissimo combattimento riuscirono ad impadronirsene, uccidendo e fugando i numerosissimi soldati che la difendevano. Nel tempo stesso il secondo battaglione del reggimento si trovava a sinistra delle trincee fu attaccato insieme con le truppe francesi che gli stavano al fianco da una forte colonna tedesca, la quale, dopo una vivacissima lotta, fu respinta con un vigoroso assalto alla baionetta e con gravi perdite.

Durante queste due azioni l'artiglieria francese cannoneggiava con fuoco rapidissimo il terreno retrostante alla trincee nemiche rendendo difficile l'avanzata di rinforzi.

I legionari italiani furono poco dopo sostituiti nelle trincee da essi acquistate con le truppe francesi, e si recarono per riposarsi dal lungo combattimento, nel villaggio di La Claon, salutati lungo tutto il tragitto dalle acclamazioni dei soldati francesi. Il reggimento dei volontari italiani fece 250 prigionieri; due mitragliatrici tedesche andarono distrutte nella esplosione della prima trincea; altre tre mitragliatrici e due lanciamine furono presi nella seconda trincea tolta al nemico.[49]

Il comunicato tedesco così riassume la battaglia:

Nella parte occidentale della foresta dell'Argonna le nostre truppe hanno guadagnato terreno. L'attacco annunciato il 5 gennaio nella parte orientale della foresta dell'Argonna, nel bosco di Courtes Chaussées, si è sviluppato fino alle nostre trincee, ma il nemico è stato respinto dalle nostre posizioni su tutta la linea, con gravi perdite. Le nostre perdite sono state relativamente minime.[50]

Nel momento che cade Costante Garibaldi è ferito anche Giuseppe Chiostergi.

Scrive Camillo Marabini riguardo Chiostergi:

[49] Cfr. Marabini C., *La Rossa avanguardia dell'Argonna*, cit., p. 277.

[50] Chiostergi G., *Diario garibaldino ed altri scritti e discorsi*, cit., p. 24.

Un'altra torma della quarta compagnia ha seguito Costante. Egli è saltato in piedi, sul parapetto di una trincea, deve aver visto qualche cosa che avveniva avanti a noi, perché, concitato ha urlato ai suoi: – Presto di qui! – E s'è slanciato in avanti. Lo hanno seguito Chiostergi, Guardati, Pavolini, Guarini, Cannas, Montanari, Rovida, il maresciallo Cravino. Il caporale Pacini. La terza trincea è stata presa, ma i volontari non ci sono entrati. Si sono distesi dietro il parapetto che loro serviva magnificamente da scudo facendo fronte al nemico. I Tedeschi avanzano ancora, la trincea è difesa soltanto da un pugno di uomini perché molti sono andati indietro a portare i prigionieri. Avviene così che siamo costretti a ripiegare sulla seconda trincea. Montanari e Pacini cercano di sollevare Chiostergi. È impossibile. Chiostergi esorta i compagni ad andarsene. Pacini ubbidisce, ma Montanari no, rimane vicino all'amico.[51]

Chiostergi, ferito ed impossibilitato a muoversi, cadde prigioniero dei tedeschi e per mesi della sua sorte non si seppe nulla; in molti lo davano Caduto. I quotidiani del 5 gennaio in Italia lo davano per Caduto e compaiono articoli, anche nei giorni seguenti, in cui si commemora la sua figura e la sua azione. Il Partito Repubblicano Italiano a Senigallia pubblica un manifesto in onore della morte di Chiostergi. Il 9 gennaio esce il manifesto del Comune di Senigallia, a firma del sindaco Aroldo Belardi.

Tra le perdite contate tra i volontari oltre ad altri e a Costante Garibaldi, vi è la dolorosa perdita dell'anconetano Lamberto Duranti.

Anche le ultime ore di vita, oltre del senigagliese Chiostergi dell'anconetano Lamberto Duranti sono descritte da Camillo Marabini:

Four de Paris 5 gennaio 1915 Ore 08.00. Alle tre siamo arrivati nella prima linea di trincee. Per giungerci essa è sul ciglione della collina, abbiamo camminato con l'acqua fino ai ginocchi. Ogni tanto un colpo secco nell'aria acuto e mille echi: una fucilata. Dall'una e dall'altra parte, da quattro mesi si spara sempre. Le sentinelle sparano così per ingannare il tempo. È una guerra che non conosce soste. Dispongo gli uomini in gruppi, avanti alle scalette, pronti ad uscir fuori, la baionetta inastata. Fa freddo. Tre ore ancora, immobili così. C è da gelare. Poi, man mano, il cielo si rischiara lassù in alto. Faccio un ultimo giro di ispezione. Mi aiuta il buon Zanotti. Ma Duranti non viene. Gliel'ho raccomandato quando mi è passato accanto e mi ha detto:"Ritornerò qui" Ma invece non si vede. Sono le 5 e mezza. L'artiglieria ora accelera il tiro. È un inferno. L'aria si scuote si sposta come fosse acqua smossa da un bastone in una tina. Dicono che ora piombino oltre cinquecento granate al minuto sulla trincea tedesca che è a settanta metri innanzi a noi. Le "marmitte" passano rasentando le nostre teste. Poi uno schianto ed un tonfo. I fischi, il frastuono, i lampi, è un inferno. Siamo storditi. La mente è tutta un'eco di sibili, di miagolii, di scosse. Poi ad un tratto un silenzio cupo. Si ha l'impressione stessa che si prova e s'inabissa, quando navigando, il vapore ha la prua nel vuoto e s'inabissa nell'onda. Uno spasimo nelle viscere. Una nausea nella gola. Poi un urlo indistinto. Ah

[51] Ibidem.

la mitragliatrice! Conosco la tua voce. E le palle che sibilano ed i soldati che cadono. Ah, ci siamo. A terra! Si spara. Quanto? Ecco Cappabianca che viene, correndo, verso di me:

- Marabini, Duranti è ......morto

Ho l'impressione di una mazzata sul capo. Rispondo...non è vero!"

....

Four de Paris 5 gennaio 1915 Ore 10.00.

"Si, è vero. Duranti è morto. Ha ricevuto l'ordine di attaccare; non ha mosso ciglio. Anche lui ha chiesto l'ordine scritto. L'ultima ribellione di chi sa di condurre i suoi uomini alla morte sicura. Avutolo, cava il taccuino, straccia un foglio e scrive con il lapis "Per Marabini: in caso di disgrazia telegrafi ad Annibale Marinelli ed Enrico Schiocchetti. Via Cialdini 24, Ancona".[52]

Poi gli sovviene, certo, di avermi promessa una sua fotografia per il Giornale d'Italia. Ne prende una dalla tasca della "vareuse", la mette in mezzo al biglietto piegato, scrive sul dorso "la fotografia per il giornale" e passa il tutto al Capitano Cappabianca: "Dallo a Marabini".

E monta risolutamente sulla scala. Giunto in sommità si rivolge agli uomini che lo seguono:

"Venite a vedere come muore un garibaldino".

Si avanza sparando la rivoltella. Una palla lo prende nel cuore. Il corpo viene portato in trincea.

"Cosa hai?" Gli dice Cappabianca.

"Sono ferito... datemi da bere"

Cappabianca gli porge la fiaschetta.

"...Ah...muoio muoio per la repubblica" e spira.

Un soldato... Catella, che gli è accanto e che è ferito gravemente ad una coscia, respinge gli infermieri gridando: "Salvatemi il mio tenente. Io non ho nulla" E sviene dallo spasimo.[53]

Chi era Lamberto Duranti?[54]

Lamberto Duranti fu il primo giornalista a morire nella Grande Guerra. Fu uno dei garibaldini della Legione Garibaldina che combatterono nelle Argonne (Francia) dove tra la fine del 1914 e i primi mesi del 1915 caddero 300 soldati ed ufficiali, 400 restarono feriti e un migliaio si ammalarono.

Patriota e di fede repubblicana, Duranti collaborò con vari giornali del partito repubblicano e fondò "La Penna" (pubblicato fino al 1914) assieme al pubblicistica e saggista Camillo Marabini, uno dei più importanti rappresentanti del garibaldinismo post-risorgimentale

---

[52] L'Accademia di Oplologia e Militaria, che ha promosso le cerimonie per ricordare Lamberto Duranti nella data centenaria della sua morte, ha sede in Ancona in Via Cialdini 26, accanto alla abitazione indicata da Duranti nella comunicazione a Marabini.

[53] Cfr. Marabini C., *La Rossa avanguardia dell'Argonna*, cit., p. 277.

[54] Si riporta la breve biografia di Lamberto Duranti predisposta per la Commemorazione al Famedio di Ancona del 5 gennaio 2015 da Pierluigi Franz e pubblicata su www.coltrinarimassimo.blogspot.com.

e collaboratore del quotidiano repubblicano "La Ragione" e "La Luce".

Era nato ad Ancona il 21 gennaio 1890, figlio di Ulderico.

Fu Segretario di organizzazioni operaie e politiche e Segretario della Federazione regionale repubblicana umbra a Perugia, città dove era molto conosciuto.

Di carattere avventuroso, partì per prestare soccorso in Sicilia dopo il terremoto di Messina del 1908. Fu volontario garibaldino nel 1911 in Albania e durante la guerra greco-turca nel 1912. Sembra che nella battaglia di Driskos nel 1912 abbia ottenuto una medaglia al valor militare oltre ai gradi di tenente.[55]

Nel Comitato pro-Albania si prodigò con Felice Figliolia (giornalista foggiano di cui era molto amico e anch'esso morto poi in guerra il 12 novembre 1915 sul Monte San Michele), Alina Albani Tondi (esponente di spicco di "Fede Nuova", giornale femminile mazziniano), Giovanni Minuti (anch'esso morto poi in guerra il 19 marzo 1916 sull'Isonzo), e Giuseppe Chiostergi di Senigallia[56] *Duranti partì da Brindisi il 15 agosto 1911*[57]*, ma la spedizione non ebbe successo perché impedita dalla Triplice Alleanza. E il 17 settembre tornò a casa senza essere riuscito ad unirsi agli insorti albanesi. L'anno seguente si recò nuovamente con la Croce Rossa in Grecia quando quel Paese si batteva contro i turchi, recando aiuti sanitari. Nonostante le difficoltà ci riprovò poi ugualmente con un'ambulanza fino a Corfù.*

Al suo ritorno in Italia s'impegnò nella zona di Cervia e di Ravenna nelle lotte sociali e politiche che videro una dura contrapposizione fra socialisti massimalisti e repubblicani. Si adoperò per l'unità dei lavoratori e "...portò sempre una parola di pace". Allo scoppio della Prima Guerra Mondiale nel 1914 si arruolò in Francia nel Corpo volontari italiani garibaldini operante nella regione francese delle Argonne, dove erano arruolati anche alcuni nipoti di Garibaldi, due dei quali, Bruno e Costante, entrambi figli di Ricciotti, morirono eroicamente.[58]

---

[55] (n.b. all'Istituto del Nastro Azzurro ciò, però, non risulta).

[56] Chiostergi, in un primo tempo fu erroneamente dato per disperso nella stessa battaglia del 5 gennaio 1915 in cui morì Duranti. Rimase, invece, gravemente ferito e fu catturato dai tedeschi. Dopo le cure venne interrogato e rischiò di essere fucilato in quanto volontario italiano, ma fu salvato dall'intervento del presidente della Croce Rossa Gustave Ador. Divenne poi deputato all'Assemblea Costituente e membro della Camera nella I legislatura repubblicana.

[57] Vedasi articolo "Nella bassa Albania" in 1^ pagina su "La Città di Brindisi" del 27/8/1911 n. 27 anno XII.

[58] Cliccare su:

http://it.wikipedia.org/wiki/Legione_Garibaldina#mediaviewer/File:Brunogaribaldi.jpg

La sua foto insieme ai fratelli Garibaldi e al loro padre Ricciotti con altri garibaldini au Camp de Mailly (1- Bruno Garibaldi, 2- Ricciotti Garibaldi jr, 3- Lamberto Duranti, 4- Du Plaat De Garat, 5- Umberto Cristini, 6- Giuseppe (Peppino) Garibaldi, 7- Matoloni, 8- Cesare Briganti, 9- Gino Finzi, 10 – Alziator) è riportata sul sito:

http://argonne1418.com/2010/08/23/les-garibaldiens-photos-depoque/garibaldiens-photo022/
Era Tenente del Corpo Volontari Argonne 4° Reggimento Legione Garibaldina 1° Battaglione (secondo altre fonti avrebbe invece fatto parte della 5^ Compagnia del 2° Battaglione).

Morì il 5/1/1915 a La Harazee – Four De Paris – Courtes Chausses – Varennes nelle Argonne nei pressi di Verdun (Francia) dove venne colpito al cuore in combattimento. Il suo nome compare

Lo stesso giorno morì Costante Garibaldi, nipote dell'Eroe dei Due Mondi[59].

Nel corso della stessa battaglia restò gravemente ferito il giornalista sardo Augusto Alziator de "Il Resto del Carlino", uno dei primissimi corrispondenti italiani di guerra (nato a Cagliari nel 1879 era il segretario di Peppino Garibaldi. Fu dato in un primo tempo erroneamente per morto, ma nel febbraio 1915 si seppe che era stato preso prigioniero dai tedeschi e ricoverato a Baden. Una sorte del tutto simile a quella toccata, come detto, a Giuseppe Chiostergi).

Lamberto Duranti affidò al suo taccuino un drammatico messaggio sulla guerra e sul destino di una generazione: "Ciascuno è pronto a compiere il sacrificio della propria vita pur di scrivere quest'altra fulgida pagina del garibaldinismo...alla baionetta per attaccare una trincea tedesca distante 20-30 metri dalla francese, senza aver modo di passare. Sarà un massacro...io sarò il primo, se comandato, ad avanzare".

In una sua lettera datata 1° gennaio 1915 (4 giorni prima di morire), indirizzata a Publio Angeloni, così descrisse lo svolgersi della battaglia del 26 dicembre 1914: "Ci siamo battuti da veri leoni. Sono veramente vivo per miracolo. Il Diavolo non m'ha voluto con sé. Abbiamo combattuto per due ore sotto un turbinio di fuoco ... Presto riattaccheremo: forse domenica. Sarò ancora fortunato? Ci credo poco ma... avanti! C'è gloria per tutti qui e bisogna conquistarsela. I tedeschi hanno veduto come sappiamo batterci: lo vedranno ancora perdio! Abbiamo sposato la santa causa francese e per essa daremo l'ultima stilla di sangue; italianamente".

Camillo Marabini, anch'egli marchigiano di Camerino e quasi un fratello per Duranti, riportò le sue ultime parole prima di morire. Dopo essere uscito dalla trincea disse: "Venite a vedere come muore un garibaldino!" Dopodiché fu ferito al cuore e, riportato in trincea, affermò: «Ah... muoio... muoio per la Repubblica»

I suoi ultimi istanti di vita sono raccontati da Emanuele Sella: "Con il sorriso sulle labbra muore Duranti urlando: "Italia!" in "L'Argonna", da "L'Eterno Convito", Roma, Formigini, 1920 (citato in Giuseppe Fumagalli, Chi l'ha detto?, Hoepli, 1921, p. 647). Secondo la versione riportata dal suo grande amico Camillo Marabini in "La rossa avanguardia dell'Argonna. Diario di un garibaldino alla guerra franco-tedesca", Milano, 1915, e ritenuta dal Fumagalli la più verosimile, (riporta sopra) il luogotenente Duranti uscì dalla trincea dicendo «Venite a vedere come muore un garibaldino», dopodiché fu ferito al cuore e, riportato in trincea, disse: «Ah... muoio... muoio per la Repubblica.».[60]

Il rientro in Italia della salma[61] *in treno prima fino a Torino, poi a Genova, Roma e quindi ad*

---

nell'Albo d'Oro dei Caduti delle Marche Volume XIII a p. 212 n. 22, cliccare su:
http://www.cadutigrandeguerra.it/Albo_Oro/Archivi/13/212.jpg
http://largonnealheure1418.wordpress.com/2014/11/27/portrait-de-lamberto-duranti/
https://largonnealheure1418.files.wordpress.com/2014/11/lamberto-duranti-garibaldien.jpg

[59] Vds. Il Mattino di Napoli del 9-10 gennaio 1915 a p. 3 "Come morì Costante Garibaldi").

[60] Una diversa versione é, invece, riportata da Souchon, in "Les mots heroïques de la guerre", p. 252. In sua memoria Oddo Marinelli ha scritto nel 1961: "Lamberto Duranti: nella scapigliatura, nell'apostolato, nel sacrificio", Fede e Avvenire", 1961 – 57 pagine.

[61] Dettero notizia della sua morte Il Messaggero del 7/1/1915 a p. 1 e 9/1/1915 a p. 2 con foto e la Gazzetta Ufficiale del Regno d'Italia n. 5 dell'8 gennaio 1915 a p. 144, Il Mattino di Napoli del 10-11

Ancona commosse l'Italia. I suoi funerali si svolsero in forma solenne e con Ancona in lutto cittadino (tutti i negozi chiusi). Duranti fu sepolto con gli onori militari nel Cimitero delle Tavernelle di Ancona nei pressi dell'ingresso principale, accanto alla tomba di diversi patrioti risorgimentali. Sul feretro fu posta la camicia rossa di garibaldino che presentava un largo strappo da un lato e chiazze di sangue. Parteciparono alle esequie i consoli di Francia, Inghilterra, Russia e Belgio, l'ex sindaco della città e il pubblicista forlivese Pietro Nenni, all'epoca repubblicano.[62]

Il valore dimostrato dai garibaldini italiani suscitò in Francia grande ammirazione e intensa commozione nell'opinione pubblica.[63] *Ad un anno dalla morte il Partito Repubblicano pose una lapide in suo onore. Vi si legge: "A La Harazée nella Foresta delle Argonne, il tenente garibaldino Lamberto Duranti, giovinetto di 24 anni, balzò primo sulla trincea gridando: "Venite a vedere come muore un repubblicano italiano".*[64]

All'inaugurazione del monumento, nel 1916, funebre intervenne, tra gli altri, il pubblicista (allora repubblicano) Pietro Nenni venuto appositamente in licenza dal fronte dove stava combattendo.[65]

La città di Ancona gli ha intitolato una strada nei pressi del mare, nel quartiere Adriatico, vicino al Passetto. Duranti è inserito per ultimo nella 10^ colonna in basso a destra della lapide marmorea, realizzata nel 1921 dallo scultore anconetano Mentore Maltoni, su cui sono stati incisi i 614 nomi dei Caduti anconetani nella prima guerra mondiale. È posi-

---

gennaio 1915 a p. 5 "Il dolore di Ancona per la morte di Duranti" e il giornale La Stampa di Torino dell'11- 12 e 14 gennaio 1915 a p. 5.

La Stampa 11/1/1915 p. 5 2^ colonna da sinistra in basso: "Quando le salme di Costante Garibaldi e di Duranti passeranno per Torino", cliccare su:

http://www.archiviolastampa.it/component/option,com_lastampa/task,search/mod,libera/action,viewer/Itemid,3/page,5/articleid,1184_01_1915_0011_0005_24322207/anews,true/

La Stampa 12/1/1915 p. 5 1^ e 2^ colonna in alto a sinistra: "Le salme di Costante Garibaldi e Lamberto Duranti sono passate per Torino. 'omaggio dei garibaldini, della Colonia francese e di parecchie Associazioni cittadine", cliccare su:

http://www.archiviolastampa.it/component/option,com_lastampa/task,search/mod,libera/action,viewer/Itemid,3/page,5/articleid,1184_01_1915_0012_0005_24848535/

La Stampa 14/1/1915 p. 4 2^ colonna da sinistra in basso: "La Salma di Lamberto Durante (n.b. vi é un lapsus nel suo cognome, ndr) ad Ancona", cliccare su:

http://www.archiviolastampa.it/component/option,com_lastampa/task,search/mod,libera/action,viewer/Itemid,3/page,4/articleid,1184_01_1915_0014_0004_24322266/anews,true/.

[62] Ne dette notizia la Gazzetta Ufficiale del Regno d'Italia n. 10 del 14 gennaio 1915 a p. 298.

[63] Come ha ricordato Silvio Pozzani in un articolo su L'Arena di Verona del 23/11/2014 a p. 25 "; il poeta Edmond Rostand volle darne testimonianza in una sua lirica intitolata "La chemise rouge", ispirata al garibaldino marchigiano Lamberto Duranti, caduto il 5 gennaio 1915: "Regardez comment meurt un garibaldien"/ Crie un homme en tombant dans la melée hagarde./La France s'agenouille auprés de lui, regarde, / Et grave se relève en disant: "Il meur bien", cliccare su:

http://media.athesiseditrice.it/media/attach/2014/11/grande_guerra.pdf.

[64] Cadde con il cuore spezzato da piombo germanico". Cliccare su: http://it.wikipedia.org/wiki/Lamberto_Duranti#mediaviewer/File:Lamberto_Duranti_Tavernelle_AN_ e suhttp://it.wikipedia.org/wiki/Lamberto_Duranti#mediaviewer/File:Duranti_Lamberto_-_tomba_Tavernelle_AN_-.

[65] Vds. La Stampa del 7/1/1916 a p. 4.

zionata sulla parete dello scalone monumentale all'interno del Palazzo degli Anziani, antica sede municipale della città.[66]

Le vicende di Chiostergi e di Duranti sono la testimonianza del fatto che le Marche, e l'area dell'anconitano, in particolare già erano nel clima della Guerra. A Senigallia e ad Ancona la notizia della loro morte, o presunta morte, ebbe una vasta eco, ed alimentò ancor più l'adesione di sinistra dell'interventismo.

Sul piano militare la Legione Garibaldina venne ulteriormente impiegata l'8 ed il 9 gennaio in un altro duro combattimento che ha il suo centro al Ravin des Maurissons, al Fille Morte ed al Bas Jardinet.

Marabini così descrive questa battaglia:

> *La Battaglia di Maurissons, Fille Mort e Bas Jardinet. Della battaglia dell'8 e 9 gennaio 1915 non si ebbero lodi nel comunicato ufficiale. E la ragione è ovvia. In quei giorni i tedeschi parlavano di strepitose vittorie nelle Argonne, di 3500 prigionieri ecc. e non bisognava dare in pasto al pubblico che i reggimenti 46° e 89° fanteria erano stati terribilmente provati e che, per qualche ora, le condizioni dell'Esercito francese, in quella zona, erano state seriamente critiche. Ma quella dell'8 e del 9 fu gennaio la più fulgida delle battaglie garibaldine dell'Argonne. La mattina dell'8 gennaio, il nemico in forze preponderanti, aveva sfondato tre linee di trincee francesi ed aveva rapidamente guadagnato due chilometri di terreno sorpassando la località detta dei Sette Camini. L'artiglieria pesante francese veniva così, improvvisamente, messa in pericolo. Di fanteria c'è n'era pochissima. Se i Garibaldini non avessero prontamente fatto argine, eppoi vigorosamente contrattaccato il nemico sulle sue primitive posizioni e mantenendovelo per ventiquattro ore di seguito, il tempo cioè perché i rinforzi giungessero, tutta la linea che va da Four de Paris a Vanquis avrebbe corso grave pericolo. Boureilles così a caro prezzo conquistata da francesi sarebbe stata minacciata nelle sue basi. E che più importa il "defilè des Islettes" la via ferrata cioè che da Sainte Menehould per Les Islettes e Clermont va a Verdun avrebbe corso l'alea d'essere messa sotto il fuoco dell'artiglieria nemica che si fosse piazzata sulle posizione conquistate. Verdun stessa, dunque, avrebbe potuto vedere bombardata la sua linea di rifornimento. Ma se pubblicamente lo Stato Maggiore francese non potè fare le lodi ai Garibaldini non mancarono mille e mille forme di applauso e d'entusiasmo.*[67]

[66] Cliccare su http://www.pietredellamemoria.it/pietre/lapide-ai-caduti-di-ancona-nella-guerra-1915-18/.

Il suo eroico sacrificio é stato immortalato nel 1965 nella cartolina commemorativa delle celebrazioni del 50° Anniversario della campagna garibaldina delle Argonne (1914-15/1964-65), sotto l'Alto Patronato del Presidente della Repubblica, cliccare su:

http://www.ebay.it/itm/50-Anniversario-della-Campagna-Garibaldina-delle-Argonne-

Su Il Messaggero di Ancona del 4 gennaio 2015 é stato pubblicato l'articolo di Sergio Sparapani con foto dell'Eroe: "Duranti, primo giornalista caduto nel 1915 "Guardate come muore un garibaldino – Una figura eroica a lungo dimenticata. Volontario della Legione Garibaldina. Perì per mano tedesca in Francia".

[67] Cfr. Marabini C., *La Rossa avanguardia dell'Argonna*, cit., p. 279.

Mentre si sviluppavano queste avvenimenti, il 7 gennaio 1915 giunse a Roma la salma di Bruno Garibaldi: durante le esequie al Verano, giunge durante la cerimonia funebre la notizia che anche Costante è caduto in combattimento. È un momento di estrema commozione e dolore.

Cesare Briganti, con lo scultore Faino, accompagna a Roma le salme d Costante e di Lamberto Duranti. Questa ultima salma prosegue, poi, per Ancona, dove il 20 gennaio si svolgono imponenti funerali con la partecipazione di oltre 20.000 persone, segno che l'interventismo stava prendendo sempre più campo. Elena Fussi, la fidanza di Chiostergi accorre, a Roma per ricevere la salma di Chiostergi, ma ha la conferma che il suo corpo non è stato trovato. Costanza Garibaldi prega Briganti di raccomandare la prudenza ai quatto figli rimasti sulla linea del fuoco; ma Ricciotti, rivoltosi amorosamente alla moglie, le dice: "*Tu, in queste cose non centri*" e rivolto a Briganti "*Dica ai miei figli di continuare a fare il loro dovere*".[68]

Nonostante le raccomandazioni di Ricciotti Garibaldi, di continuare a fare il proprio dovere, consiglio che fu seguito dai suoi figli a da tutti i Garibaldini, la situazione della Legione, dopo i tre combattimenti di fine dicembre e inizio gennaio, non era delle migliori. Dopo i combattimenti del 9 gennaio la Legione fu ritirata dalla linea ed inviata a riposo a Grange Lecomte presso Clermont, nelle Argonne. Le perdite erano state estremamente pesanti. Risultarono circa 300 uomini tra morti e dispersi e circa quattrocento feriti. A questi settecento mancanti si devono aggiungere un mezzo migliaio di malati. La Legione si era ridotta a poco più di mille uomini, ovvero aveva una forza pari a quella di un battaglione. Qui emerse uno dei problemi irrisolti della Legione, che è comune a tutte le formazioni di volontari. Nonostante i due depositi in funzione, non giungevano dall'Italia nuovi volontari: quindi le perdite non potevano essere colmate con nuovi complementi. In Italia, nonostante tutti gli sforzi, non si riusciva ad arruolare come volontari che pochi uomini, anche perché il Regio Esercito Italiano aveva iniziato a chiamare alle armi le classi dal 1890 al 1888 ed era attento ad ogni forma di arruolamento volontario; inoltre il Governo francese era preoccupato della ripercussione che si sarebbe avuta in Italia ove fosse giunta la notizia di altri Italiani morti nel volgere di pochi giorni. La Legione Garibaldina fu ritirata definitivamente dalla zona d'operazioni ed inviata a Bar sur Aube. Su iniziativa di Peppino Garibaldi, in considerazione che ormai in Italia in molti erano convinti che la neutralità stesse per terminare e che la guerra all'Austria fosse più che probabile, si avanzò la proposta di sciogliere la Legione, tornare in Italia e mettersi a disposizione delle Autorità Militari italiane. Questa proposta fu accolta ed ai primi di marzo la Legione fu sciolta.[69]

---

[68] Chiostergi G., *Diario garibaldino ed altri scritti e discorsi*, cit., p. 27.

[69] Questo è l'ordine del giorno dello scioglimento della Legione:

"Deposito del Primo Stranieri. Legione Italiana. Avignone. Urgentissimo. Avendo il Governo Italiano richiamato alle armi i suoi connazionali, il Ministero della Guerra ha deciso che i volontari italiani incorpo-

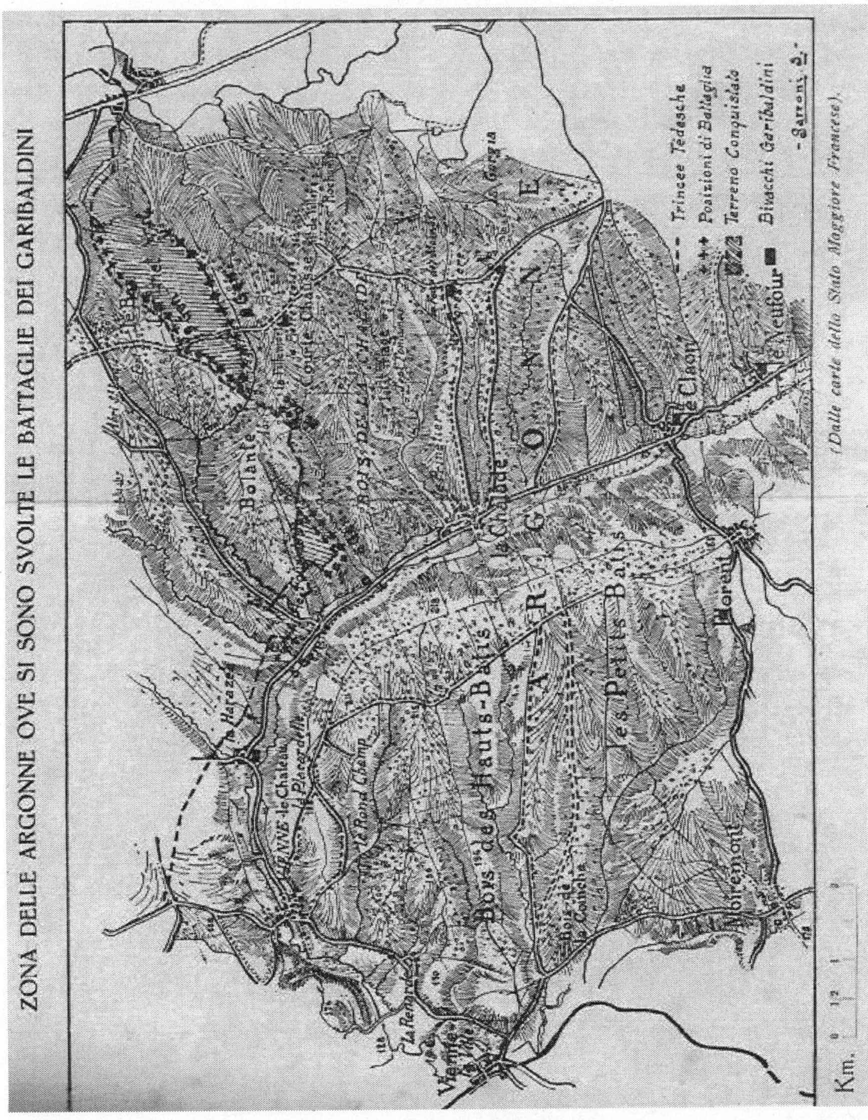

Cartina.8. Zona delle Argonne ove si sono svolte le battaglie garibaldine

---

rati al 4° Reggimento di marcia del 1° Reggimento stranieri siano lasciati liberi di considerare sciolto il loro ingaggia mento o di restare. La stessa libertà sarà lasciata ai signori ufficiali di nazionalità italiana i quali potranno domandare di essere considerati liberi sia d'essere mantenuti nei quadri della Legione straniera. Nella speranza che la Francia e l'Italia sorelle latine, siano oggidì più che mai unite, per interessi ed affetti, a combattere la Germania e l'Austria, le quali hanno meditato di distruggere con il fuoco e con il sangue la libertà e la fratellanza dei popoli, il signor.........sollecita dal Signor Ministero della Guerra l'alto favore di .... Avignone 9 marzo 1915*

**Andare a combattere con l'Esercito italiano o combattere nell'Esercito francese.*

Cfr. Marabini C., *La Rossa avanguardia dell'Argonna*, cit., p. 292.

Sul versante dell'interventismo la azione della Legione Garibaldina e del volontariato repubblicano e risorgimentale aveva ben svolto il suo compito di orientare il governo italiano verso precisi obiettivi, primo fra tutti la guerra all'Austria per completare il processo risorgimentale. L'arrivo in Italia delle salme di Bruno e Costante Garibaldi e quelle di altri volontari Caduti come Butta, a Sassari, e Duranti ad Ancona diedero luogo a manifestazioni solenni e grandiose, manifestazioni che danno un preciso segnale al Governo ed al Re. La Legione ha ben meritato di essere chiamata "avanguardia", per quello che poi succederà nella primavera de 1915, con il Patto di Londra e l'entrata in guerra dell'Italia contro l'Austria-Ungheria.

Fig.14. Parigi. La partenza dei volontari italiani per Avignone

Fig.15. Chalons sur Saone. Il Primo ed il Secondo battaglione verso il fronte

Fig.16. Volontari Garibaldini: Duranti, Longo, Marabini, Bruno Garibaldi

Fig.17. Camp des Garrigues (Nimes) Gruppo di ufficiali garibaldini e francesi

Fig.18./19. Nella foresta delle Argonne (Bois de Bolante) Trincee garibaldine

Fig.20. Copertina "La Rossa Avanguardia dell'Argonna".
Volume da cui sono tratte le foto n.13/19

Fig.21. Lamberto Duranti, giornalista, 1914

Fig.22. Lamberto Duranti, nelle Argonne, 1914

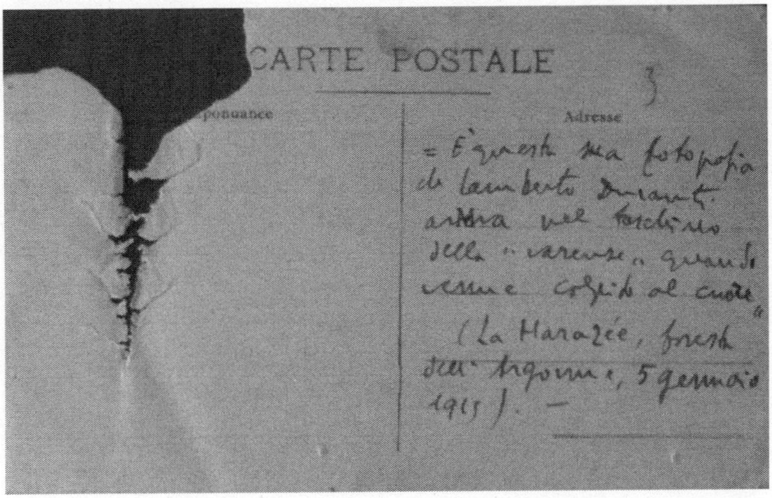

Fig.23. Retro della Fotografia di Lamberto Duranti con i segni della pallottola mortale

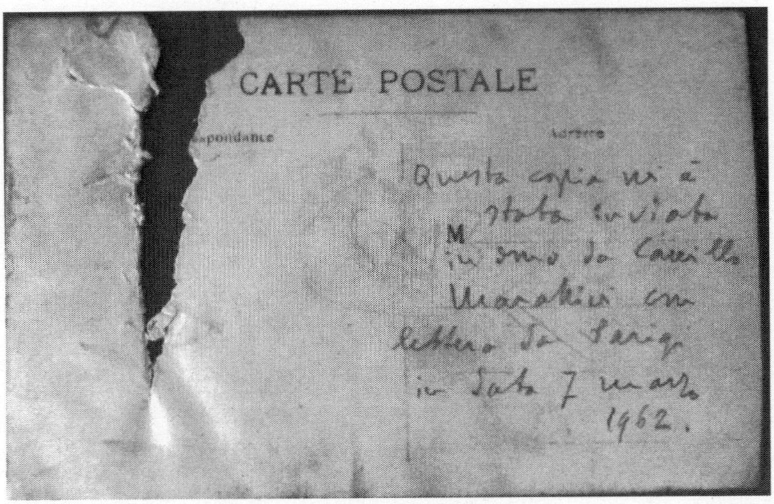

Fig.24. Attestazione di Oddo Marinelli della foto di Lamberto Duranti, avuta da Camillo Marabini nel 1963

Fig.25. Momenti dei funerali di Lamberto Duranti in Ancona. Abbrunati, si notano il Gonfalone del Comune di Ancona e dietro il Gonfalone della Provincia

Fig.26. Momenti dei funerali di Lamberto Duranti ad Ancona

Fig.27. Momenti dei funerali di Lamberto Duranti in Ancona

Fig.28. Momenti dei funerali di Lamberto Duranti in Ancona

Fig.29. Filippo Corridoni e Benito Mussolini ad una manifestazione interventista

Fig.30. Cesare Battisti, giornalista al Popolo d'Italia

CAPITOLO 2
IL REGIO ESERCITO NEL 1915

2.1 L'approccio metodologico. ¤ 2.2 L'Esercito Italiano ai primi del Novecento. ¤ 2.3 Il Quadro di Battaglia al 24 maggio 1915. ¤ 2.4 L'evoluzione dell'Ordinamento delle Brigate di Fanteria. ¤ 2.5 L'uniforme della Fanteria nella Grande Guerra; a. La genesi b. Il plotone Grigio; c. L'uniforme grigioverde; d. L'equipaggiamento; e. L'armamento. ¤

2.1 *L'approccio metodologico*

Questo volume trova la sua fonte primaria documentale sulla pubblicazione "Le Brigate di Fanteria"[1] edita in più volumi dallo Stato Maggiore del Regio Esercito nel 1926. L'ordine di esposizione è dato dalla numerazione reggimentale che ha la sua impronta al momento della costituzione dell'Esercito Italiano, il 4 maggio 1860, erede diretto dell'Armata Sarda che fornì i primi diciotto reggimenti di fanteria, a cui si aggiunsero dal 1859 in poi i reggimenti di nuova formazione del biennio 1859-

---

[1] Ministero della Guerra, Stato Maggiore del Regio Esercito, Ufficio Storico, *Le Brigate di Fanteria. Riassunti Storici dei Corpi e Comandi nella Guerra 1915-1918*. Roma, Provveditorato Generale dello Stato, Libreria, 1926. Ogni Brigata riporta gli avvenimenti dei quattro anni di guerra, l'elenco degli Ufficiali Caduti in combattimento, in seguito a Ferite o in Prigionia, per grado, cognome e nome, luogo di nascita e luogo e data della morte; i militari decorati con Medaglia al Valor Militare e i Militari decorati con l'Ordine Militare di Savoia, i nomi dei Comandanti la Brigata, e quelli dei rispettivi reggimenti oltre a quelli degli Ufficiali superiori e capitani comandanti di battaglione, tutti con data di assunzione e di cessazione del rispettivo comando; i servizi prestati in linea e in zona di riposo con il riepilogo; il quadro prospettico delle perdite in termini di Caduti e Feriti, Dispersi divisi per località, e Ufficiali e Truppa; completa il tutto una Tavola con la riproduzione in illustrazione della Medaglia Commemorativa della Brigata.

Nella nostra ricostruzione non sono riportate le tabelle relative a quelle degli *"Ufficiali Morti in Combattimento, in seguito a ferite o in prigionia"*, degli *"Ufficiali superiori e capitani Comandanti di battaglione"*.

Per questo si invia a: www.coltrinaristoriamilitare,blogspot.com ove si troveranno le indicazioni per consultare tali tabelle su internet.

1860. La Brigata **Marche** (55° e 56° Reggimento fanteria) precede la Brigata **Ancona** (69° e 70° Reggimento) sono inserite nel volume terzo[2], la Brigata **Macerata**, è inserita nel volume quinto.[3] Le Brigate **Piceno** e **Pesaro** sono inserite nel volume VII.[4]

2.2 *L'Esercito Italiano ai primi del Novecento*[5]

Nel 1882 la vicenda di Guglielmo Oberdan, che ebbe come scenario preparatorio Ancona e le correnti repubblicane con esponenti come Oddo Marinelli, stava, tra i tanti esempi, a significare che la partita irredentistica non era stata chiusa. Dopo l'intervento in Grecia nel 1897, che sarebbe stato la matrice della citata "*Rossa avanguardia delle Argonne*," avanti, la politica ufficiale italiana non poteva nascondere che a Vienna varie correnti politiche ed alcune alquanto influenti, ancora consideravano l'Italia una semplice espressione geografica, pronte a riprendersi quei territori che le nostre guerre d'indipendenza avevano sottratto. Uno degli esponenti di queste correnti anti italiane era il maresciallo generale Conrad, che nel 1906, assunse la carica di Capo di Stato Maggiore dell'Esercito austro-ungarico. Questa nomina fece crescere preoccupazioni e apprensioni in seno ai circoli responsabili militari italiani, ed in una qualche misura, agì in senso favorevole alla preparazione militare italiana del 1915.

Non è sicuramente questo il campo per affrontare analisi anche non approfondite della politica militare italiana dell'ultimo ventennio dell'800. Basti dire che, nel

[2] Ministero della Guerra, Stato Maggiore del Regio Esercito, Ufficio Storico, *Le Brigate di Fanteria. Riassunti Storici dei Corpi e Comandi nella Guerra 1915-1918*. Roma, Provveditorato Generale dello Stato, Libreria, 1926. Vol. III, Brigate: *Reggio, Ferrara, Parma, Alpi, Umbria, **Marche**, Abruzzi, Calabria, Sicilia, Cagliari, Valtellina, Palermo, **Ancona**, Puglie*. La Brigata **Marche** è descritta da p. 104 a p. 124, la Tavola Illustrativa è la IV; la Brigata **Ancona** è descritta da p. 234 a p. 253. La tavola illustrativa è VII.

[3] Ministero della Guerra, Stato Maggiore del Regio Esercito, Ufficio Storico, *Le Brigate di Fanteria. Riassunti Storici dei Corpi e Comandi nella Guerra 1915-1918*. Roma, Provveditorato Generale dello Stato, Libreria, 1927. Vol. V, Brigate: *Udine, Genova, Piacenza, Mantova, Treviso, Padova, Emilia, **Macerata**, Chieti, Spezia, Firenze, Perugia, Lazio, Benevento, Campania, Barletta*. La Brigata **Macerata** è descritta da p. 155 a p. 175, la Tavola Illustrativa è la VI;

[4] Ministero della Guerra, Stato Maggiore del Regio Esercito, Ufficio Storico, *Le Brigate di Fanteria. Riassunti Storici dei Corpi e Comandi nella Guerra 1915-1918*. Roma, Provveditorato Generale dello Stato, Libreria, 1928. Vol. VII, Brigate: *Bisagno, Pescara, Arno, Tevere, Volturno, Sele, Ionio, Etna, Rovigo, Campobasso, Lario, **Piceno**, Grosseto, **Pesaro**, Teramo, Cosenza, Siracusa*. La Brigata **Piceno** è descritta da p. 231 a p. 244, la Tavola Illustrativa è la XII; la Brigata **Pesaro** è descritta da p. 252 a p. 272, la Tavola Illustrativa è la XIV.

[5] Gran parte del paragrafo riporta il testo della Conferenza tenuta dall'Autore, in occasione della giornata di inaugurazione della Mostra "*Pietralacroce e la Prima Guerra Mondiale*" tenutasi al Forte Altavilla di Pietralacroce (Ancona), allestita dalla Associazione "Arcolbaleno" di Pietralacroce, con il Patrocinio del Comune di Ancona, Assessorato alla Partecipazione Democratica, dal 27 settembre al 9 novembre 2014.

gioco delle alleanze che aveva caratterizzato tale politica, l'inserimento, assai contestato e discusso del nostro Paese nel blocco degli Imperi Centrali, rispondeva ad esigenze contingenti a necessità imposte dal quadro europeo e dalla politica svolta dagli Stati, ma certo non trovava fondamenti né storici né morali. Come detto, una "*assicurazione sulla vita*".

L'alleanza con l'Austria e con la Germania, e quindi l'allontanamento dalle potenze coloniali come la Francia e la Gran Bretagna, aveva avuto una qualche incidenza nelle nostre sconfitte coloniali (Dogali e poi Adua) in cui operammo praticamente da soli senza alcun sostegno di Alleati. Sul piano interno aveva portato a trascurare la nostra sistemazione difensiva, tutto rimasto a livello di studi ufficiosi, tanto che la nostra frontiera era nei fatti molto debole. Sarà anche per questo che il Conrad a più riprese, come detto, ipotizzò una "guerra preventiva" contro l'Italia al fine di indebolirla sempre più. Infine la guerra di Libia del 1911-1912, che affrontammo anche questa da soli, senza alcun appoggio di Germania ed Austria.

Abbiamo visto l'azione del gen. Pollio. In particolare la sua azione fu tale che l'Esercito italiano ricevette cure più assidue, in quanto tutti erano convinti che, prima o poi, ci sarebbe stata una guerra europea. In pratica, grazie alla azione del Pollio, affiancata a quella del gen. Spingardi, ministro della Guerra, si arrivò alle seguenti realizzazioni:

- istituzione permanente di 4 Comandi di Armata, precedentemente previsti solo per mobilitazione;
- riconoscimento legale della Commissione Suprema Mista per la Difesa dello Stato e del Consiglio dell'Esercito;
- aumento di un reggimento di alpini, per cui da 7 si passava ad 8 reggimenti con un totale di 26 battaglioni comprendenti 78 compagnie;
- creazione del IV battaglione ciclisti nei 12 reggimenti bersaglieri;
- la Cavalleria si ordinava da 24 reggimenti su sei squadroni a 29 reggimento su cinque squadroni ed a 3 Divisioni in sostituzione dell'unica di riserva precedentemente prevista;
- Potenziamento dell'artiglieria, mediante:
  . la creazione di 12 nuovi reggimenti di artiglieria da campagna; la consi stenza complessiva della specialità da "campagna" raggiunse così 36 reggimenti: 12, su 6 batterie, di Corpo d'Armata, e 24, su 5 batterie, divisionali.
  . il rafforzamento del reggimento a cavallo, portato da 6 ad 8 batterie su 4 pezzi;
  . la creazione di un secondo reggimento da montagna su 12 batterie; il terzo reggimento fu costituito nel febbraio 1915;
  . la riunione, sotto un'unica dizione "da fortezza", di 10 reggimenti comprendenti nel complesso 33 gruppi dei qual 18 da fortezza e 15 da costa. Il decimo reggimento della specialità ebbe la qualifica di reggimento di assedio;

- la creazione dei primi dieci reggimenti di artiglieria pesante campale, su 5 gruppi di 2 batterie ciascuno (3 di obici, 2 di cannoni): complessivamente 20 batterie.
- la Istituzione del Corso Superiore tecnico e del Servizio tecnico di artiglieria;
- la creazione nel 1914, delle prime sezioni aerostatiche per l'osservazione generica del campo di battaglia e per quella specifica del tiro di artiglieria nel settore carsico e nella pianura veneta, ove il terreno non presentava osservatori terrestri di notevole possibilità.
- la creazione di un battaglione specialisti del Genio, formato da 5 compagnie specialisti, una sezione radiotelegrafica, una sezione fotografica, una sezione di aviazione, una compagnia treno.

L'ossatura generale dell'Esercito, prevista sin dal 1873, in 1a, 2a e 3a linea, ebbe pratica attuazione, nel 1910, con la costituzione dei nuclei di milizia mobile con ciascun Deposito di reggimento di fanteria, cavalleria, artiglieria da campagna e battaglione alpino.

La costituzione di tali nuclei avvenne per fasi successive, si che, alla vigilia del primo conflitto mondiale, l'Esercito Italiano disponeva già di un cospicuo numero di unità di seconda linea e precisamente: 52 reggimenti di fanteria, 11 battaglioni bersaglieri, 38 compagnie alpine, 23 squadroni di cavallerie, 13 reggimenti di artiglieria da campagna.

I 52 Reggimenti di fanteria, diedero vita a 26 Brigate, che ebbero la seguente numerazione e denominazione:

Reggimenti 111° - 112° Brigata Piacenza
Reggimenti 113° - 114° Brigata Mantova
Reggimenti 115° - 116° Brigata Treviso
Reggimenti 117° - 118° Brigata Padova
Reggimenti 119° - 120° Brigata Emilia
Reggimenti 121° - 122° Brigata Macerata
Reggimenti 123° - 124° Brigata Chieti
Reggimenti 125° - 126° Brigata Spezia
Reggimenti 127° - 128° Brigata Firenze
Reggimenti 129° - 130° Brigata Perugia
Reggimenti 131° - 132° Brigata Lazio
Reggimenti 133° - 134° Brigata Benevento
Reggimenti 135° - 136° Brigata Campania
Reggimenti 137° - 138° Brigata Barletta
Reggimenti 139° - 140° Brigata Bari
Reggimenti 141° - 142° Brigata Catanzaro
Reggimenti 143° - 144° Brigata Taranto

Reggimenti 145° - 146° Brigata Catania
Reggimenti 147° - 148° Brigata Caltanissetta
Reggimenti 149° - 150° Brigata Trapani
Reggimenti 151° - 152° Brigata Sassari
Reggimenti 153° - 154° Brigata Novara
Reggimenti 155° - 156° Brigata Alessandria
Reggimenti 157° - 158° Brigata Liguria
Reggimenti 159° - 160° Brigata Milano
Reggimenti 161° - 162° Brigata Ivrea

Si costituirono, inoltre, le seguenti unità di Milizia Mobile (3a linea): 8 reggimenti alpini, incorporanti i battaglioni "Valle" (in totale 27), 198 battaglioni di fanteria e 9 battaglioni del Genio.

Pur nella sua debolezza, nei confronti dell'Austria Ungheria, le iniziative e le realizzazioni che si riuscirono ad attuare dal 1910 allo scoppio del conflitto, sulla scia di quelle precedentemente intraprese, permise all'Esercito italiano di affrontare la prova della Grande Guerra in condizioni di accettabile efficienza.[6]

2.3 *Il Quadro di Battaglia al 24 maggio 1915*[7]

Al momento della entrata in guerra, l'Esercito Italiano disponeva delle forze sotto indicate, inquadrate in quattro Armate, ovvero quello che comunemente si definisce "Quadro di Battaglia". Serve anche per conoscere il peso reale della potenza dell'Italia. Per un raffronto, il nostro nemico, ancorché impegnato in altri due fronti, disponeva di oltre 12 Armate.

Nel dettaglio, il Quadro di Battaglia dell'Esercito Italiano era il seguente:

---

[6] Molte indicazioni e notizie sono tratte da: Stato Maggiore dell'Esercito, Ufficio Storico, "*Documenti di Lavoro. Verso la Guerra*", Lettera, SME-RAG 8 Gennaio 2014.

[7] Il materiale di questo paragrafo è tratto dal testo della Conferenza tenuta dall'Autore, il 25 ottobre 2014, dal titolo "*24 maggio 1915. L'Italia entra in guerra*" nel quadro delle conferenze a margine della mostra "*L'Europa in Fiamme. La Grande Guerra 1914-1915 Uniformi e Cimeli*" tenutasi nel Palazzo del Governo – Prefettura di Pesaro, dal 28 giugno al 9 novembre 2014.

Nella mostra si è avuta la possibilità di allestire una Vetrina dedicata alla Prigionia nella Prima Guerra Mondiale. In tale vetrina sono state esposti alcuni cimeli e reperti riferiti alla prigionia nella prima guerra mondiale. Lettere e corrispondenze di prigionieri. Fotografie della vita nel campo di concentramento e cimeli significativi, primo fra tutti il filo spinato, l'elemento simbolo della prigionia di guerra. Il tema della prigionia di guerra è l'argomento prescelto per l'anno 2017 nel quadro delle conferenze che il Comando Militare Esercito "Marche" ha in animo di organizzare.

Per ulteriori dati ed informazioni cfr.: www.prigioniadiguerra.blogspot.com.

La 1a Armata era ordinata su due Corpi d'Armata, ciascuno su tre Divisioni, con in più la piazzaforte di Verona, retta da un Tenente Generale:

1a Armata
Ten. Gen. Roberto Brasati

III Corpo d'Armata
Ten. Gen. Vittorio Camerana

5a Divisione
Ten. Gen. Luigi Druotti
. Brigata Cuneo
.. 7° Reggimento fanteria
.. 8° Reggimento fanteria
. Brigata Palermo
.. 67° Reggimento fanteria
.. 68° Reggimento fanteria
. 27° Reggimento Artiglieria campale (5 batterie)
6a Divisione
Ten. Gen. Oscar Ruffo
. Brigata Toscana
.. 77° Reggimento fanteria
.. 78° Reggimento fanteria
. Brigata Sicilia
.. 61° Reggimento fanteria
.. 62° Reggimento fanteria
16° Reggimento Artiglieria (6 batterie)
33a Divisione
Ten. Gen. Felice De Chaurand de Saint Eustache
. Brigata Milano
.. 159° Reggimento fanteria
.. 160° Reggimento fanteria
. Brigata Novara
.. 153° Reggimento fanteria
.. 154° Reggimento fanteria
. 42° Reggimento Artiglieria campale (6 batterie)
. 2 squadroni di cavalleria

Fortezza di Verona
Ten. Gen. Gaetano Gobbo

V Corpo d'Armata
Ten. Gen. Fiorenzo Aliprindi

9a Divisione
Ten. Gen. Ferruccio Ferri
.Brigata Roma
.. 79° Reggimento fanteria
.. 80° Reggimento fanteria
. Brigata Puglie
.. 71° Reggimento fanteria
.. 82° Reggimento fanteria
. 29° Reggimento artiglieria campale (8 batterie)
15a Divisione
Ten. Gen Luigi Lanchantin
. Brigata Venezia
.. 83° Reggimento fanteria
.. 84° Reggimento fanteria
.. Brigata Abruzzi
.. 57° Reggimento fanteria
.. 58° Reggimento fanteria
. 19° Reggimento artiglieria campale (6 batterie)
34a Divisione
Ten. Gen. Pasquale Oro
. Brigata Ivrea
.. 161° Reggimento fanteria
.. 162° Reggimento fanteria
. Brigata Treviso
.. 115° Reggimento fanteria
.. 116° Reggimento fanteria
. 41° Reggimento artiglieria campale (6 batterie)

A disposizione dei Comandi di Armata, le seguenti unità:
. Una Brigata di fanteria
. 16 Battaglioni alpini
. 2 Reggimenti bersaglieri
. 4 Battaglioni di Milizia Territoriale
. 7 Battaglioni della Guardia di Finanza
. 2 Compagnie autonome
. 16 Batterie da montagna
. 2 Gruppi di 2 batterie pesanti campali
. 1 Compagnia e mezzo di zappatori del genio
. 8 Compagnia e mezzo di minatori del genio
. 1 Compagnia pontieri del genio

La 2a Armata era ordinata su tre Corpi d'Armata, che inquadrano o due o tre divisioni.

2a Armata
Ten. Gen Pietro Frugoni

II Corpo d'Armata
Ten. Gen. Ezio Reisoli

3a Divisione
Ten. Gen. Giovanni Prelli
. Brigata Ravenna
.. 37° Reggimento fanteria
.. 38° Reggimento fanteria
. Brigata Forlì
.. 43° Reggimento fanteria
.. 44° Reggimento fanteria
.. 23° Reggimento artiglieria campale (8 batterie)
4a Divisione
Ten. Gen. Cesare Del Mastro
. Brigata Livorno
.. 33° Reggimento fanteria
.. 34° Reggimento fanteria
. Brigata Lombardia
.. 73° Reggimento fanteria
.. 74° Reggimento fanteria
.26 Reggimento artiglieria campale (8 batterie)
32a Divisione
Ten. Gen. Alberto Piacentini
. Brigata Spezia
.. 125° Reggimento fanteria
.. 126° Reggimento fanteria
. Brigata Firenze
.. 127° Reggimento fanteria
.. 128° Reggimento fanteria
.. 48° Reggimento artiglieria campale (6 batterie)

IV Corpo d'Armata
Ten. Gen. Mario Nicola de Robilant
7a Divisione
Ten. Gen.Nicolò D'Avanzo

. Brigata Bergamo
.. 25° Reggimento fanteria
.. 26° Reggimento fanteria
. Brigata Valtellina
.. 65° Reggimento fanteria
.. 66° Reggimento fanteria
.. 21° Reggimento artiglieria campale (8 batterie)
.. Gruppo Artiglieria da montagna Udine
.. 1° Reggimento pesante campale – V Gruppo (2 batteria)
8a Divisione
Ten. Gen Guglielmo Lang.
. Brigata Modena
.. 41° Reggimento fanteria
.. 42° Reggimento fanteria
. Brigata Salerno
.. 89° Reggimento fanteria
.. 90° Reggimento fanteria
.28° Reggimento artiglieria campale (8 batterie)
33a Divisione
Ten. Gen Carlo Ricci
. Brigata Liguria
.. 157° Reggimento fanteria
.. 158° Reggimento fanteria
. Brigata Emilia
.. 119° Reggimento fanteria
.. 120° Reggimento fanteria
.. 40° Reggimento artiglieria campale (6 batterie)
Divisione Bersaglieri
Ten. Gen. Alessandro Raspi
.. 6° Reggimento bersaglieri
.. 9° Reggimento bersaglieri
.. 11° Reggimento bersaglieri
.. 12° Reggimento bersaglieri
.. Gruppo artiglieria da montagna Mondovì

XII Corpo d'Armata
Ten. Gen. Luigi Segato
23a Divisione
Ten. Gen. Giovanni Airaldi
. Brigata Verona
.. 85° Reggimento fanteria

.. 86° Reggimento fanteria
. Brigata Aosta
.. 5° Reggimento fanteria
.. 6° Reggimento fanteria
24a Divisione
Ten. Gen. Gustavo Fara
. Brigata Napoli
.. 75° Reggimento fanteria
.. 76° Reggimento fanteria
. Brigata Piemonte
.. 3° Reggimento fanteria
.. 4° Reggimento fanteria
Gruppo alpino A
Colonnello Roberto Tedeschi
.. Battaglione alpini Aosta
.. Battaglione alpini Ivrea
.. Battaglione alpini Intra
.. Battaglione alpini Cividale
.. Battaglione alpini Val Natisone
.. Battaglione alpini Val Orco
.. Battaglione alpini Val Baltea
.. Battaglione alpini Val Toce
.. Gruppo artiglieria da montagna Bergamo
Gruppo alpino B
Colonnello Ernesto Alliana
.. Battaglione alpini Pinerolo
.. Battaglione alpini Susa
.. Battaglione alpini Val Pellice
.. Battaglione alpini Val Cenischia
.. Battaglione alpini Val Dora
.. Gruppo artiglieria da montagna Pinerolo

A disposizione dei Comandi d'Armata:
.. 2 Gruppi di 2 batterie di cannoni da 149A
.. 1 Gruppo di 3 batterie di cannoni da 149G
.. 2 Gruppi di 3 batterie di obici pesanti campali
.. 2 Gruppi di 2 batterie di obici pesanti campali
.. 16 Batterie da montagna (comprese le 10 della divisione bersaglieri e dei gruppi alpini)
.. 8 Batterie someggiate
.. 4 Compagnie pontieri del genio

.. 4 Compagnie minatori del genio
.. 3 Squadriglie di aeroplani

La 3a Armata era ordinata su tre Corpi d'Armata, con due o tre divisioni a seconda delle esigenze.

3a Armata
S.A.R. Emanuele Filiberto di Savoia[8]

VI Corpo D'Armata
Ten. Gen. Carlo Ruelle
11a Divisione
Ten. Gen. Ettore Manbretti
. Brigata Pistoia
.. 35° Reggimento fanteria
.. 36° Reggimento fanteria
. Brigata Re
.. 1° Reggimento fanteria
.. 2° Reggimento fanteria
..14° Reggimento artiglieria campale (8 batterie)
..1 Gruppi di artiglieria someggiata
..1 Gruppo artiglieria pesante campale
12a Divisione
Magg. Gen. Oreste Zavattari
. Brigata Casale
.. 11° Reggimento fanteria
.. 12° Reggimento fanteria
. Brigata Pavia
.. 11° Reggimento fanteria
.. 12° Reggimento fanteria
30° Reggimento artiglieria campale (8 batterie)
1a Divisione di cavalleria
. 1a Brigata di cavalleria
.. 13° Reggimento cavalleria
.. 20° Reggimento cavalleria
. 2a Brigata di cavalleria
.. 4° Reggimento cavalleria
.. 5° Reggimento cavalleria

---

[8] S.A.R. assunse il comando dell'Armata il 26 maggio 1915. Dal 24 maggio al 26 maggio il comando venne retto dal Gen. Garloni.

.. 94° Reggimento fanteria (+
.. 3 Battaglioni bersaglieri ciclisti
.. II Gruppo di batterie a cavallo
. II Gruppo artiglieria

VII Corpo d'Armata
Ten.Gen. Vincenzo Garioni
13a Divisione
Ten.Gen. Cleto Angelotti
. Brigata Messina
.. 93° Reggimento fanteria
.. 94° Reggimento fanteria
. Brigata Granatieri di Sardegna
.. 1° Reggimento granatieri di Sardegna
.. 2° Reggimento granatieri di Sardegna
.. 31° Reggimento artiglieria campale (8 batterie)*
.. 1 batteria da 70 A someggiata*
14a Divisione*
Magg. Gen. Giacinto Rostagno
. Brigata Pinerolo
.. 13° Reggimento fanteria
.. 14° Reggimento fanteria
. Brigata Acqui
.. 17° Reggimento fanteria
.. 18° Reggimento fanteria
.. 18° Reggimento artiglieria campale (8 batterie)*

XI Corpo d'Armata
Ten.Gen. Giorgio Cigliana
21a Divisione
Ten.Gen. Carlo Mazzoli
. Brigata Pisa
.. 29° Reggimento fanteria
.. 30° Reggimento fanteria
35° Reggimento artiglieria campale (8 batterie)*
22a Divisione
Ten.Gen. Vittorio Signorile
. Brigata Brescia
.. 19° Reggimento fanteria
.. 20° Reggimento fanteria
. Brigata Ferrara

.. 47° Reggimento fanteria
.. 48° Reggimento fanteria
15° Reggimento artiglieria campale (8 batterie)*[9]
2a Divisione di cavalleria
Ten.Gen. Giovanni Vercellana
2a Divisione di cavalleria
. Comando brigata Regina
. 3a Brigata di cavalleria
.. 7° Reggimento cavalleria
.. 10° Reggimento cavalleria
. 4a Brigata di cavalleria
.. 6° Reggimento cavalleria
.. 25° Reggimento cavalleria
.. 10° Reggimento fanteria
.. 2 Battaglioni bersaglieri ciclisti
.. 2 Battaglioni fanteria
.. 1 Gruppo artiglieria pesante campale
.. 1 Gruppo di batteria a cavallo
.. 2 batterie someggiate
A disposizione dei Comandi d'Armata:
.. 7 battaglioni della Regia Guardia di Finanza
.. 1 Gruppo di quattro batterie di cannoni da 149G
.. 2 Gruppi di tre batterie di obici pesanti campali
.. 2 Gruppi di due batterie di obici pesanti campali
.. 7 Batterie someggiate
.. 5 Compagnie pontieri
.. 2 Compagne minatori
.. 5 Squadriglie d'aeroplani

La 4a Armata schierata nella conca di Cortina ordinata su due Corpi d'Armata, su due divisioni.

4a Armata
Ten. Gen. Luigi Nava

I Corpo D'Armata
Ten.Gen. Ottavio Ragni
1a Divisione
Ten.Gen. Alfonso Petitti di Roreto

[9] * Unità non ancora sul sito di radunata il 24 maggio 1915.

. Brigata Parma
.. 49° Reggimento fanteria
.. 50° Reggimento fanteria
. Brigata Basilicata
.. 91° Reggimento fanteria
.. 92° Reggimento fanteria
25° Reggimento artiglieria campale (5 batterie)
.. 2 batterie someggiate da 70
2a Divisione
Ten.Gen. Saverio Nasalli Rocca
. Brigata Como
.. 93° Reggimento fanteria
.. 94° Reggimento fanteria
. Brigata Umbria
.. 23° Reggimento fanteria
.. 24° Reggimento fanteria
17° Reggimento artiglieria campale (8 batterie)
10a Divisione
Ten.Gen. Giovanni Scrivante
. Brigata Marche
.. 55° Reggimento fanteria
.. 56° Reggimento fanteria
. Brigata Ancona
.. 69° Reggimento fanteria
.. 70° Reggimento fanteria
.. 20° Reggimento artiglieria campale (8 batterie)

IX Corpo d'Armata
Ten.Gen. Pietro Marino
17a Divisione
Ten.Gen. Diomede Saveri
. Brigata Reggio
.. 45° Reggimento fanteria
.. 46° Reggimento fanteria
. Brigata Torino
.. 81° Reggimento fanteria
.. 82° Reggimento fanteria
.. 13° Reggimento artiglieria campale (8 batterie)
18a Divisione
Ten.Gen. Vittorio Carpi
. Brigata Alpi

.. 51° Reggimento fanteria
.. 52° Reggimento fanteria
. Brigata Calabria
.. 59° Reggimento fanteria
.. 60° Reggimento fanteria
33° Reggimento artiglieria campale (8 batterie)

A disposizione del Comando di Armata:
.. 1 Reggimento fanteria Milizia Territoriale
.. 8 Battaglioni alpini
.. 1 Battaglioni della Regia Guardia di Finanza
.. 2 Gruppi di 2 batterie pesanti campali
.. 9 Batteria da montagna
.. 2 Batterie someggiate
.. 1 Compagnia pontieri
.. 5 Compagnie e mezzo di compagnie minatori

Alle dirette dipendenze del Comando Supremo
Zona Carnia
Ten.Gen. Clemente Lequio
.. 16 Battaglioni Alpini
.. 3 Battaglioni Regia Guardia di Finanza
.. 6 Batterie da montagna
.. 1 Squadrone di cavalleria
.. 2 Batterie someggiate
.. 1 Compagnia zappatori
.. 2 Compagnie minatori
.. 1 Compagnia telegrafisti

A disposizione del Comando Supremo forze paragonabili ad una altra Armata, come riserva generale

VIII Corpo D'Armata
Ten.Gen. Ottavio Briccola
16a Divisione
Magg. Gen. Luciano Secco
. Brigata Friuli
.. 87° Reggimento fanteria
.. 88° Reggimento fanteria
. Brigata Cremona
.. 21° Reggimento fanteria

.. 22° Reggimento fanteria
32° Reggimento artiglieria campale (8 batterie)
29a Divisione
Ten.Gen. Fortunato Marazzi
. Brigata Perugia
.. 129° Reggimento fanteria
.. 130° Reggimento fanteria
. Brigata Lazio
.. 131° Reggimento fanteria
.. 132° Reggimento fanteria
.. 37° Reggimento artiglieria campale (6 batterie)

X Corpo d'Armata
Ten.Gen. Domenico Grandi
19a Divisione
Ten.Gen. Giuseppe Ciancio
. Brigata Siena
.. 31° Reggimento fanteria
.. 32° Reggimento fanteria
. Brigata Bologna
.. 39° Reggimento fanteria
.. 40° Reggimento fanteria
.. 34° Reggimento artiglieria campale (8 batterie)
20a Divisione
Ten.Gen. Edoardo Coardi di Carpaneto
. Brigata Savona
.. 15° Reggimento fanteria
.. 16° Reggimento fanteria
. Brigata Cagliari
.. 63° Reggimento fanteria
.. 64° Reggimento fanteria
.. 34° Reggimento artiglieria campale (8 batterie)

XIII Corpo d'Armata
Ten.Gen. Gaetano Zoppi
25a Divisione
Ten. Gen. Luigi Capello
. Brigata Macerata
.. 121° Reggimento fanteria
.. 122° Reggimento fanteria
. Brigata Sassari

.. 151° Reggimento fanteria
.. 152° Reggimento fanteria
.. 46° Reggimento artiglieria campale (8 batterie)
30a Divisione
Ten.Gen. Arcangelo Scotti
. Brigata Piacenza
.. 111° Reggimento fanteria
.. 112° Reggimento fanteria
. Brigata Alessandria
.. 155° Reggimento fanteria
.. 156° Reggimento fanteria
39° Reggimento artiglieria campale (6 batterie)
31a Divisione
Ten.Gen. Annibale Gastaldello
. Brigata Chieti
.. 123° Reggimento fanteria
.. 124° Reggimento fanteria
. Brigata Barletta
.. 137° Reggimento fanteria
.. 138° Reggimento fanteria
.. 43° Reggimento artiglieria campale (6 batterie)
.. 25° Reggimento artiglieria campale (3 batterie)

XIV Corpo d'Armata
Ten.Gen. Paolo Morrone
26a Divisione
. Brigata Caltanissetta
.. 147° Reggimento fanteria
.. 148° Reggimento fanteria
. Brigata Catania
.. 145° Reggimento fanteria
.. 146° Reggimento fanteria
49° Reggimento artiglieria campale (6 batterie)

Ten.Gen. Michele Salazar
27a Divisione
Ten.Gen. Guglielmo Pecori Giraldi
. Brigata Benevento
.. 133° Reggimento fanteria
.. 134° Reggimento fanteria
. Brigata Campania

.. 135° Reggimento fanteria
.. 136° Reggimento fanteria
.. 38° Reggimento artiglieria campale (6 batterie)

28a Divisione
Ten.Gen. Giuseppe Queirolo
. Brigata Bari
.. 139° Reggimento fanteria
.. 140° Reggimento fanteria
. Brigata Catanzaro
.. 141° Reggimento fanteria
.. 142° Reggimento fanteria
.. 45° Reggimento artiglieria campale (6 batterie)

3a Divisione di cavalleria
Ten.Gen. Carlo Guicciardi di Cervado
. 5a Brigata di cavalleria
.. 12° Reggimento cavalleria
.. 24° Reggimento cavalleria
. 6a Brigata di cavalleria
.. 3° Reggimento cavalleria
.. 8° Reggimento cavalleria
II Gruppo di batterie a cavallo
4a Divisione di cavalleria
Ten.Gen. Alessandro Malingri di Bagnolo[10]
. 4a Brigata di cavalleria
.. 1° Reggimento cavalleria
.. 26° Reggimento cavalleria
. 8a Brigata di cavalleria
.. 19° Reggimento cavalleria
.. 28° Reggimento cavalleria
IV Gruppo di batterie a cavallo
A disposizione del Comando Supremo le seguenti ulteriori truppe:
.. 2 Brigate di fanteria (su tre reggimenti)
.. 1 Reggimento di Carabinieri Reali
.. 1 Compagna zappatori
.. 2 Compagne telegrafisti

---

[10] Cfr. Ministero della Guerra, Comando del Corpo di Stato Maggiore, Ufficio Storico, *L'Esercito Italiano nella Grande Guerra (1915-1918) – Le forze belligeranti, Allegati, Vol. I Bis*, Roma, Ristampa 1974. All. 37.

.. 4 Compagnie pontieri
.. 1 Compagnia minatori
.. 3 Dirigibili
.. 4 Squadriglie d'aeroplani

Le Brigate che portavano il nome marchigiano, alla data del 24 maggio 1915 avevano la seguente articolazione:

Brigata **Marche**,
Assegnata alla 10a divisione di fanteria, I Corpo d'Armata, 4a Armata

55° Reggimento fanteria
. I Battaglione
..1a, 2a, 3a, 4a, 5a, 6a, 7a, 8a, 9a, 10a, 11a, 12a compagnia
. II Battaglione
..1a, 2a, 3a, 4a, 5a, 6a, 7a, 8a, 9a, 10a, 11a, 12a compagnia
. III Battaglione
..1a, 2a, 3a, 4a, 5a, 6a, 7a, 8a, 9a, 10a, 11a, 12a compagnia

56° Reggimento fanteria
. I Battaglione
..1a, 2a, 3a, 4a, 5a, 6a, 7a, 8a, 9a, 10a, 11a, 12a compagnia
. II Battaglione
..1a, 2a, 3a, 4a, 5a, 6a, 7a, 8a, 9a, 10a, 11a, 12a compagnia
. III Battaglione
..1a, 2a, 3a, 4a, 5a, 6a, 7a, 8a, 9a, 10a, 11a, 12a compagnia

Brigata **Ancona**
Assegnata alla 10a divisione, I Corpo d'Armata, 4a Armata

69° Reggimento fanteria[11]
. I Battaglione
..1a, 2a, 3a, 4a, 5a, 6a, 7a, 8a, 9a, 10a, 11a, 12a compagnia
. II Battaglione
..1a, 2a, 3a, 4a, 5a, 6a, 7a, 8a, 9a, 10a, 11a, 12a compagnia
. III Battaglione
..1a, 2a, 3a, 4a, 5a, 6a, 7a, 8a, 9a, 10a, 11a, 12a compagnia

[11] Il Reggimento era munito di salmerie.

70° Reggimento fanteria[12]
. I Battaglione
..1a, 2a, 3a, 4a, 5a, 6a, 7a, 8a, 9a, 10a, 11a, 12a compagnia
. II Battaglione
..1a, 2a, 3a, 4a, 5a, 6a, 7a, 8a, 9a, 10a, 11a, 12a compagnia
. III Battaglione
..1a, 2a, 3a, 4a, 5a, 6a, 7a, 8a, 9a, 10a, 11a, 12a compagnia

Brigata **Macerata**
Assegnata alla 25a divisione, XIII Corpo d'Armata, a disposizione del Comando Supremo nella riserva generale.

121° Reggimento fanteria
. I Battaglione
..1a, 2a, 3a, 4a, 5a, 6a, 7a, 8a, 9a, 10a, 11a, 12a compagnia
. II Battaglione
..1a, 2a, 3a, 4a, 5a, 6a, 7a, 8a, 9a, 10a, 11a, 12a compagnia
. III Battaglione
..1a, 2a, 3a, 4a, 5a, 6a, 7a, 8a, 9a, 10a, 11a, 12a compagnia

122° Reggimento fanteria
. I Battaglione
..1a, 2a, 3a, 4a, 5a, 6a, 7a, 8a, 9a, 10a, 11a, 12a compagnia
. II Battaglione
..1a, 2a, 3a, 4a, 5a, 6a, 7a, 8a, 9a, 10a, 11a, 12a compagnia
. III Battaglione
..1a, 2a, 3a, 4a, 5a, 6a, 7a, 8a, 9a, 10a, 11a, 12a compagnia

2.4 *L'evoluzione dell'Ordinamento delle Brigate di Fanteria*[13]

L'andamento della guerra, che sostanzialmente è di posizione, ha imposto durante la guerra stessa l'aumento delle unità complesse quali le Armate, che sono raddoppiate rispetto al 1915. All'inizio della guerra abbiamo quattro armate, che diventano otto nel 1918. Di pari passo aumentano i Corpi di Armata.

---

[12] Il Reggimento era munito di salmerie.

[13] Il paragrafo è tratto dal testo della relazione tenuta dall'Autore, il 6 dicembre 2014, in occasione del convegno *"La Grande Guerra"*, dal titolo *"Evoluzione dell'Ordinamento della Brigata di fanteria nella Prima Guerra Mondiale. La Brigata di Fanteria "Piceno"(235° Reggimento, 236° Reggimento)*, organizzato dal Comune di Ascoli Piceno che ha inaugurato la mostra *"La Grande Guerra – 100 anni dopo"* tenutasi a Palazzo dei Capitani dal 6 dicembre 2014 all'11 gennaio 2015.

La guerra di posizione impone un progressivo aumento del numero e del peso logistico derivante dalle accresciute esigenze di fuoco e dall'aumento delle truppe tecniche (genio, aviazione, trasmissioni, esigenze di retrovia, ecc.). In questo processo sovente involutivo occupano uno spazio ragguardevole le artiglierie e le bombarde.

Di contro, rispetto alle armi tecniche, la Fanteria aumenta in misura minore, ma al suo interno si delinea molto nettamente la diminuzione del numero di uomini e quadrupedi e in parallelo si ha un forte aumento delle armi a tiro teso e curvo.

Questa evoluzione è particolarmente significativa a livello divisionale e ai livelli inferiori (brigata, reggimento, battaglione, compagnia).

Livello divisionale

All'inizio della guerra la divisione di fanteria è ordinata su:

. Comando
. 2 Brigate di fanteria ognuna su due reggimenti (4 reggimenti in totale)
. 1 Reggimento di artiglieria su 8 Batterie da 4 pezzi (32 pezzi in totale)
. 1 Compagnia zappatori del Genio con parco
. Servizi Logistici:
.. colonna munizioni
.. sezione sanità per fanteria
.. sezione sussistenza

Il 4 novembre 1918 la Divisione ha conservato le due Brigate di fanteria, ma ha in corso l'aumento delle batterie da campagna da 8 a 10, ha ricevuto (1916) un battaglione zappatori del Genio al posto della compagnia zappatori, che perde la sezione da ponte, una compagnia telegrafisti (1918), 4 compagnie telegrafisti, (1917) alle dirette dipendenze, 2 autosezioni (44 autocarri), che sostituisce la colonna munizioni (1918).

I servizi logistici ricevono una aliquota di salmerie. Per le Divisioni in linea viene assegnata una compagnia presidiaria per il risanamento del campo di battaglia. Pertanto la Divisione di fanteria nel 1918 è ordinata su:

. Comando
. Due Brigate di fanteria ognuna su due reggimenti (4 reggimenti in totale)
. Un Reggimento di artiglieria su 10 Batterie da 4 pezzi (40 pezzi in totale)
. Un Battaglione zappatori del Genio (meno la sezione ponte)
. Una Compagnia telegrafisti
. Quattro Compagnie mitragliatrici
. Servizi Logistici:
.. due autosezioni (44 autocarri)

.. sezione sanità per fanteria
.. sezione sussistenza
.. aliquota salmerie
.. compagnia presidiaria per il risanamento del campo di battaglia (eventuale)

Livello Brigata

All'inizio della guerra la Brigata di fanteria è ordinata su:

. Comando
. Un Reggimento di fanteria su tre battaglioni
.. ogni battaglione su 4 compagnie
.. ogni compagnia su 4 plotoni
. Un Reggimento di fanteria su tre battaglioni
.. ogni battaglione su 4 compagnie
.. ogni compagnia su 4 plotoni
. Servizi Logistici

La Brigata di fanteria 1915, è composta, quindi da un Comando e da due Reggimenti ciascuno per un totale di 162 Ufficiali e 7010 tra Sottufficiali e Truppa. I materiali in dotazione sono 660 quadrupedi, 78 carri a due ruote, 4 carri a 4 ruote, 40 biciclette.

La Brigata nel 1918 mantiene sempre i due reggimenti, ma ha alle dirette dipendenze due compagnie mitraglieri. A seconda del tipo di arma in dotazione si ha:

. per la mitragliatrice Fiat 14 con 6 Ufficiali e 270 sottufficiali e truppa, 32 quadrupedi, 16 carri, 2 biciclette;
. per la mitragliatrice 1907 F con 6 Ufficiali 237 sottufficiali e truppa, 48 quadrupedi, 12 carri, 4 biciclette.

Questi mutamenti nel corso della guerra sono dovuti alle variazioni ordinative dei vai livelli che compongono la Brigata.

Livello di Reggimento

Il Reggimento nel 1915 è composto da:

. Comando
. I Battaglione
. II Battaglione
. III Battaglione
. Una Unità di salmeria reggimentale (216 quadrupedi)
. Servizi Logistici: materiali in dotazione
.. quadrupedi: 330
.. carri a due ruote: 39
.. carri a quattro ruote: 2

.. biciclette: 20
comprendente 81 Ufficiali e 3505 tra Sottufficiali e Truppa.

Tra i materiali i Reggimenti hanno ciascuno in dotazione 330 quadrupedi, i carri a due ruote 39, i carri a quattro ruote 2, le biciclette 20

Nel corso della guerra il Reggimento riceve:

. Un plotone d'assalto
. Un reparto cannoncini da 37 mm su 4 armi
. Una sezione lanciafiamme portatili su 12 armi.

Il Reggimento mantiene, quindi, i suoi tre battaglioni, mentre per il personale ha gli stessi Ufficiali, 81, ma diminuisce sensibilmente il numero dei Sottufficiali e Truppa che passano da 3505 a 2591, perdendo oltre 1000 uomini, ed i quadrupedi passano da 330 a 222. I carri a due ruote passano da 39 a 54, mente i carri a 4 ruote e le biciclette rimangono invariate, mentre l'unta di salmeria cede 116 quadrupedi.

Il Reggimento nel 1918 risulta composto, quindi, da:

. Comando
. I Battaglione
. II Battaglione
. III Battaglione
. Una Unità di salmeria reggimentale (100 quadrupedi)
. Servizi Logistici: con il seguente materiale in dotazione
. quadrupedi: 22
. carri a due ruote: 54
. carri a quattro ruote: 2
. biciclette: 20
comprendente 81 Ufficiali e 2591 tra Sottufficiali e Truppa.

Tra i materiali i Reggimenti hanno ciascuno in dotazione 222 quadrupedi, i carri a due ruote 54, i carri a quattro ruote 2, le biciclette 20.

Livello Battaglione
Ogni battaglione nel 1915 è ordinato su:

. Comando
. 1a Compagnia
. 2a Compagnia
. 3a Compagnia
. 4a Compagnia
. Una Sezione di mitragliatrici per fanteria su due armi, che comprende 25 Ufficiali e 1068 tra Sottufficiali e Truppa

Tra i materiali, i battaglioni hanno 33 quadrupedi e 12 carri a due ruote e 5 biciclette. I carri a due ruote serve per il trasporto del Comando e delle armi di reparto.

Il Battaglione è l'unità che subisce le maggiori trasformazioni nel corso della guerra, anche nel numero e nella composizione delle pedine base. Nel 1918 il Battaglione ha 3 compagnie, 1 compagnia mitragliatrici Fiat su 8 armi, una compagnia zappatori, una sezione lanciabombe "Stokes" su 4 armi.

L'aumento delle dotazioni di armi è compensato dalla diminuzione del personale, che passa da 25 a 22 Ufficiali, ed i Sottufficiali e Truppa da 1068 a 780

Il battaglione nel 1918 è, quindi, ordinato su:

- Comando
- 1a Compagnia
- 2a Compagnia
- 3a Compagnia
- Una Compagnia mitragliatrici Fiat su 8 armi
- Una Compagnia (reparto) zappatori del Genio (88 uomini)
- Una Sezione lanciabombe "Stokes" su 4 armi

Il battaglione, quindi, comprende 22 Ufficiali e 780 tra Sottufficiali e Truppa

Tra i materiali, il battaglione ha, nel 1918, 35 quadrupedi e 16 carri a due ruote e 5 biciclette. I 16 carri a 2 ruote servono al trasporto del Comando (8) e delle mitragliatrici (8)

Livello Compagnia

Ogni Compagnia nel 1915 è ordinata su

- Comandante
- plotone misto (quello che oggi è denominato plotone comando)
- I plotone
- II plotone
- III plotone

Il totale degli uomini è 5 Ufficiali 250 tra Sottufficiali e truppa e 4 quadrupedi

Nel 1918 il personale è ridotto, i quadrupedi sono aboliti ed è stata aggiunta una Sezione pistole mitragliatrici Fiat 1915 su 2 armi per un totale di 4 ufficiali e 169 soldati.

Riassumendo, quindi, delle variazioni ordinative durante la guerra, al 4 novembre 1918 la Divisione ha conservato le 2 Brigate di fanteria, ma ha in corso l'aumento delle batterie da campagna da 8 a 10, ha ricevuto (1916) un battaglione zappatori del Genio al posto della compagnia zappatori, che perde la sezione da ponte, una compagnia telegrafisti (1918), 4 compagnie telegrafisti, (1917) alle dirette dipendenze, 2 autosezioni (44 autocarri), che sostituisce la colonna munizioni (1918).

I servizi logistici ricevono una aliquota di salmerie. Per le Divisioni in linea viene assegnata una compagnia presidiaria per il risanamento del campo di battaglia.

Pertanto la Divisione di fanteria nel 1918 è ordinata su:

. Comando
. Due Brigate di fanteria ognuna su due reggimenti (4 reggimenti in totale)
. Un Reggimento di artiglieria su 10 Batterie da 4 pezzi (40 pezzi in totale)
. Un Battaglione zappatori del Genio (meno la sezione ponte)
. Una compagnia telegrafisti
. Quattro compagnie mitragliatrici
. Servizi Logistici:
. Due autosezioni (44 autocarri)
.. sezione sanità per fanteria
.. sezione sussistenza
.. aliquota salmerie
.. compagnia presidiaria per il risanamento del campo di battaglia (eventuale)

Sempre alla data del 4 novembre 1918, La Brigata è composta, quindi da un Comando e da due Reggimenti ciascuno per un totale di 162 Ufficiali e circa 6000 tra Sottufficiali e Truppa. Ovvero a tutti i livelli si è adottata una struttura organizzata tipicamente per la difensiva, contraddistinta da sempre più numerose armi di reparto adatte alla guerra di trincea e dotati di conseguenza di ridotta mobilità in proprio.

La meccanizzazione che si è avuta durante la guerra, nonostante le inusitate proporzioni raggiunte, non produce per ciò stesso movimento ed operazioni dinamiche, ma anzi favorisce ulteriormente le situazioni di stallo tattico e letalità tipica della guerra di trincea, imponendo alle spalle del combattente, che sta fermo, ma aumenta enormemente i consumi, e le esigenze, un complesso imponente di predisposizioni a tergo che si traduce in un costante movimento dall'indietro in avanti essenziale per sostenere il fronte.

Questo permette di osservare che la guerra 1915-1918 non sia prettamente statica: le battaglie si sono svolte in spazi relativamente stretti (sia pure con le non trascurabili e non modeste eccezioni della 12ma Battaglia dell'Isonzo e di Vittorio Veneto), ma che per alimentare quella sorta di sottile scorza dura ove era cristallizzato il combattimento, incessanti erano i movimenti strategici e logistici verso l'avanti e non meno importanti e continui gli sgomberi di materiali e di uomini non utilizzabili e quindi i movimenti verso l'indietro.

Pertanto le Brigate di fanteria che rappresentavano, essendo unità elementari, le pedine base di ogni azione erano ordinate secondo questo genere di guerra. E rispetto all'ordinamento del 1915, si trasformano, soprattutto a livello di battaglione, che si plasma sulle esigenze della guerra e costituisce l'unità che subisce le maggiori trasformazioni.

La somma di tutto questo permette di dire che la costituzione della Brigata **Piceno**, e della Brigata **Pesaro**, non ebbero la configurazione ordinativa di inizio guerra, ma quelle che erano il frutto di due anni di guerra, e plasmate sulle esigenze della guerra di logoramento che si era imposta sulla nostra fronte.

2.4 *L'uniforme della Fanteria nella Grande Guerra*[14]

a. La genesi

Non vi è nulla di strano nell'asserire che l'abito militare nasce e si evolve sui campi di battaglia, o a seguito da lezioni apprese da queste battaglie. Nel '600 non esisteva l'abito militare, si andava in battaglia con gli abiti di tutti i giorni. I soldati, però, subito adattarono l'abito civile alle proprie esigenze. Nella guerra dei Trent'anni, i Granatieri, curvando all'insù le larghe falde del cappello che ostacolavano il braccio durante il lancio delle granate, che era la loro specialità, dettero vita al tricorno. Nel corso del '600 e del '700 gli adattamenti ve ne furono a centinaia, tutti dettati dalle necessità del militare. È evidente, quindi, che l'evoluzione dell'Uniforme, non è mai determinata, per queste origini, da un artista, da un capriccio di un sovrano, da una moda, né tantomeno da regolamenti militari o commissioni di studio ad hoc nominate. Ieri, come oggi, l'esigenza del campo di battaglia detta legge. Anche quando il costume militare era pieno di piumaggi, abbellimenti, ricercatezze di tessuti, colori smaglianti, e che trova nel periodo napoleonico la sua massima espressione, espressione della massima creatività sartoriale, e tutto questo appare come una serie di frivolezze, emerge che in tanto sfarzo si trova l'esigenza precisa di riconoscere immediatamente un battaglione, un compagnia, o una unità da un'altra, nel fumo e nella confusione del campo di battaglia.

In questo periodo in Europa le battaglie erano "scontro frontale di file serrate" sulla scia delle guerre napoleoniche ove i procedimenti di impiego erano stati rielaborati e poi dettati dalla Commissione Militare di Prussia di cui il von Klausewitz era il segretario. Una delle massime era che: *"il soldato doveva essere dotato di divise sgargianti, per ben distinguerlo ed individuarlo in battaglia"*.[15]

[14] Anche questo paragrafo è stato tratto da una conferenza. Questa si è tenuta il 4 novembre 2014 presso l'Aula Magna del Comando della Scuola di Artiglieria di Bracciano, nell'ambito del Convegno organizzato dalla Associazione Eserciti e Popoli per la XXXIII Settimana della Cinematografia Militare. Un particolare ringraziamento va di tutto cuore, per l'oltre ventennale impegno, al Presidente di detta Associazione, l'amico gen. Giorgio Zucchetti.

[15] Cecchini E., *Tecnologia e Arte militare*, Roma, Ministero della Difesa, Stato Maggiore dell'Esercito, Ufficio Storico, Roma, 1997.

Ma inoltrandosi nell'800 sorge l'esigenza di avere, però, una "minore visibilità" del soldato in combattimento. Questa esigenza nasce sui campi di battaglia delle campagne coloniali.

Vi era già stata, presto dimenticata, l'esperienza, di fine '700, della guerra in Nord America, ove le uniformi erano di colore verde, sottobosco, foresta, per mimetizzarsi nei boschi ospitali dopo i colpi di mano.

Furono i Britannici che, durante le campane in Afganistan, a metà '800, attenuarono il colore bianco, troppo vistoso delle loro uniformi, con il tè, per arrivare, in via informale, al *Khaki Holland*. Realizzata in tela leggera, nasce la celeberrima uniforme *Kaki* che in breve fu adottata da tutti gli eserciti coloniali.

Gli eserciti europei, però, non furono influenzati dalle scelte uniformologiche fatte in colonia, anche se vivo era il dibattito di prendere provvedimenti in merito alle uniformi vistose.

b. Il Plotone Grigio

Come molte cose nell'Esercito, anche questa di cambiare l'uniforme parte dal basso, da persone estranee all'ambiente militare. Fu Luigi Brioschi, presidente della Sezione di Milano, del Club Alpino Italiano, che prese l'iniziativa. Nato nel 1853, dopo varie esperienze e soprattutto meditando e riflettendo sulla guerra Russo-Giapponese del 1905, era giunto alla conclusione che, in presenza della ormai acquista potenza di fuoco delle armi, anche della fanteria, "*avrebbe avuto maggior vantaggio sull'avversario quell'esercito che sarebbe stato meno visibile sul campo di battaglia e dalla cui divisa si sarebbero eliminati, con cura sapiente, tutti gli accessori inutili e tutti i colori accentuati*".[16]

Amico del tenente colonnello Donato Etna, comandane del battaglione *Morbegno* del 5° Reggimento Alpini, le sue idee furono presto sperimentati in seno al *Morbegno*. Con l'aiuto del colonnello Francesco Stazza, comandante del 5° Alpini, che ottenne le autorizzazioni necessarie, si passò a concrete sperimentazione sul campo, che diedero prove eccellenti.[17]

---

[16] Viotti A., *L'uniforme grigio-verde (1909 -1918)*, Roma, Ministero della Difesa, Stato Maggiore dell'Esercito, Ufficio Storico, 1984, p. 8.

[17] "*Le prime prove furono eseguite su sagome riproducenti una coppia di alpini, una dipinta nell'uniforme turchino-scura, allora in uso, l'altra con i colori sperimentali. Le sagome vennero disposte a terra, in ginocchio ed in piedi alla distanza di 350, 450, e 600 metri. Le prove, a cui assistettero come osservatori ed attori gli ufficiali ed i soldati del battaglione, consistevano nello sperimentare quali sagome fossero meno visibili, a seconda della luce e della distanza in varie ore del giorno. Si constatò che le sagome grigie, colore che finì per prevalere nei primissimi esperimenti, non venivano avvistate, o venivano avvistate solo in parte, mentre quello turchino-scure erano immediatamente individuate. Alle prove di avvistamento seguirono quelle di tiro, eseguire dai migliori tiratori del battaglione, nelle identiche situazioni e con gli stessi parametri di luce e di distanza. Il risultato fu che a 600 metri la sagoma grigia in piedi era colpita 3 volte su 24. Mentre quella turchino-scura, sempre in piedi, ben 24 volte su 24*". Cfr. Viotti A., *L'Uniforme grigio-verde (1909 -1918)*, cit., p. 9.

Avviato l'iter burocratico,[18] il 24 luglio 1906 quaranta alpini della 45a compagnia del *Morbegno* vestirono l'uniforme sperimentale grigio-creta, che diede al plotone il nomignolo di "*Plotone Grigio*". L'uniforme non fu adottata senza non curare i particolari: furono introdotti un nuovo cappello, un nuovo sacco alla "tirolese", nuove giberne e nuovi spallacci.[19] Questi esperimenti ebbero eco in tutta Europa, facendo scalpore tra gli Stati Maggiori europei: la Russia adottò l'uniforme *kaki-oliva* nel 1907, mentre l'Austria-Ungheria, dal 1907, iniziò a vestire le prime unità in *hechtgrau*, che diverrà ufficiale nel 1909. Se il Ministero della Guerra era favorevole ad ulteriori sperimentazioni, gli ambienti conservatori dell'Esercito, e parte della stampa, entravano in subbuglio, temendo che si ripetesse quanto successo con le riforme di Ricotti-Magnani nel 1871-1873, in cui sentite e gloriose tradizioni erano state messe da parte. Si temeva che anche in questo caso gloriose uniformi fossero dismesse. Le polemiche non fermarono gli esperimenti e nel 1907 si affiancarono altri due plotoni con la nuova uniforme al "*Plotone Grigio*". Gli esperimenti diedero eccellenti risultati e, a cavallo tra il 1907 ed il 1908, l'uniforme sperimentale fu estesa alla Fanteria ed alla Cavalleria. In questa fase si adottò il colore grigio-verde perché si ritenne più "mimetico" ai nostri terreni. Dopo altre sperimentazioni minori con circolare n. 458 del G.M. del 4 dicembre 1908, l'uniforme grigio verde venne adottata per la Fanteria di linea, i Bersaglieri, gli Alpini, e l'Artiglieria, mentre per la Cavalleria si dovette attendere il 3 febbraio 1909.

c. L'uniforme grigio-verde

L'uniforme grigio-verde fu definitivamente completata entro il 1909, quando varie circolari specificarono nel dettaglio i singoli capi di vestiario.

La giubba era in panno pesante grigio-verde, ampia e comoda, ad un petto chiusa da una fila di bottoni di frutto grigio-verde nascosti da una sovra-bottoniera. Collo chiuso, in piedi secondo una versione corretta, con punte arrotondate, ove erano applicate le mostrine e le stellette che ogni soldato doveva portare. Paramani a punta, mentre le spalle erano rinforzate da uno sprone; l'attaccatura delle maniche era guarnita da spallini grigio-verde. Sul dietro della giubba le cuciture dei fianchi erano aperte dalla vita in giù, per il passaggio del cinturino della buffetteria.

---

[18] Le personalità che appoggiarono incondizionatamente l'esperimento, come scrive Viotti, furono: l'Ispettore delle Truppe Alpine, generale P. Frugoni, i generali Saletta, Foggia ed Avogadro di Quinto, il Ministro della guerra, gen. L. Majnoni d'Intignano e il senatore G. Vagoni. Un caso in cui le gerarchie appoggiarono chi voleva cambiare in meglio.

[19] Sempre citando Viotti "*il nuovo cappello pesava 260 grammi in meno di quello regolamentare, ma sopratutto in posizione di "sparo a terra" non veniva spinto in avanti dallo zaino, come il precedente, costringendo così l'alpino a toglierselo. Il sacco alla tirolese pesava al netto 580 grammi contro i 2 chilogrammi del vecchio zaino… e le giberne sperimentali, sempre al netto, non superavano i 580 grammi contro gli 840 di quelle regolamentari. Anche le nuove scarpe chiodate diedero ottimi risultati*. Cfr. Viotti A., *L'Uniforme grigio-verde (1909 -1918)*, cit., p. 11.

All'interno, foderata di tela di cotone grezzo, era provvista di due tasche a toppa all'altezza del petto ed una terza all'altezza della falda destra ove si teneva il pacchetto di medicazione. Il piastrino di riconoscimento era cucito in fondo alla falda anteriore sinistra.

Camicia bianca.

Gilet in panno grigio-verde con collo a V ad un petto, chiuso da una fila di 5 bottoni e con 4 taschini, in tela di cotone grezzo.

Pantalone.

Era previsto un tipo di pantalone per armi a piedi non di montagna e uno per truppe a piedi di montagna; mentre le truppe a cavallo ebbero il pantalone detto "da cavallo".

Il pantalone per le truppe a piedi non di montagna (fanteria, bersaglieri, genio, artiglieria servizi ecc.) era in panno leggero grigio-verde, lungo e leggermente a stringere in fondo dove era provvisto di due laccetti per serrarlo sotto la caviglia. Allacciatura sul davanti con sparato e due tasche ai fianchi lungo la cucitura.

Il pantalone per le truppe a piedi da montagna era molto più largo del precedente, e terminava sopra il polpaccio dove era legato con due nastrini. Da sotto il ginocchio il pantalone veniva serrato nelle fasce mollettiere in grigio verde.

Il pantalone "da cavallo", largo alla coscia e stretto al ginocchio, lungo fino al collo del piede, dove veniva stretto con le solite due fettucce. Apertura sul davanti ad alta fascia in vita, con due linguette posteriori regolabili con fibbia di metallo annerito. Due tasche ai fianchi. All'altezza delle ginocchia, nella parte interna, due tapponi di rinforzo con cucitura ad angolo.

Le calzature.

Le truppe a piedi non di montagna avevano uno stivaletto in cuoio e in vitello neri chiusi sul davanti con un laccio di pelle tramite 3 occhielli e 4 ganci. Alpini e artiglieria da montagna ricevettero uno stivaletto in cuoio e vacchetta neri più pesante e con una forte chiodatura. La cavalleria aveva il gambale mod. "Ardito" con relativo stivaletto, mentre le altre armi adottarono il gambale detto di "artiglieria".

Copricapo.

La Fanteria di linea e l'Artiglieria da costa e da fortezza ricevettero un nuovo berretto di panno grigio impermeabilizzato. Era a forma di tubo con visiera e sottogola di cuoio verniciato grigio-verde. Sul davanti del berretto il fregio, in lana blu, poi dal 1911 in lana nera. I bersaglieri e gli alpini e la cavalleria mantennero i loro tradizionali copricapi.

Soprabiti.

Come soprabiti le armi a piedi ebbero una mantellina a ruota, in panno pesante grigio-verde, con colletto rovesciato, mentre nel 1914 per l'Artiglieria tutta si adottò il cappotto grigio-verde. Nel 1914 vennero introdotti anche i guanti che furono grigioverde e neri.

d. L'equipaggiamento

Il soldato riceveva lo zaino, il tascapane, le giberne e la borraccia. L'equipaggiamento del soldato prevedeva due paia di giberne in cuoio grivio-verde, portate in vita appese ad un cinturino e sostenute da una bretella che passava dietro il collo. Sul lato destro del cinturino veniva appesa la baionetta, con guaina di cuoio nero.

Lo zaino adottato nel 1907, era impermeabilizzato, composto da un involucro principale, una tasca esterna, due tasche laterali esterne, bretelle di tela e cinghie di cuoio. Vi veniva posto il pane e la biancheria; nella tasca esterna erano poste le scarpe da riposo, la scatola per il grasso o la spazzola la borsa di pulizia con dentro il sacchetto del sale e gli accessori del fucile. Le tasche laterali contenevano ciascuna una scatola di carne in conserva ed un sacchetto con due pacchetti di cartucce.

Il tascapane, identico per tutti, era in tela impermeabile grigia e tutto in un pezzo, con l'aggiunta di due fiancate; si portava sia a tracolla che appeso allo zaino a mezzo di ganci e campanelli.

La borraccia era mod. 1907 ed era formata da un recipiente di legno (salice o pioppo) fatto in un solo pezzo con cannella di legno e tappo sempre di legno. Il corpo veniva rinforzato con due cerchi di legno, di cui quello inferiore con un bottone metallico a cui era assicurata la cinghia in tela grigia. La borraccia si portava appesa al cinturino o al tascapane.[20]

Fig.31. Fanteria. Alpino del 1° Reggimento, II Battaglione, maggio 1915

[20] Questi paragrafi dedicati all'uniforme ed all'equipaggiamento sono tratti nella grandissima parte dal volume, già citato, di A. Viotti, *L'Uniforme grigio-verde (1909 -1918)*, cit., a cui si rimanda per ulteriori approfondimenti.

Fig.32. Artiglieria, Sergente Maggiore, Artiglieria a cavallo, maggio 1915

Fig.33. Generale di divisione, maggio 1915

Fig.34. Stato Maggiore, Colonnello di Stato Maggiore, inverno 1915

Fig.35. Carabinieri. Carabiniere in servizio presso le Grandi Unità, 1915

Fig.36. Bersaglieri. Bersagliere, inverno 1915-1916

Fig.37. Tenente Automobilista, 1915-1916

Fig.38. Genio. Soldato delle unità tagliafili, 1915-1916. Le Brigate

e. L'armamento

La Fanteria italiana era armata con il fucile "Mannlincher-Carcano", anche chiamato "Mauser-Parravicino", comunemente noto, essendo stato adottato il 29 marzo 1892, fucile mod. '91. Era dotato di sciabola-baionetta con fermo ricavato sul bocchino sotto il canale per la bacchetta nettatoia. Sui manuali militari questa arma veniva definita *"arma portabile da fuoco, a ripetizione ordinaria per il tiro teso alle brevi distanze contro bersagli animati, verticali ed allo scoperto"*. Per la Cavalleria ed i Carabinieri venne realizzato un moschetto senza copricanna e con baionetta a lama pieghevole a sezione triangolare avente due lati sgusciati, fissata sotto la canna all'altezza del mirino che, quando non serviva, veniva ribaltata all'indietro alloggiando la punta nella cassa. Il 6 giugno 1900 venne anche adottato un moschetto per le truppe speciali di lunghezza uguale a quello per la cavalleria, ma con copricanna ed una baionetta simile a quella del fucile, però con innesto disposto trasversalmente. Nel 1906 e nel 1913 vennero portate alcune modifiche e migliorie all'otturatore e all'estrattore. Nel 1916, con l'ultimo sistema di ritegno della battaglia ribaltabile, venne dotato di copricanna anche il moschetto di cavalleria.

Il mod. 91 era anche in grado di lanciare bombe da fucile. Fu allestita una particolare bomba detta "Benaglia", con involucro a frattura prestabilita e munita di governale ramato da inserire nella canna del fucile o del moschetto. Per il lancio veniva impiegata una cartuccia senza pallottola, e, con una inclinazione di 45° gradi la bomba veniva scagliata a circa sessanta metri di distanza. Altra bomba che il mod. 91 era in grado di lanciare era il tubo di lancio per la bomba "Bertone". Il tubo, lungo 20 cm. Veniva innestato sulla cassa e, con una inclinazione dell'arma a 45° gradi, poteva lanciare bombe fino a 250 metri. Per il lancio della bomba "Bertone" veniva impiegata la normale cartuccia ordinaria perché era proprio la forza d'urto della pallottola, oltre a quella dei gas, ad imprimere la massima spinta alla bomba.[21]

Dal punto di vista strettamente tecnico il fucile mod. 91 aveva la canna in acciaio fuso interamente solcata da quattro righe destrorse a passo progressivo di mm. 580 in culatta e mm. 200 alla volata. Esternamente la canna è tronco-conica, con la culatta sfaccettata avvitata alla culata mobile e reca il mirino e l'alzo graduato in ettometri. La culatta mobile è in ferro fucinato, temprato a pacchetto. La chiusura della culatta è assicurata da un otturatore in acciaio di forma cilindrica, girevole e scorrevole, con alette di ritegno in testa, e con incorporati il percussore e l'estrattore. Il congegno di ripetizione ha la scatola-serbatoio sporgente dalla cassa con una apertura ricavata dal fondello per la caduta del caricatore vuoto. La cassa è in legno di noce, successivamente di faggio o di frassino.

I dati del fucile mod. 91 erano i seguenti:

- calibro, mm. 6,5
- lunghezza della canna, mm. 780
- lunghezza dell'arma senza baionetta, mm. 1285
- peso dell'arma senza baionetta, gr. 3950
- alzo a ritto graduato fino alla distanza di 2000 metri
- fornimenti: in acciaio o in ferro dolce.[22]

Il mod. 91 aveva come arma bianca quella che ancora era denominata "sciabola-baionetta", poi comunemente denominata baionetta. Con l'adozione del mod. 91 la baionetta venne fortemente ridimensionata nelle proporzioni e nel grado di finitura; fu realizzata con le guancette in legno e con la lama più corta e stretta rispetto ai modelli precedenti ed offriva rispetto a questi una miglior maneggevolezza che permetteva di utilizzarla come attrezzo o coltello da trincea, qualità che fu molto apprezzata dai singoli combattenti durante la guerra.

I dati della baionetta per il mod. '91, erano i seguenti:

---

[21] Questo paragrafo dedicato all'armamento è tratto nella gran parte dal volume degli amici Gianrodolfo Rotasso e Maurizio Ruffo, alpini, che si saluta e si ringrazia sentitamente. Cfr. Rotasso G., Ruffo M., *L'armamento individuale dell'Esercito Italiano dal 1861 al 1943*, Roma, Ministero della Difesa, Stato Maggiore dell'Esercito, Ufficio Storico, 1995, p. 139 ss.

[22] Ibidem.

- lunghezza della lama, mm. 300
- lunghezza totale, mm. 414
- larghezza della lama al tallone, mm. 25
- peso della baionetta, gr. 340
- peso del fodero, gr. 136

La produzione di fucili mod. 91 nel 1912 a Terni la produzione mensile era passata da 540 a 2500 fucili, e a Brescia da 500 a 1700 moschetti in pochi mesi. Nel 1914 gli impianti vennero potenziati e negli ultimi mesi dell'anno furono fabbricati mensilmente circa 3000 fucili e 2000 moschetti, per poi salire, nei mesi successivi, sempre su base mensile, a 6000 fucili e 3000 moschetti; il 1 luglio 1915 la produzione salì a 14.000 tra moschetti e fucili. La Fabbrica di Terni, per avere una idea globale, produsse durante il conflitto 2.063.750 fucili e circa 1.600.000 baionette e quella di Brescia 534.000 moschetti. Per le cartucce la produzione riuscì a tenere il passo delle esigenze. La produzione giornaliera era di 3.400.000 cartucce per un totale costruite per il mod. 91 di 3.616.000.000 durante tutto il conflitto. La dotazione era inizialmente di 700 colpi per ogni fucile e 600 per ogni moschetto: secondo le direttive di Cadorna si doveva arrivare a 2000 colpi per arma, ma in realtà non si arrivò mai oltre i 900 colpi per fucile, in quanto tutti gli sforzi furono concentrati sulle mitragliatrici, per le quali erano previsti 100.000 colpi per arma.[23]

Fucile e baionetta era l'armamento del soldato, complementare all'uniforme. Naturalmente le armi in dotazione erano altre, come il pugnale e la sciabola, e per gli ufficiali, la pistola, ma non vi è lo spazio per una trattazione anche accennata. La Fanteria italiana combatté la Grande Guerra con il fucile mod. '91, un arma moderna, valida ed efficace come la baionetta ad esso assegnata. Un arma così efficace che sarà in dotazione anche venti anni dopo, nel secondo conflitto mondiale, ma con esiti ed efficacia notevolmente diversa. Il mod. 91 rappresenta una immagine iconografica della Grande Guerra ormai acquista da tutta l'opinione pubblica italiana.

[23] Ibidem.

Le Brigate

CAPITOLO 3
LA BRIGATA "MARCHE"

(55° Reggimento, 56° Reggimento)

3.1 Sintesi Storica. ¤ *3.2 Impiego: anno 1915, 1916, 1917, 1918.* ¤
3.3 Comandanti di Brigata e di Reggimento. ¤ *3.4 Ricompense Collettive.* ¤
3.5 Ricompense individuali. ¤ *3.6 Le Perdite: Caduti, Feriti, Dispersi.* ¤

Fig.39. Brigata Marche. Medaglie commemorative della Brigata

3.1 *Sintesi Storica*

La Brigata **Marche** era composta dal 55° e 56° Reggimento fanteria. Il 55° Reggimento fanteria **Marche**, che aveva come motto reggimentale "virtus ac fides", ebbe vita per effetto dell'ordinamento 24 gennaio 1861, formato con elementi di tre reggimenti dell'Esercito regolare, ciascuno dei quali fornì un battaglione. Entrò a far parte della Brigata **Marche** di nuova formazione. Sciolta in virtù della legge 1871, la Brigata assunse la denominazione "55° Reggimento fanteria (Marche)"; concorse poi alla ricostituzione della vecchia Brigata il 2 gennaio 1881. Partecipò alla terza guerra d'indipendenza nazionale, nel 1866; contribuì nella formazione dei battaglioni di fanteria d'Africa del corpo d'operazione per la campagna italo-abissina 1895-96; ebbe larghissima parte nella mobilitazione di sette reggimenti nella guerra italo-turca 1911-1912.

Il 56° Reggimento fanteria **Marche**, che aveva come motto "Memento audere semper", molto prima che Gabriele d'Annunzio lo suggerisse per i Mas della Regia Marina, fu fondato come il suo gemello nel 1861 ed ebbe, grosso modo, la stessa storia fino al 1915.

Il Reggimento aveva come stemma quello di Ancona, ovvero il cavaliere armato e il tridente di Carlo d'Angiò in campo rosso.[1]

La sede dei Reggimenti in pace era, per il 55° Reggimento fanteria, Treviso, per il 56° Reggimento fanteria, Belluno, ovvero già nel Veneto e quindi prontamente impiegabili. I Distretti di reclutamento erano: Benevento, Casale, Caserta, Chieti, Cosenza, Forlì, Messina, Modena. Napoli, Siracusa, Vercelli.

La Brigata svolse le operazioni dal 1915 al 1918.

3.2 *Impiego: anno 1915, 1916, 1917, 1918*

ANNO 1915

a. permanenza in linea:
- dal 24 maggio al 12 ottobre: Regione Auronzo (Cadore) – Sottosettore Ansiei – Lavaredo – Monte Polena
- dal 31 ottobre al 2 novembre: nel settore del Monte Sabotino.
- dal 11 novembre al 14 dicembre: nella regione del Monte Sabotino.

b. permanenza in zona di riposo, lavori e trasferimenti.

---

[1] Ministero della Guerra, Calendario Regio Esercito, XVII -1939 - XVIII, a cura del S.I.M. (Servizio Informazioni Militari), Edizioni Luigi Alfieri, Milano, 1938.

- dal 13 al 10 ottobre: zona di Lozzo, Pelos di Vigo, Lorenzago
- trasferimento sul fronte dell'Isonzo
- San Giovanni di Manzano
- dal 3 al 10 novembre: pressi di Cosana
- dal 15 dicembre al 31 dicembre: Meretto di Tomba, Udine.

Nel 1915, su sette mesi e 8 giorni di guerra, La Brigata **Marche** rimase in linea per 5 mesi e 23 giorni, mentre è posta a riposo per 1 mese e 13 giorni. Praticamente è rimasta in trincea oltre il 75% del tempo di guerra, un impiego molto pesante, mentre solo il 25% del tempo passato a riposo.

c. operazioni.

La Brigata **Marche**, nelle prime settimane del 1915, lascia le sedi di pace per recarsi in posizione avanzata.

Allo scoppio delle ostilità, il 24 maggio 1915, essa è, infatti, in Cadore, nelle valli del Boite, dell'Ansei e del Parola. Il primo sbalzo in avanti la porta alla occupazione, non ostacolata dal nemico, della fronte Forca-Tre Croci, lembo orientale del Piano della Bigontina, sopra Cortina d'Ampezzo. Qui la Brigata ha ordine di sostare, e per tutto giugno, oltre ai necessari lavori di rafforzamento, essa provvede ad inviare numerose ricognizioni in Val Rimbianco, Valle Popena Bassa e Val Grande. Un nuovo passo in avanti, mosso alla metà di luglio, nei giorni 15 e 16, porta la Brigata al primo urto sanguinoso contro le ben munite posizioni del nemico.

Due battaglioni del 55° Reggimento fanteria avanzano contro Monte Piana e la loro azione è sostenuta dall'altro battaglione del 55° Reggimento fanteria operante in Val Polena e da uno del 56° Reggimento fanteria in Val Rimbianco. L'avanzata della colonna centrale è, però, quasi subito ostacolata da micidiale fuoco nemico d'artiglieria e fucileria, proveniente quest'ultimo da robuste trincee scavate nel versante nord di Monte Piana e difese da forti ed intatti reticolati; a 200 metri circa da questi, le truppe sono costrette a fermarsi per costruire ripari.

Il battaglione di Val Polena Bassa avanza per circa due chilometri sino a contatto delle linee austriache di Carbonin (Schluderbach) mentre il battaglione del 56° Reggimento fanteria da Val Rimbianco riesce a portarsi fin quasi alla confluenza con il fiume Rienza (Rienz), che scende dalle Tre Cime di Lavaredo.

Dal 17 al 20 luglio si rinnovano tenaci tentativi per proseguire nella avanzata; questi giorni di battaglia costano alla Brigata **Marche** dolorose perdite e cioè quasi 800 uomini messi fuori combattimento, fra i quali 87 morti, di cui 8 ufficiali.

Riposata ed riordinata in pochi giorni la Brigata, ai primi di agosto, col rinforzo dei battaglioni alpini *Cadore* e *Val Piave*, può compiere una brillante operazione offensiva di assestamento del fronte. L'ordine è di agire offensivamente dai piani di Lavaredo e di Cengia in direzione dei Monti Paterno e Oberbacher, per impadronirsi del valico di Toblingeer Riedel ed interrompere così le comunicazioni più dirette fra gli sbarramenti di Landro e di Sesto (Sexten). Occupate le posizioni di Monte Paterno, Monte Oberbacher e Sesto i reparti si affermano solidamente sul valico di Toblingeer ed occupano alcuni trinceramenti in Val Bacher. Il 19 agosto il comando della Brigata col 55° Reggimento fanteria si porta ad Auronzo a disposizione del IX Corpo d'Armata, mentre il 56° Reggimento fanteria rimane in regione Lavaredo, Polena e Giralba. Ai primi di settembre il I Battaglione del 55° Reggimento fanteria concorre, con i reparti della 10a divisione, all'attacco della cresta di Cima Vanscuro-Roteck. Seguono alcune settimane di calma, durante le quali i Reggimenti si alternano nel presidiare le linee avanzate, finché il 23 ottobre la 10a divisione inizia il suo trasferimento sulla fronte dell'Isonzo, dove la battaglia divampa senza sosta.

Sbarcati i Battaglioni alla stazione di San Giovanni di Manzano, la Brigata **Marche** si riunisce a Dobra il 29 ottobre ed il 30 si porta nel Vallone di Dol, subito dietro la vetta inespugnata del Sabotino, contro la quale fin dall'inizio si erano prodigati invano il valore ed il sangue dei nostri fanti.

Durante la 3a battaglia dell'Isonzo i due reggimenti della Brigata **Marche** muovono il 1 ed il 2 novembre all'assalto delle formidabili trincee, ma il micidiale fuoco nemico ne arresta lo slancio e li obbliga a sostare. Cadono sul campo più di 200 morti, fra cui 14 ufficiali e, attorno a loro, oltre 1100 feriti.

Nella successiva 4a battaglia dell'Isonzo la Brigata **Marche** si scinde. Il 55° Reggimento fanteria, messo alle dipendenze della Brigata *Livorno*, concorre ancora alle operazioni contro il Sabotino: in una prima fase e cioè dal 19 al 28 settembre 1915, con le sole azioni dimostrative di fuoco e di pattuglie; il giorno 29 invece, con un vero e proprio attacco che è costretto ancora una volta ad arrestarsi contro insormontabili difficoltà.

Il 56° Reggimento fanteria, intanto, è travagliato da una grave epidemia di gastro-enterite, ma nonostante i vuoti cagionati dal nemico e dal morbo, il suo valore combattivo non diminuisce; le file assottigliate si serrano fedeli attorno alla Bandiera del Reggimento, che, costituito in un solo battaglione, prende onorevole parte alle azioni nella zona di Oslavia.

Il 56° Reggimento fanteria si è ridotto ad un solo battaglione a causa di una grave epidemia di grastro-enterite. Nonostante l'enfasi con cui si riporta questo momento nella vita del reggimento, la situazione doveva apparire molto grave se un Reggimento, normalmente ordinato su quattro battaglioni, si riduce alla forza di uno.

Il 21 ed il 22, insieme ad altre truppe, concorre alla riconquista di alcune trincee che il nemico ci aveva strappate sulla quota 188. Successivamente, rimasto a presidio della posizione, resiste fieramente agli attacchi ed ai furiosi bombardamenti del nemico, fino al giorno 29, in cui passa in seconda linea.

Il 14 dicembre la Brigata intera si trasferisce nella zona di Meretto di Tomba, per riposare e riordinarsi.

ANNO 1916

a. permanenza in linea

- dal 12 febbraio al 5 giugno: in Albania. Settore est Cadrai-Sevaster
- dal 28 luglio all'8 agosto: basso Isonzo nel settore di Monfalcone
- dal 18 agosto al 19 settembre: Oppacchiasella
- dal 14 ottobre al 5 novembre: settore di Hudi Log
- dal 17 novembre al 31 dicembre Val Camonica ed Alta Valtellina.

b. permanenza in zona di riposo, lavori e trasferimenti.

- dal 1 gennaio all'11 febbraio: Meretto di Tomba, Udine
- dal 6 giugno al 27 luglio: trasferimento alla fronte Isonzo-Terzo, Cervignano
- dal 20 settembre al 13 ottobre: Ajello – Crauglio
- dal 6 al 16 novembre Palmanova e trasferimento a Edolo.

c. operazioni.

Nel primo semestre di quest'anno la Brigata **Marche** lascia la fronte italiana per essere trasferita a quella albanese. Il movimento viene eseguito in due scaglioni: primo a partire è il 55° Reggimento fanteria, che il giorno 5 febbraio inizia il movimento ferroviario per Taranto. Il 56° Reggimento fanteria rimane ancora nella zona di Meretto fino al 7 marzo, quando, alla sua volta, imbarcandosi per ferrovia a Pasian Schiavinesco, si trasferisce a Taranto, mentre il comando della brigata **Marche** cessa di funzionare, come tale, ed assume il comando della brigata *Volturno.*

Il 55° Reggimento sbarca a Valona l'11 febbraio ed il 16 dello stesso mese si trasferisce a Grnec, aggiungendosi alle truppe del 2° settore. Il 15 marzo, anche il 56° Reggimento fanteria giunge a Valona e la Brigata **Marche** può così nuovamente costituirsi alle dipendenze della 43a divisione. Le viene assegnato il settore est, Haderai, dove il 55° Reggimento fanteria occupa Grnee ed il 56° Reggimento fanteria, Sevaster.

Nei mesi in cui i reparti della Brigata **Marche** rimangono in Albania non si verificano avvenimenti notevoli, ma solo qualche scaramuccia e qualche azione di artiglieria.

Il 5 giugno cominciano le operazioni d'imbarco per rientrare in Italia; e già il 13 dello stesso mese il comando della Brigata ed il 56° Reggimento fanteria giungono a Terzo nei pressi di Cervignano. Nel frattempo un doloroso colpo si abbatté sul 55° Reggimento fanteria: i suoi reparti si erano imbarcati, per rimpatriare, sul piroscafo Principe Umberto; ma la sera dell'8 giugno, navigando nel basso Adriatico, molto insidiato da sommergibili nemici, esso viene da uno di questi colpito in pieno dai siluri. La nave affonda, trascinando seco nei gorghi 48 ufficiali e 1900 uomini di truppa.

Fig.40. Cartolina. 56° Reggimento Fanteria "Marche"

Fig.41. Cartolina. 56° Reggimento Fanteria "Marche"

Fig.42. Cartolina. 55° Reggimento Fanteria "Marche"

Fig.43. Cartolina. Cesare Colombo, Medaglia d'Oro al Valor Militare

Fig.44. Cartolina. 55° Reggimento Fanteria "Marche"

Fig.44. Cartolina. 56° Reggimento Fanteria "Marche"

ANNO 1917

a. permanenza in linea
- dal 1 gennaio al 31 dicembre: Val Camonica ed Alta Valtellina

b. permanenza in zona di riposo, lavori e trasferimenti.
(la permanenza in linea non è considerata così gravosa da alternarla con zone di riposo (n.d.a)

c. operazioni.
La brigata **Marche**, passata in una fronte montana assai più tranquilla, vi trascorre un anno intero, che può considerarsi per essa di riposo, specialmente quando sia messo a confronto delle vicende trascorse e delle prove date nei primi due anni di guerra. L'azione della Brigata si esplica, più che altro, con azioni di pattuglia e ricognizioni. A metà dicembre il 56° Reggimento è trasferito nelle Giudicarie, alle dipendenze della 6° divisione; il 23 dicembre occupa le nostre posizioni sul fianco meridionale della Val Daone. L'anno termina senza notevoli avvenimenti.

ANNO 1918

a. permanenza in linea
- dal 1 gennaio al 3 marzo: Val Camonica e Val Daone
- dal 10 marzo al 12 giugno: settore Serravalle Fortini (Ala)
- dal 16 luglio al 29 agosto: Regione del Grappa.

b. permanenza in zona di riposo, lavori e trasferimenti.
- dal 4 al 9 marzo: Pressi di Ideo. Trasferimento ad Ala
- dal 13 giugno al 15 luglio: Zona Dossobuono e Sommacampagna, Castelfranco, Bolzano Veneto
- dal 30 agosto al 4 novembre: S. Eulalia, Poianella (pressi di Bolzano Vicentino), Sandrigo (Vicenza), Trasferimento sull'Altipiano di Asiago

c. operazioni.
A metà gennaio il 56° Reggimento passa dalla Val Daone alla Val Camonica, lasciando le sue posizioni al 30° Reggimento fanteria, e viene così a riunirsi al 55° Reggimento a Vezza d'Oglio. Successivamente, cioè fino a fine febbraio, tutta la Brigata viene sostituita dal 7° Raggruppamento alpini, e si riunisce ad Iseo, donde per ferrovia raggiunge Ala, il 7 marzo, passando alle dipendenze della 27a divisione. Il 10 dello stesso mese assume la seguente dislocazione: 56° Reggimento fanteria settore Serravalle Fortini (fra Serravalle e quota 1225); il 55° Reggimento tra Ala e Sdrussinà, quale riserva del XXIX Corpo d'Armata. Nelle successive settimane i

due reggimenti si alternano nel settore provvedendo ad un normale servizio d'avamposti e di pattuglie ed a lavori di rafforzamento finché il 12 giugno sono sostituiti in linea dai Reggimenti della Brigata *Friuli*. Il 15 giugno la Brigata **Marche** è raccolta nella zona Dossobuono-Sommacampagna; in vista degli avvenimenti sul Piave, viene poi avvicinata a quella fronte di battaglia. Il 17 a Castelfranco, il 19 ad Istrana, il 20 passa in riserva a disposizione del Comando Supremo, a San Pelagio ed infine il 30 a Poianella. La battaglia del Piave è vinta senza che la Brigata abbia avuto occasione d'esservi impegnata. A metà di luglio i fanti della **Marche** ritornano in linea schierandosi sul Grappa. Primo a salire le pendici del monte è il 56° Reggimento che, sostituendo reparti della Brigata **Pesaro** si schiera con un battaglione sul rovescio dei Colli dell'Orso, uno a Ca' Bordignon ed uno a Colli Vecchi, alla dipendenza della 58a divisione. Segue il 55° Reggimento che il 22 luglio invia un battaglione in prima linea ai capisaldi 8,9,10 del Monte Grappa, passando agli ordini del Comando "Nocciolo Grappa". I1 12 agosto il comando della Brigata **Marche** assume il settore orientale del Grappa, dislocandovi i suoi battaglioni nella seguente maniera: 55° Reggimento, I Battaglione: cresta Grappa-Rivon; II Battaglione: rovescio quota 1555 e linea Croce di Lebì; III Battaglione: capisaldi 4,5,6 del Grappa; il 56° Reggimento ha i suoi battaglioni schierati sulle linee chiamate punto di appoggio A B e C del Grappa. I reparti sono impegnati nei servizi d'avamposti avvalorati da intenso e ardito movimento di pattuglie. I1 19 agosto un reparto del 56° Reggimento, con azione di sorpresa, occupa la posizione di quota 1457 e con poche ore di alacre lavoro la rafforza alacremente. Il nemico reagisce con fuoco di artiglieria, ma senza riuscire a smuovere i nostri fanti. I1 29 agosto avuto il cambio dalla Brigata Modena, i Reggimenti della **Marche** scendono in zona di riposo, accampando nelle vicinanze di S. Eulalia, si portano poi a Sandrigo per un periodo di speciale istruzione. L'ultima tappa della guerra viene compiuta sull'altipiano di Asiago; ma anche qui la Brigata non ha occasione di essere impegnata. Il 20 ottobre il 55° Reggimento si schiera sulla linea marginale di Campo Rossignolo a disposizione di una delle divisioni francesi operanti sulla fronte italiana, mentre il 56° Reggimento si disloca fra Villarolo e San Giacomo di Lusiana, colla 27a divisione, che è tutta a disposizione del Comando Supremo. Quivi rimangono fino ad armistizio concluso, il 4 novembre 1918.

3.3 Comandanti di Brigata e di Reggimento

Brigata:
Magg. Gen. FABBRI Augusto, dal 24 maggio 1915 al 26 ottobre 1915
Magg. Gen. AMADEI Giulio, dal 28 ottobre al 26 settembre 1915
Col. ROFFI Annibale, dal 24 al 30 novembre 1915 (ferito)

Magg. Gen. CITTADINI Arturo, dal 1 dicembre al 22 marzo 1916
Magg. Gen. AMADEI Giulio, dal 1 aprile al 18 maggio 1916
Col. Brig. GIANNUZZI SAVELLI Alfredo, dal 7 giugno '16 al 7 maggio '17
Col. Brig. RIGOBELLO Giulio, dal 13 luglio 1918 al 3 agosto 1918
Brig. Gen. LEFEBRE Camillo, dal 4 agosto 1918 al termine della guerra.

55°Reggimento:
Col. PARIGI Cesare, dal 24 maggio al 13 agosto 1915
Col. BOSELLI Casimiro, dal 7 settembre all'11 dicembre 1915
Col. PIANO Ernesto, dal 19 dicembre 1915 all'8 giugno 1917
(morto per siluramento piroscafo in rientro dall'Albania)
Col. SORZA Vittorio, dal 9 luglio 1916 al 27 agosto 1917
Col. MANZONI Carlo. dal 28 agosto 1917 al termine della guerra.

56° Reggimento
Ten. Col. PADOVIN Ermenegildo, dal 24 maggio al 9 agosto 1915
Col. GUADAGNI Camillo, dal 11 agosto 1915 al 23 dicembre 1915
Col. PONZI Vincenzo, dal 25 dicembre 1915 al 31 maggio 1917
Ten. Col. POZZI Oreste, dal 1 giugno 1917 al termine della guerra.

3.4 Ricompense Collettive

Alla Bandiera

La Brigata **Marche** non ha avuto ricompense alla Bandiera dei suoi due Reggimenti, il 55° ed il 56°.

Citazione sul Bollettino di Guerra del Comando Supremo

La Brigata Marche non è stata mai citata sul Bollettino di Guerra del Comando Supremo.

3.5 Ricompense individuali

Gli uomini della Brigata **Marche** hanno avuto le seguenti ricompense:

Militari decorati con Medaglia d'Oro al Valor Militare

55° Reggimento Fanteria

Capitano COLOMBO CESARE, da Milano

"Ricevuto l'ordine di procedere all'attacco di una posizione nemica, nel percorrere con la propria compagnia un camminamento, venne ferito ad una mano. Ciò nonostante continuò ad avanzare, incitando i suoi dipendenti a seguirlo. Ferito una seconda volta gravemente ad un ginocchio, si portò egualmente in prima linea col suo reparto, movendo poi con mirabile slancio all'assalto della posizione avversaria e, mentre al grido di "Savoia" incitava i propri dipendenti, cadeva colpito a morte. Fulgido esempio di fermezza e coraggio".
Monfalcone, 7 agosto 1916 ((Bollettino Ufficiale, del 24 aprile 1917. Dispensa 30)

Capitano EDMONDO MATTER, da Mestre (Venezia)
"Durante tutta la campagna compì numerose ed ardite imprese, dando costante e magnifica prova di sé: e una volta, benché ferito, non si ritrasse al combattimento. Il 26 settembre, alla presa di Oppacchiasella, con slancio e coraggio mirabili, precedeva la propria compagnia trascinandola all'attacco delle trincee avversarie e sotto il violento fuoco nemico riusciva con la sua salda fermezza a mantenere vivo lo spirito di sacrificio nei suoi uomini per tentare di aprire un margine attraverso le difese accessorie quasi intatte. Ferito gravemente, noncurante di sé, non cessava d'incitare i dipendenti e di impartire gli ordini per il proseguimento della difficile azione. Fulgido esempio di virtù militari, moriva poco dopo all'ospedale da campo volgendo serenamente il suo ultimo pensiero alla Bandiera ed ai suoi bravi soldati".
Schuluderbach, M. Piana, maggio-luglio 1915; Oppacchiasella, 16 settembre 1916 (Bollettino Ufficiale, del 1 novembre 1916. Dispensa 95)

56° Reggimento Fanteria

Sottotenente LUCINDO FAGGIN, da Padova
"In ogni circostanza fu sublime e fulgido esempio di coraggio e di alte virtù militari. Da maresciallo, ferito al viso durante un attacco, dopo medicato tornò al combattimento, incorando con nobili parole e con il suo ammirevole contegno i soldati a resistere ai contrattacchi nemici. Nominato ufficiale e non appena dimesso dal luogo di cura ove era stato ricoverato per la suddetta ferita, raggiunse il suo reparto, e benché colpito in due parti del corpo durante l'esecuzione di un servizio, rifiutò di recarsi in un luogo di cura. Il mattino successivo, precedendo il suo colonnello, al quale aveva dichiarato di far scudo del proprio corpo, sotto l'infuriare di un bombardamento avversario, investito dallo scoppio di uno shrapnel, cadde nuovamente e più gravemente ferito alla testa. Trasportato all'ospedale ed impossibilitato a parlare, chiedeva per iscritto del suo colonnello e dell'esito dell'assalto. Ventiquattr'ore dopo serenamente spirava".
Monfalcone, 4 agosto 1916; Oppacchiasella Nova Vas, 1 novembre 1916 (Bollettino Ufficiale, del 24 aprile 1917. Dispensa 30)

Militari decorati con Medaglia d'Argento al Valor Militare

Medaglia d'Argento
55° Reggimento Fanteria: Ufficiali n. 24 – Truppa n. 17
56° Reggimento Fanteria: Ufficiali n. 19 – Truppa n. 4

Militari decorati con Medaglia di Bronzo al Valor Militare

Medaglia di Bronzo
55° Reggimento Fanteria: Ufficiali e Truppa n. 53
56° Reggimento Fanteria: Ufficiali e Truppa n. 51

Militari Decorati con l'Ordine Militare di Savoia

Comando Brigata
AUGUSTO FABBRI, tenente generale, conferimento del grado di *ufficiale*,
M. Paterno-Oberbaker-Sexten Stei: 7-19 agosto 1915
EUGENIO LOMBARDI, colonnello, conferimento del grado di *ufficiale*,
Alture di Flondar, 18-24 agosto 1917.

3.6 *Le Perdite: Caduti, Feriti, Dispersi*

55° Reggimento

ANNO 1915
Settore: Cadore (3 giugno – 21 luglio)
Ufficiali: *Caduti 5, Feriti 6, Dispersi 0.*
Truppa: *Caduti 50, Feriti 388, Dispersi 12.*
Settore: Cadore – Ansiei (3 agosto – al 6 settembre)
Ufficiali: *Caduti 1, Feriti 5, Dispersi 0.*
Truppa: *Caduti 33, Feriti 182, Dispersi 10.*

Settore: 3a Battaglia dell'Isonzo (1 -12 novembre)
Ufficiali: *Caduti 6, Feriti 18, Dispersi 0.*
Truppa: *Caduti 182, Feriti 684, Dispersi 0.*

Settore: 4a Battaglia dell'Isonzo (18 novembre – 3 dicembre)
Ufficiali: *Caduti 2, Feriti 8, Dispersi, 0.*
Truppa: *Caduti 20, Feriti 148, Dispersi 7.*

Settore: Monte Sabotino (6 – 14 dicembre)
Ufficiali: *Caduti 0, Feriti 1, Dispersi 0.*
Truppa: *Caduti 8, Feriti 19, Dispersi 3.*

Totale anno 1915:
Ufficiali: Caduti 14, Feriti 38, Dispersi 0.
Truppa: Caduti 293, Feriti 1401, Dispersi 32.

ANNO 1916

Settore: Siluramento del piroscafo Umberto I (8 giugno)
Ufficiali: *Caduti 48, Feriti 0, Dispersi, 0.*
Truppa: *Caduti 1900, Feriti 0, Dispersi 0.*

Settore: Basso Isonzo (28 giugno – 5 agosto)
Ufficiali: *Caduti 0, Feriti 0, Dispersi 0.*
Truppa: *Caduti 3, Feriti 12, Dispersi 0.*

Settore: 6a Battaglia dell'Isonzo (6-8 agosto)
Ufficiali: *Caduti 2, Feriti 6, Dispersi 0.*
Truppa: *Caduti 0, Feriti 90, Dispersi 0.*

Settore: Oppachiasella (15 agosto – 13 settembre)
Ufficiali: *Caduti 1, Feriti 6, Dispersi 0.*
Truppa: *Caduti 25, Feriti 192, Dispersi 29.*

Settore: 7a Battaglia dell'Isonzo (14 – 19 settembre)
Ufficiali: *Caduti 5, Feriti 8, Dispersi 0.*
Truppa: *Caduti 32, Feriti 278, Dispersi 94.*
Settore: Hudi-Log (14 – 30 ottobre)
Ufficiali: *Caduti 1, Feriti 0, Dispersi 0.*
Truppa: *Caduti 1, Feriti 10, Dispersi 0.*

Settore: 9a Battaglia dell'Isonzo (31 ottobre – 5 novembre)
Ufficiali: *Caduti 4, Feriti 6, Dispersi 2.*
Truppa: *Caduti 120, Feriti 795, Dispersi 504.*

Settore: Val Camonica (17 novembre – 31 dicembre)
Ufficiali: *Caduti 1, Feriti 0, Dispersi 0.*
Truppa: *Caduti 6, Feriti 2, Dispersi 0.*

Totale anno 1916:
Ufficiali: Caduti 62, Feriti 26, Dispersi 2.
Truppa: Caduti 2087, Feriti 1379, Dispersi 627.

ANNO 1917
Settore: Val Camonica (1 gennaio – 31 dicembre)
Ufficiali: *Caduti 2, Feriti 1, Dispersi, 0.*
Truppa: *Caduti 30, Feriti 51, Dispersi 50.*

Totale anno 1917:
Ufficiali: Caduti, 2, Feriti 1, Dispersi 0.
Truppa: Caduti 30, Feriti 51, Dispersi 50.

ANNO 1918
Settore: Serravalle (10 marzo – 12 giugno)
Ufficiali: *Caduti 0, Feriti 0, Dispersi 0.*
Truppa: *Caduti 4, Feriti 15, Dispersi 0.*

Settore: Monte Grappa (16 luglio – 29 agosto)
Ufficiali: *Caduti 0, Feriti 0, Dispersi 0.*
Truppa: *Caduti 6, Feriti 37, Dispersi 0.*

Totale anno 1918:
Ufficiali: Caduti 0, Feriti 0, Dispersi 0.
Truppa: Caduti 6, Feriti 37, Dispersi 0.

56° Reggimento

ANNO 1915

Settore: Cadore (3 giugno – 21 luglio)
Ufficiali: *Caduti 3, Feriti 6, Dispersi 1.*
Truppa: *Caduti 29, Feriti 128, Dispersi 127.*

Settore: Cadore – Ansiei (3 agosto – al 6 settembre)
Ufficiali: *Caduti 5, Feriti 0, Dispersi 2.*
Truppa: *Caduti 1, Feriti 2, Dispersi 4.*

Settore: 3a Battaglia dell'Isonzo (1 -12 novembre)
Ufficiali: *Caduti 8, Feriti 17, Dispersi 0.*
Truppa: *Caduti 20, Feriti 410, Dispersi 91.*

Settore: 4a Battaglia dell'Isonzo (18 novembre – 3 dicembre)
Ufficiali: *Caduti 6, Feriti 16, Dispersi 2.*
Truppa: *Caduti 162, Feriti 415, Dispersi 450.*

Settore: Monte Sabotino (6 – 14 dicembre)
Ufficiali: *Caduti 0, Feriti 0, Dispersi 0.*
Truppa: *Caduti 0, Feriti 0, Dispersi 0.*

Totale anno 1915:
Ufficiali: Caduti 22, Feriti 30, Dispersi 5.
Truppa: Caduti 212, Feriti 955, Dispersi 672.

ANNO 1916
Settore: Siluramento del piroscafo Umberto I (8 giugno)
Ufficiali: *Caduti 0, Feriti 0, Dispersi, 0.*
Truppa: *Caduti 0, Feriti 0, Dispersi 0.*

Settore: Basso Isonzo (28 giugno – 5 agosto)
Ufficiali: *Caduti 8, Feriti 12, Dispersi 0.*
Truppa: *Caduti 101, Feriti 556, Dispersi 358.*

Settore: 6a Battaglia dell'Isonzo (6-8 agosto)
Ufficiali: *Caduti 2, Feriti 8, Dispersi 2.*
Truppa: *Caduti 42, Feriti 327, Dispersi 29.*

Settore: Oppachiasella (15 agosto – 13 settembre)
Ufficiali: *Caduti 1, Feriti 2, Dispersi 0.*
Truppa: *Caduti 18, Feriti 148, Dispersi 1.*

Settore: 7a Battaglia dell'Isonzo (14 – 19 settembre)
Ufficiali: *Caduti 9, Feriti 29, Dispersi 2.*
Truppa: *Caduti 61, Feriti 765, Dispersi 232.*

Settore: Hudi-Log (14 – 30 ottobre)
Ufficiali: *Caduti 2, Feriti 2, Dispersi 0.*
Truppa: *Caduti 17, Feriti 170, Dispersi 0.*

Settore: 9a Battaglia dell'Isonzo (31ottobre – 5 novembre)
Ufficiali: *Caduti 8, Feriti 10, Dispersi 0.*
Truppa: *Caduti 68, Feriti 503, Dispersi 68.*

Settore: Val Camonica (17 novembre – 31 dicembre)
Ufficiali: *Caduti 0, Feriti 0, Dispersi 0.*
Truppa: *Caduti 6, Feriti 8, Dispersi 0.*

Totale anno 1916:
Ufficiali: Caduti 28, Feriti 63, Dispersi 4.
Truppa: Caduti 313, Feriti 2477, Dispersi 588.

ANNO 1917
Settore: Val Camonica (1 gennaio – 31 dicembre)
Ufficiali: *Caduti 0, Feriti 0, Dispersi 0.*
Truppa: *Caduti 21, Feriti 27, Dispersi 2.*

Totale anno 1917:
Ufficiali: Caduti 0, Feriti 0, Dispersi 0.
Truppa: Caduti 21, Feriti 27, Dispersi 2.

ANNO 1918
Settore: Serravalle (10 marzo – 12 giugno)
Ufficiali: *Caduti 1, Feriti 0, Dispersi 0.*
Truppa: *Caduti 7, Feriti 6, Dispersi 1.*

Settore: Monte Grappa (16 luglio – 29 agosto)
Ufficiali: *Caduti 0, Feriti 0, Dispersi 0.*
Truppa: *Caduti 1, Feriti 6, Dispersi 0.*

Totale anno 1918:
Ufficiali: Caduti 1, Feriti 0, Dispersi 0.
Truppa: Caduti 8, Feriti 12, Dispersi 1.

RIEPILOGO GENERALE DELLE PERDITE DELLA **Brigata Marche**

Anno 1915
Ufficiali: *Caduti 36, Feriti 77, Dispersi 2.*
Truppa: *Caduti 586, Feriti 2802, Dispersi 64.*

Anno 1916
Ufficiali: *Caduti 90, Feriti 89, Dispersi 6.*
Truppa: *Caduti 2400, Feriti 3856, Dispersi 1215.*

Anno 1917
Ufficiali: *Caduti 2, Feriti 1, Dispersi 0.*
Truppa: *Caduti 51, Feriti 78, Dispersi 52.*

Anno 1918
Ufficiali: *Caduti 1, Feriti 0, Dispersi 0.*
Truppa: *Caduti 14, Feriti 49, Dispersi 1.*

*Nel corso della guerra la Brigata **Marche** ebbe 129 Ufficiali Caduti, 167 Feriti e 11 Dispersi. Tra i Militari di Truppa si ebbero 2988 Caduti, 5992 Feriti e 1978 Dispersi. In totale le perdite ammontarono a 11265 uomini*

CAPITOLO 4
LA BRIGATA ANCONA

(69° Reggimento, 70° Reggimento)

4.1 Sintesi Storica. ¤ *4.2 Impiego: anno 1915, 1916, 1917, 1918.* ¤
4.3 Comandanti di Brigata e di Reggimento. ¤ *4.4 Ricompense Collettive.* ¤
4.5 Ricompense individuali. ¤ *4.6 Le Perdite: Caduti, Feriti, Dispersi.* ¤

Fig.45. Brigata Ancona. Medaglie commemorative della Brigata

4.1 Sintesi Storica

La Brigata **Ancona** era composta dal 69° e 70° Reggimento fanteria. Il 69° Reggimento fanteria "*Ancona*", di cui non si è riusciti a trovare il motto, fu costituito in Alessandria il 1 agosto 1862 con elementi del 6° Deposito provvisorio di Sicilia e con due compagnie dei Reggimenti di fanteria destinato a formarlo, di cui non si è riusciti a trovare la denominazione. Fece parte della Brigata **Ancona** di nuova formazione fino allo scioglimento delle Brigate permanenti (1862-1870) e nel 1871 assunse la denominazione di "*69° Reggimento fanteria (Ancona)*", concorrendo nel 1881, alla costituzione della Brigata *Palermo*, confermando le sue origini costitutive siciliane. Prese parte alla terza guerra di indipendenza; partecipò con la sua 12a compagnia alla spedizione in Cina del 1900, a Tien Sin, partecipando, quindi, alle azioni dei reparti internazionali nella guerra dei Boxer.

Concorse alla formazione dei battaglioni *d'Africa* del Corpo di operazione per la guerra Italo-etiopica del 1896-98. Ebbe larga parte nella mobilitazione di tre reggimenti per la guerra Italo-turca del 1911-1912.

Il 70° Reggimento fanteria "*Ancona*" aveva come motto "in arduis rebus virtus", e si costituì, come il suo gemello, il 1 agosto 1862, e le vicende sono similari fino al 1881, e concorse alla formazione della Brigata con l'ordinamento di quell'anno. Partecipò alla terza guerra d'indipendenza, e concorse con sue unità minori alla formazione dei battaglioni d'Africa per la guerra Italo-etiopica del 1896-98 e per la guerra di Libia del 1911-12.

Entrambi avevano come stemma quello della città di Ancona, il guerriero a cavallo con il tridente di casa d'Angiò.[1]

Nel 1915 la sede dei reggimenti in pace era, per il 69° Reggimento fanteria, ed il 70° Reggimento fanteria, Firenze. I Distretti di reclutamento erano: Ascoli Piceno, Bergamo, Campagna, Catania, Gaeta, Orvieto, Torino, Treviso.

La Brigata svolse le operazioni dal 1915 al 1918.

4.2 Impiego: anno 1915, 1916, 1917, 1918

ANNO 1915

a. permanenza in linea:

- dal 24 maggio al 31 luglio: Val Padola, Val Visdende (alto Piave), Monte Croce

[1] Ministero della Guerra, *Calendario Regio Esercito, XVII -1939 - XVIII*, a cura del S.I.M. (Servizio Informazioni Militari), Edizioni Luigi Alfieri, Milano, 1938.

- dal 1 agosto al 22 ottobre: Beim, Feichten, Monte Seikofl, Padola
- dal 7 novembre al 31 dicembre: Pri Fabrisu, Oslavia, Peuma

b. permanenza in zona di riposo, lavori e trasferimenti:
- dal 23 al 27 ottobre: San Giovanni di Manzano
- dal 28 ottobre al 6 novembre: tra Villanova sul Judrio, Subida, Medana, Pradis, Valisella

c. operazioni
La Brigata **Ancona**, lasciata la sede di Firenze alla metà di aprile, si trovava allo scoppio delle ostilità nell'alto Cadore (Val Padola – Val Visdende) con elementi avanzati a Passo di Monte Croce di Comelico ed ai passi dell'alta Val Padola, alle dipendenze della 10a Divisione. Dal 24 maggio fino alla metà di giugno il nemico tende alla occupazione dei passi e di alcuni tratti di confine, ma i nostri reparti avanzati, pur tra gravi difficoltà e sostenendo anche aspri combattimenti vi si mantengono. In agosto vengono iniziate le operazioni contro lo sbarramento di Sesto (Sexsten): il 70° Reggimento, concorre all'azione puntando il 4 agosto contro gli obiettivi Seikofl – Beim Feichten e riesce a guadagnare alquanto terreno. Il 6 settembre, in un altro attacco contro il Seikofl viene tentato con il concorso di cinque compagnie del 69° Reggimento, ma il fuoco violento nemico impedisce qualsiasi progresso. A metà ottobre la Brigata riceve il cambio ed il 29, da Calalzo, inizia per ferrovia il movimento per trasferirsi sulla fronte dell'Isonzo. I1 7 novembre entra in linea di fronte alle posizioni nemiche di Oslavia e del Peuma, alla dipendenza della 11a divisione, per partecipare alla 4 battaglia dell'Isonzo (10 novembre – 5 dicembre 1915).

I1 10 novembre la Brigata **Ancona** attacca, con il 69° Reggimento, le posizioni del Peuma e, col 70° Reggimento, quelle di Oslavia: la reazione del nemico, con violentissimo fuoco, non permette di realizzare che qualche lieve progresso verso quota 160 del Peuma. Il giorno 12 il 70° Reggimento fanteria rinnova l'attacco e riesce a penetrare fra i ruderi di Oslavia, ma all'alba del giorno successivo il nemico, preceduto da una poderosa preparazione di artiglieria, contrattacca costringendo i reparti del 70° Reggimento ad indietreggiare. Dopo un breve periodo di riordinamento nella zona di Cerovo, reso indispensabile dalle gravissime perdite sofferte (oltre 3200 uomini fuori combattimento dei quali 72 Ufficiali) il 30 novembre la Brigata **Ancona** ritorna in prima linea nello stesso settore, tentando fino al 5 dicembre nuovi attacchi contro le formidabili posizioni del Peuma e di Oslavia ma con scarsi risultati. Alla fine di dicembre, ricevuto il cambio, si trasferisce nei pressi di Valerisce.

Fig.46. Cartolina. 69° Reggimento Fanteria "Ancona"

Fig.47. Cartolina. 69° Reggimento Fanteria "Ancona"

69° REGG. FANTERIA

Cartolina postale italiana in franchigia

CORRISPONDENZA DEL R. ESERCITO

POSTA MILITARE DIVISIONE 11.SET.15

Al

Gustavo

INDIRIZZO DEL MITTENTE

Cognome e Nome

Grado Soldato

Reggimento 69° fanteria

Compagnia Comando

Riparto speciale

Prov. di

Fig.48. Cartolina Postale. 69° Reggimento Fanteria "Ancona"

CARTOLINA POSTALE IN FRANCHIGIA

69° REG

UFFICIO POSTA MILITARE -8 10 15 DIVISIONE

INDIRIZZO DEL MITTENTE DA RIPRODURRE NELLE RISPOSTE

COGNOME E NOME

GRADO

REGGIMENTO

COMPAGNIA

RIPARTO SPECIALE

Fig.49. Cartolina Postale. 69° Reggimento Fanteria "Ancona"

Fig.50. Cartolina. 70° Reggimento Fanteria "Ancona"

Fig.51. Cartolina. 70° Reggimento Fanteria "Ancona"

Fig.52. Cartolina. 69° Reggimento Fanteria "Ancona"

Fig.53. Cartolina. 70° Reggimento Fanteria "Ancona"

Fig.54. Cartolina. Brigata "Ancona"

Fig.55. Cartolina. Brigata "Ancona"

Fig.56. Cartolina. Edmondo Matter, Medaglia d'Oro al Valor Militare

ANNO 1916

a. permanenza in linea:

- dal 7 al 10 maggio, Malga Piovena, Campoluzzi di Mezzo, quota 1604, Malga Zolle, Seghe di Velo sottosettore di Monte Maronia, Trincee di Pioverna Alta
- al 11 al 20 maggio: settore di Monte Maronia – Alto Astico
- dal 31 maggio al 2 giugno: pendici di Monte Summano-strada Piovene Schio, Contrada Maggiore, Rocchette, Linea del17Astico, da Coglio al Ponte di Caltrano
- dal 3 al 21 giugno: falde sud del Novegno, Monte Giove
- dal 27 giugno al 31 dicembre. Vallarsa, settore Pasubio, M. Corno, Altipiano Col Santo.

b. permanenza in zona di riposo, lavori e trasferimenti:

- dal 1 gennaio al 28 aprile: tra Pradamano, Valerisce, Turriaco, Villesse
- dal 19 al 28 aprile: tra Zompicchia, Beano, Pozzecco, Nespoledo, Villacaccia
- dal 29 aprile al 6 maggio: Arsieri, Seghe di Velo, Caltrano
- dal 21 al 30 maggio: Lugo di Vicenza, Salcedo, Calvene, sinistra dell'Astico, Maglio, Isola Vicentina, Thiene, Carrè, Chiuppano.

c. operazioni:

Alla fine di aprile, dopo un lungo periodo di riordinamento e d'istruzione, la Brigata **Ancona** è trasferita nel Trentino e l'11 maggio si trova schierata nel settore di Monte Maronia (alto Astico) alle dipendenze della 35a divisione. Pochi giorni dopo incomincia l'offensiva austriaca nel Trentino: il 15 maggio, dopo violentissimo bombardamento, il nemico attacca ed occupa Costa d'Agra, tenuta dal III battaglione del 69° Reggimento, ed il giorno successivo anche Monte Maronia. La Brigata **Ancona** ripiega allora gradatamente, sempre fronteggiando il nemico fino nei pressi di Malaga Azaron. Il 21 viene inviata nei pressi di Thiene per riordinarsi, date le gravi perdite sofferte. Ai primi di giugno la Brigata **Ancona**, completamente ricostruita, si schiera in seconda linea fra Malga Pianeti e Cerbaro (falde sud del Novegno); il 12 giugno il 69° Reggimento fanteria ed un battaglione del 70° Reggimento sono inviati in prima linea a Monte Giove, ove nei giorni 12 e 13 strenuamente resistono, a prezzo di forti perdite, agli attacchi del nemico. I1 23 giugno, dopo un breve periodo di riposo nei pressi di Schio, la Brigata **Ancona** si trasferisce nel settore del Pasubio, alle dipendenze della 44a divisione. Ivi partecipa alla nostra controffensiva, avanzando in Vallarsa fino a Valmorbia, di fronte al forte Pozzacchio e concorrendo alla riconquista di Monte Trappola. Il 10 luglio il battaglione alpini Vicenza, col concorso del I Battaglione del 69° Reggimento, tenta da Monte Trappola la riconquista di Monte Corno, ma dopo un primo successo, il nemico, con un violento contrattacco, ricaccia i nostri. La Brigata **Ancona** rimane nelle stesse posizioni, sostenendo piccole azioni locali di scarsa importanza, nei mesi di agosto e settembre; il 9 ottobre partecipa all'offensiva per la riconquista dell'altipiano del Col Santo attaccando dalla Vallarsa, ma l'azione si trascina penosamente fino al 13 ottobre senza risultati tangibili. Sopraggiunto il periodo invernale, i due Reggimenti si alternano fra le prime linee e la zona di riposo Speccheri-Raossi

ANNO 1917

a. permanenza in linea:

- dal 1 al 26 gennaio: Vallarsa, Settore Pasubio, Monte Corno
- dal 2 marzo al 25 maggio. Vallarsa, Monte Corno, Mattassone
- dal 28 maggio a11'8 giugno: Monte Sei Busi, Quota 144, Quota 146 e Quota 145 presso Flondar
- dal 20 luglio al 15 agosto: settore di Wolkowniak
- dal 27 agosto al 6 dicembre: Fajti
- dal 7 al 3 1 dicembre: linea marginale dell'Altipiano di Asiago, fra Monte Mazzè e Monte Corno

b. permanenza in zona di riposo, lavori e trasferimenti:

- dal 27 gennaio al l marzo: Valdagno- Recoaro
- il 26 maggio: Schio
- il 27 maggio: Villa Vicentina

- dal 9 giugno al 19 luglio: tra Fauglio e Baguaria, Maiano, Medea, tra Boschin e Fratta
- dal 16 al 26 agosto: fra Romana e Versa
- dal 7 settembre al 14 ottobre: Borgano, Zona di Sdraussina
- dal 30 ottobre al 6 dicembre: San Giorgio, Spercenigo, Gorgo al Monticano, Preganzol, Noale, Portogruaro, Arsego

c. operazioni:
Fino al maggio la Brigata **Ancona** rimane nel settore del Pasubio, inviando alternativamente i Reggimenti a riposo nella zona fra Valdagno e Recoaro. I1 26 maggio dalla stazione di Schio parte in ferrovia per Villa Vicentina e subito dopo si schiera sull'altipiano Carsico (linea Flondar) col 69° Reggimento fanteria ed il I battaglione del 70° Reggimento alle dipendenze della 20a divisione, mentre è in corso la 10a battaglia dell'Isonzo (12 maggio – 8 giugno); successivamente sono chiamati in linea anche gli altri battaglioni del 70° Reggimento. Gli assalti alle posizioni ad est di Flondar, benché ripetuti con accanimento fino al 6 giugno, a costo di gravi sacrifici (circa 3000 uomini messi fuori combattimento, dei quali 92 Ufficiali) non consentono che lievi progressi.

11 9 la Brigata **Ancona** viene ritirata a San Canziano e posta alle dipendenze della 34a divisione. Fra il 20 luglio ed il 15 agosto compie un periodo di trincea sul Volkowniak, alla dipendenza della 63a divisione; il 27 agosto, dopo un breve periodo di riposo fra Romans e Versa torna in linea sul Fajti, colla 54a divisione, fino al settembre, allorché viene inviata a riposo nei pressi di Gradisca.

Da 15 ottobre essa si trova colla 58a divisione, in prima linea nel settore del Fajti, allorché si manifesta la grande offensiva austro-ungarica (24 ottobre-26 dicembre). Dopo violento bombardamento, seguono nei giorni 24 e 25 attacchi di piccoli reparti, sempre respinti; ma il 26 il nemico attacca con forze soverchianti, preceduto da un nuovo bombardamento di estrema violenza: il 70° Reggimento fanteria, schierato in prima linea, oppone strenua resistenza, sacrificandosi sul posto. I1 69° Reggimento fanteria, meno duramente provato dal bombardamento, cerca tenacemente di fronteggiare la pressione nemica e fino al 27 resiste, ma la situazione della 2a Armata esige il ripiegamento anche delle truppe del Carso e nella notte sul 28 il 69° Reggimento fanteria, ridotto a circa 600 uomini, raccolti i superstiti del 70° Reggimento inizia ordinatamente la ritirata. La Brigata, per Sdraussina e Gradisca, giunge a San Vito al Torre, e prosegue verso il Tagliamento, che oltrepassa sul ponte della Delizia. Il 2 novembre si trasferisce nei pressi di Padova, per ricostituirsi; il 7 novembre è ad Arsego, alla dipendenza della 7a divisione. Il 7 dicembre, completamente ricostituita, la Brigata **Ancona** prende posizione sul1'Altipiano di Asiago, ed occupa la seconda linea difensiva, così detta "Marginale" schierandosi *tra Monte Mazzè e Monte Corno.*

ANNO 1918

a. permanenza in linea
- dal 1 al 28 gennaio: Altipiano di Asiago, linea marginale
- dal 29 gennaio al 24 marzo: Campo Rossignolo, Osteria della Rocchetta, Cima Cuschietto, Va1 Bella, Col del Rosso, Monte Melago, Trincee di quota 1232
- dal 16 giugno al 13 luglio: zona del Sile: San Michele del Quarto, Porte Grandi, Zenson, Monastir, San Piero Novello, Madonna del Vallio, Ansa del Gonfo
- dal 22 settembre al 4 novembre: Va1 Brenta, Grotella, Canale di Brenta, Spitz, Cismon, Tezze, Costa Alta, Borgo, Roncegno

b. permanenza in zona di riposo, lavori e trasferimenti.
- dal 25 marzo al 15 giugno: Vigodarzere, Villafranca padovana, Zona di Mestre, Marcon
- dal 14 luglio al 1 settembre: nei pressi di Preganzo (Treviso)
- dal 2 al 21 settembre: est di Vicenza

c. operazioni.
Alla fine di gennaio la Brigata **Ancona** si trasferisce in prima linea nel tratto Monte Valbella – Monte Costalunga e vi rimane fino al 24 marzo; riceve quindi il cambio ed il 5 aprile si trasferisce nei pressi di Villafranca Padovana ove trascorre un periodo di esercitazione fino ai primi di giugno allorché, in previsione dell'offensiva nemica, nelle notti sul 3 e 4 giugno si sposta nei pressi di Mestre e nei giorni successivi compie ricognizioni nelle linee difensive già preparate sui torrenti Sile, Vallio e Meolo.

Il mattino del 15 giugno ha inizio l'attacco nemico; il 17 la Brigata **Ancona** si riunisce fra Monastir e Rovarè, per contrattaccare in direzione di Zenson, ove la prima linea è stata sfondata. Nella sera del 17 i reparti riescono a spazzare il terreno dalle numerosissime infiltrazioni nemiche; il 18 l'avanzata prosegue, col 70° Reggimento fanteria da Rovaré e col 69° Reggimento, giunto a San Pietro Novello, raggiunge il canale Palumbo. Nelle giornate del 19 e 20 la lotta continua con alterna vicenda di attacchi e contrattacchi: il nemico, però, non può realizzare altri progressi; nuovi suoi tentativi di attacco sono respinti nei giorni 21 e 22, ma al mattino del 23 gli Austriaci, non potendo più reggere alla nostra pressione, iniziano la ritirata. I reparti della Brigata Ancona, benché esausti per la lunga lotta e le forti perdite (oltre 1000 uomini fuori combattimento dei quali 52 Ufficiali), incalzano in direzione della fronte Ronchi-Fossalta. Casa Gradenigo, catturando 800 prigionieri. Il 24 maggio la fronte del Piave è completamente rioccupata e la Brigata **Ancona** si schiera sul tratto Ansa di Lampol- Ansa di Gonfo, ove rimane fino al 13 luglio; si disloca quindi nei pressi di Preganziol (Treviso) per riordinarsi. In settembre essa è trasferita nei pressi di

Vicenza ed il giorno 22 entra in linea a cavaliere della Val Brenta, sulla fronte Ghiara- Costone di La Grottella. Ivi si trova durante la battaglia di Vittorio Veneto (24 ottobre – 4 novembre). Il 31 ottobre quando la battaglia è già in pieno sviluppo su tutta la fronte, la Brigata **Ancona** inizia l'avanzata in Val Brenta, superando, dopo vivace lotta, gli sbarramenti di fondo valle ad affacciandosi sull'orlo dello Spitz (sponda destra del Brenta); mentre l'azione continua incalzante, viene oltrepassato Cismon ed il 2 novembre il 69° Reggimento giunge a Tezze. Ricevuto l'ordine di raccogliersi in fondo valle e puntare su Borgo, la sera del 3, vinte le ultime resistenze nemiche in prossimità di Ospedaletti, i reparti giungono a Borgo. Il mattino del 4 novembre è ripartita la marcia e la Brigata **Ancona** raggiunge le pendici meridionali del M. Panarotta; nella giornata stessa, per il sopravvenuto armistizio, cessano le ostilità.

4.3 *Comandanti di Brigata e di Reggimento*

Brigata:
Magg. Gen. MEOMARTINI Pasquale, dal 24 maggio 1915 al 20 giugno 1915.
Magg. Gen. MOLA Ferruccio, dal 21 giugno al 9 settembre 1915
Col. Brig. PORTA Ugo, dal 15 settembre al 14 novembre 1915
Magg. Gen. CORRADO Adolfo, dal 30 novembre 1915 al 23 maggio 1916
Col. Brig. BONGIOVANNI Luigi, dal 24 maggio al 27 agosto 1916
Col. Brig. MATTEI Alfonso, dal 28 agosto 1916 al 17 luglio 1917
Brig. Gen. ZANCHI Giulio, dal luglio 1917 al termine della guerra.

69°Reggimento:
Col. FERRARI DI ORSARA E DI CASTELNUOVO BORMIDA Teodoro, dal 24 maggio al 14 settembre 1915
Ten. Col. RIGONELLO Giulio, dal 16 settembre 1915 al 3 giugno 1916
Ten. Col. PAGAZZANO Erasmo, dal 4 giugno al 17 luglio 1917
Col. NICOTRA Salvatore, dal 18 luglio al 12 settembre 1917
Col. VALENTINI Emilio, dal 12 settembre 1917 al termine della guerra.

70° Reggimento
Col. GUADAGNI Paolo, dal 24 maggio al 24 agosto 1915
Col. GIOPPI Antonio, dal 23 agosto 1915 al 1 maggio 1916
Col. MAGLIOLO Angelo, dal 2 al 23 maggio 1916
Ten. Col. PAGLIARULO Francesco, dal 24 maggio 1916 al 12 giugno 1917
Ten. Col. SUSANNA Eugenio, dal 13 giugno al 27 dicembre 1917
Col. SORIA Leopoldo, dal 28 dicembre 1917 al 18 giugno 1918
Ten. Col. GARIO Ettore dal 19 giugno al termine della guerra.

4.4 *Ricompense Collettive*

La Brigata **Ancona** ha avuto le seguenti ricompense:

Alla Bandiera

Medaglia d'Argento
Alla Bandiera del 69° Reggimento Fanteria:
"Resistendo con invitto animo e col sacrificio di un terzo dei suoi uomini a furioso bombardamento, e contrattaccando poi con irresistibile slancio, infrangeva il disperato proposito del nemico, anelante ad aprirsi la strada verso la pianura Vicentina (Monte Giove del Novegno, 12-13 giugno 1916). Riaffermava le sue belle virtù guerriere ed il suo alto spirito di sacrificio a Monte Corno (Vallarsa), lottando disperatamente per adempiere un mandato tattico da cui dipendeva l'azione risolutiva di altri reparti (settembre-ottobre 1916). Preposto alle difese del Fajti, in fiere giornate di cruenta battaglia, con ardore e tenacia memorabili e con generoso tributo si sangue, oppose eroica resistenza e formidabile urto nemico".[2]
Fajti, 24-27 ottobre 1917.

Medaglia di Bronzo
Alla Bandiera del 70° Reggimento Fanteria
"Con valore ed elevato spirito di sacrificio non diminuiti dalle notevoli perdite, tenne, per più giorni, fieramente impegnato l'avversario in una lotta aspra e tenace, assolvendo brillantemente il suo compito di cooperare all'azione risolutiva di altri reparti".[3]
Monte Spill – quota 1755, Vallarsa, 10-13 settembre, 9-13 ottobre, 20 ottobre 1916

Citazione sul Bollettino di Guerra del Comando Supremo

La Brigata **Ancona** è stata citata sul Bollettino di Guerra del Comando Supremo n. 1262 del 1 novembre 1918 ore12.

"La battaglia continua e si estende. L'avversario mantiene intatta la resistenza dallo Stelvio all'Astico: vacilla sull'altipiano di Asiago, è in rotta sul rimanente fronte protetto più dalle numerosi interruzioni stradali che dalle retroguardie irresistibilmente travolte dalle nostre truppe che si lanciano entusiaste al veloce inseguimento. Batterie nostre, portate rapidamente avanti, ed artiglierie catturate battono intensamente l'avversario sfruttando tutta la gittata dei loro cannoni.

Le divisioni di cavalleria, annientate resistenze nemiche sulla Livenza e ristabiliti i passaggi, marciano al Tagliamento.

La 6a Amata, entrata ieri in azione con la brillantissima avanzata della Brigata Ancona

[2]Bollettino Ufficiale del 5 giugno 1920. Dispensa 47.
[3]Bollettino Ufficiale del 5 giugno 1920. Dispensa 47.

(69° Reggimento e 70° Reggimento) in fondo al val Brenta,4 ha fortemente attaccato l'avversario su tutto il fronte.

La 4a Armata è padrona della depressione di Fonzaso. La Brigata Bologna (39° Reggimento e 40° Reggimento) alle ore 18,30 di ieri sera è entrata a Feltre.

La 12a Armata, sboccata nella stretta di Quero e dai monti si collega al Piave colla 4a e 8a Armata.

L'8a Armata, scesa nella valle del Piave a sud di Belluno, ha reparti impegnati alla depressione di Fadalto che colonne leggere stanno brillantemente aggirando per Farra d'Alpago.

All'ala destra della fronte la 3a Armata, prolungata verso la costa dal reggimento Marina, ha occupato tutta la intricata zona litoranea che il nemico ha in parte allargata ingombrando il rimanente di reticolati e sbarramenti. Una pattuglia di marinai ha raggiunto Caorle. Stormi di aeroplani precedono le truppe nell'inseguimento bombardando e mitragliando le colonne nemiche. Il numero dei prigionieri catturati cresce continuamente, quello dei cannoni supera i 700. Il bottino è immenso; il suo valore potrà essere valutato in miliardi."[5]

Generale Diaz

4.5 *Ricompense individuali*

Gli uomini della Brigata **Ancona** hanno avuto le seguenti ricompense.

Militari decorati con Medaglia d'Oro al Valor Militare

69° Reggimento Fanteria

Caporale GIUSEPPE SICILIANI, da Carrara (Massa Carrara)

"Volontario di guerra, già distintosi per fulgido valore in numerosi fatti d'arme, col reparto arditi del battaglione, durante quattro giorni di azione, offertosi per comandare un posto avanzato, importantissimo punto di osservazione violentemente battuto dall'artiglieria nemica, rese preziosissimo servizio di informazioni, rimanendovi saldo anche dopo aver avuto il riparo completamente sconvolto dai tiri avversari. Mortalmente ferito, con l'addome squarciato da una scheggia di granata, si interessava ancora del buon andamento del servizio, incitando ed incuorando i compagni. Agonizzante, chiedeva di essere informato sull'andamento dell'azione, rallegrandosi nell'apprendere che l'attacco nemico era stato respinto e spirava dichiarandosi felice di aver dato la vita per la Patria e per il Re".

Dosso Fajti, 23-26 ottobre 1917, (Bollettino Ufficiale, anno 1919. Dispensa 34)

[4] Nel Bollettino scritto in corsivo.

[5] Questo Bollettino precede di tre giorni quello celeberrimo del 4 novembre 1918.

70° Reggimento Fanteria

Sottotenente ULISSE IGLIORI da Firenze

"Trovandosi di riserva con un reparto zappatori del reggimento presso due baracconi difensivi, su di un monte, ad attacco del nemico che in forze soverchianti aveva travolto la nostra posizione disponeva, con straordinaria fermezza, il proprio reparto a difesa, ed alle intimazioni di resa dell'avversario, rispondeva iniziando per primo il fuoco. Durante la lotta, ferito una prima volta, non si ritirava, seguitando a sparare e ad incitare il reparto alla difesa. Ferito una seconda volta e, dopo qualche intervallo, una terza volta, nonostante le sofferenze e la perdita di sangue, rimaneva tenacemente al proprio posto, continuando ad incitare i suoi uomini con grida di oltraggio al nemico che avanzava, intimando la resa. Colpito una quarta volta da scheggia di bomba a mano, a chi lo consigliava di allontanarsi rispondeva esser quello il suo posto. Poco dopo, ferito nuovamente al torace ed al braccio sinistro, che in seguito gli fu amputato, cadeva svenuto. Trasportato al posto di medicazione, trovava ancora la forza di incoraggiare gli altri feriti, dando così magnifico esempio di insuperabile valore e di freddo stoicismo".[6]

Monte Maronia (Folgaria), 16 maggio 1916

Militari decorati con Medaglia d'Argento al Valor Militare

69° Reggimento fanteria: Ufficiali n. 80 - Truppa n. 63

70° Reggimento fanteria: Ufficiali n. 21 - Truppa n. 20

Militari decorati con Medaglia di Bronzo al Valor Militare

69° Reggimento fanteria: Ufficiali e Truppa n. 280

70° Reggimento fanteria: Ufficiali e Truppa n. 86

Militari decorati con l'Ordine Militare di Savoia

Comando Brigata

ALFONSO MATTEI, colonnello brigadiere, conferimento del grado di *cavaliere*,

Val d'Astico – Val Posina: 15 maggio – 11 giugno 1916

Vallarsa: settembre-ottobre 1916

LUIGI BONGIOVANNI, colonnello, conferimento del grado di *cavaliere*,

Monte Novegno: 12 -13 giugno 1916

GIULIO ZANCHI, brigadiere generale, conferimento del grado di *cavaliere*,

Valbella – Col del Rosso: gennaio-marzo 1918

Piave: giugno 1918

Val Brenta – Enego – Roncegno: 24 ottobre – 4 novembre 1918

---

[6] Bollettino Ufficiale, anno 1919. Dispensa 41.

69° Reggimento fanteria
ALBERTO VALENTINI, colonnello, conferimento del grado di *cavaliere*
Val Brenta: 31 ottobre – 3 novembre 1918

4.6 *Le Perdite: Caduti, Feriti, Dispersi*

69° Reggimento

ANNO 1915
Settore: Alto Piave (24 maggio – 24 ottobre)
Ufficiali: *Caduti 6, Feriti 14, Dispersi 0.*
Truppa: *Caduti 75, Feriti 305, Dispersi 47.*

Settore: 4a Battaglia dell'Isonzo (9 novembre – 3 dicembre)
Ufficiali: *Caduti 10, Feriti 31, Dispersi 3.*
Truppa: *Caduti 102, Feriti 775, Dispersi 238.*

Settore: Oslavia (6-31 dicembre)
Ufficiali: *Caduti 11, Feriti 24, Dispersi 3.*
Truppa: *Caduti 32, Feriti 135, Dispersi 0.*

Totale anno 1915:
Ufficiali: Caduti 11, Feriti 24, Dispersi 3.
Truppa: Caduti 234, Feriti 1227, Dispersi 365.

ANNO 1916
Settore: Alto Astico (9 – 14 maggio)
Ufficiali: *Caduti 0, Feriti 0, Dispersi 0.*
Truppa: *Caduti 1, Feriti 9, Dispersi 3.*

Settore: Offensiva Austriaca e controffensiva in Trentino (15 maggio – 22 luglio)
Ufficiali: *Caduti 16, Feriti 37, Dispersi 37.*
Truppa: *Caduti 226, Feriti 1168, Dispersi 1125.*

Settore: Monte Pasubio – Vallarsa (23 luglio – 31 dicembre)
Ufficiali: *Caduti 6, Feriti 15, Dispersi 2.*
Truppa: *Caduti 352, Feriti 2023, Dispersi 1334.*

Totale anno 1916:
Ufficiali: Caduti, 22, Feriti 52, Dispersi 39.
Truppa: Caduti 352, Feriti 2023, Dispersi 1334.

ANNO 1917
Settore: Vallarsa (1 gennaio – 24 marzo)
Ufficiali: *Caduti 4, Feriti 1, Dispersi 0.*
Truppa: *Caduti 19, Feriti 66, Dispersi 16.*

Settore: 10a battaglia dell'Isonzo (4-6 giugno)
Ufficiali: *Caduti 4, Feriti 8, Dispersi 30.*
Truppa: *Caduti 155, Feriti 434, Dispersi 633.*

Settore: Sul Fajti (20 luglio – 12 agosto)
Ufficiali: *Caduti 0, Feriti 2, Dispersi 0.*
Truppa: *Caduti 21, Feriti 48, Dispersi 13.*

Settore: (dal 15 agosto al 23 ottobre)
Ufficiali: *Caduti 1, Feriti 1, Dispersi 0.*
Truppa: *Caduti 21, Feriti 48, Dispersi 13.*

Settore: Battaglia di Caporetto (24 ottobre – 26 dicembre)
Ufficiali: *Caduti 2, Feriti 8, Dispersi 30.*
Truppa: *Caduti 40, Feriti 117, Dispersi 1644.*

Totale anno 1917:
Ufficiali: Caduti, 11, Feriti 20, Dispersi 60.
Truppa: Caduti 244, Feriti 680, Dispersi 2300.

ANNO 1918
Settore: Altopiano di Asiago (1 febbraio – 24 marzo)
Ufficiali: *Caduti 0, Feriti 3, Dispersi 0.*
Truppa: *Caduti 4, Feriti 31, Dispersi 0.*

Settore: Battaglia del Piave (17-24 giugno)
Ufficiali: *Caduti 5, Feriti 17, Dispersi 3.*
Truppa: *Caduti 47, Feriti 200, Dispersi 90.*

Settore: (dal 25 giugno al 20 luglio)
Ufficiali: *Caduti 0 Feriti 0, Dispersi 0.*
Truppa: *Caduti 4, Feriti 25, Dispersi 0.*

Settore: Val Brenta (21 settembre -23 ottobre)
Ufficiali: *Caduti 0 Feriti 1, Dispersi 0.*
Truppa: *Caduti 12, Feriti 48, Dispersi 0.*

Settore: Battaglia di Vittorio Veneto (14 ottobre – 4 novembre)
Ufficiali: *Caduti 0 Feriti 0, Dispersi 0.*
Truppa: *Caduti 1, Feriti 8, Dispersi 0.*

Totale anno 1918:
Ufficiali: Caduti 5, Feriti 21, Dispersi 3.
Truppa: Caduti 68, Feriti 312, Dispersi 90.

70° Reggimento

ANNO 1915
Settore: Alto Piave (24 maggio – 24 ottobre)
Ufficiali: *Caduti 4, Feriti 8, Dispersi 1.*
Truppa: *Caduti 37, Feriti 211, Dispersi 74.*

Settore: 4a Battaglia dell'Isonzo (9 novembre – 3 dicembre)
Ufficiali: *Caduti 23, Feriti 35, Dispersi 1.*
Truppa: *Caduti 166, Feriti 1260, Dispersi 572.*

Settore: Oslavia (6-31 dicembre)
Ufficiali: *Caduti 2, Feriti 0, Dispersi 0.*
Truppa: *Caduti 0, Feriti 0, Dispersi 0.*

Totale anno 1915:
Ufficiali: Caduti 29, Feriti 43, Dispersi 2.
Truppa: Caduti 203, Feriti 1473, Dispersi 646.

ANNO 1916
Settore: Alto Astico (9 – 14 maggio)
Ufficiali: *Caduti 0, Feriti 0, Dispersi 0.*
Truppa: *Caduti 0, Feriti 0, Dispersi 0.*

Settore: Offensiva Austriaca e controffensiva in Trentino (15 maggio – 22 luglio)
Ufficiali: *Caduti 17, Feriti 25, Dispersi 23.*
Truppa: *Caduti 136, Feriti 1138, Dispersi 1196.*

Settore: Monte Pasubio – Vallarsa (23 luglio – 31 dicembre)
Ufficiali: *Caduti 6, Feriti 16, Dispersi 1.*
Truppa: *Caduti 108, Feriti 752, Dispersi 8.*

Totale anno 1916:
Ufficiali: Caduti, 23, Feriti 41, Dispersi 24.
Truppa: Caduti 244, Feriti 1890, Dispersi 2204.

ANNO 1917
Settore: Vallarsa (1 gennaio – 24 marzo)
Ufficiali: *Caduti 1, Feriti 0, Dispersi 0.*
Truppa: *Caduti 6, Feriti 10, Dispersi 0.*

Settore: 10a battaglia dell'Isonzo (4-6 giugno)
Ufficiali: *Caduti 5, Feriti 10, Dispersi 26.*
Truppa: *Caduti 50, Feriti 416, Dispersi 1158.*

Settore: Sul Fajti (20 luglio – 12 agosto)
Ufficiali: *Caduti 0, Feriti 0, Dispersi 0.*
Truppa: *Caduti 1, Feriti 30, Dispersi 0.*

Settore: (dal 15 agosto al 23 ottobre)
Ufficiali: *Caduti 0, Feriti 0, Dispersi 0.*
Truppa: *Caduti 7, Feriti 16, Dispersi 0.*

Settore: Battaglia di Caporetto (24 ottobre – 26 dicembre)
Ufficiali: *Caduti 0, Feriti 0 Dispersi 0.*
Truppa: *Caduti 0, Feriti 0, Dispersi 0.*

Totale anno 1917:
Ufficiali: Caduti, 11, Feriti 21, Dispersi 76.
Truppa: Caduti 64, Feriti 472, Dispersi 1158.

ANNO 1918

Settore: Altopiano di Asiago (1 febbraio – 24 marzo)
Ufficiali: *Caduti 1, Feriti 2, Dispersi 0.*
Truppa: *Caduti 5, Feriti 34, Dispersi 0.*

Settore: Battaglia del Piave (17-24 giugno)
Ufficiali: *Caduti 4 Feriti 18, Dispersi 5.*
Truppa: *Caduti 29, Feriti 265, Dispersi 348.*

Settore: (dal 25 giugno al 20 luglio)
Ufficiali: *Caduti 0 Feriti 0, Dispersi 0.*
Truppa: *Caduti 2, Feriti 13, Dispersi 0.*

Settore: Val Brenta (21 settembre – 23 ottobre)
Ufficiali: *Caduti 0 Feriti 0, Dispersi 0.*
Truppa: *Caduti 8, Feriti 28, Dispersi 0.*

Settore: Battaglia di Vittorio Veneto (14 ottobre – 4 novembre)
Ufficiali: *Caduti 0 Feriti 0, Dispersi 0.*
Truppa: *Caduti 0, Feriti 1, Dispersi 0.*

Totale anno 1918:
Ufficiali: Caduti 5, Feriti 20, Dispersi 5.
Truppa: Caduti 44, Feriti 341, Dispersi 348.

RIEPILOGO GENERALE DELLE PERDITE DELLA
Brigata Ancona

Anno 1915
Ufficiali: *Caduti 40, Feriti 67, Dispersi 5.*
Truppa: *Caduti 517, Feriti 2598, Dispersi 911.*

Anno 1916
Ufficiali: *Caduti 45, Feriti 73, Dispersi 63 .*
Truppa: *Caduti 596, Feriti 3913, Dispersi 3538.*

Anno 1917
Ufficiali: *Caduti 22, Feriti 41, Dispersi 136.*
Truppa: *Caduti 308, Feriti 1152, Dispersi 3458.*

Anno 1918
Ufficiali: *Caduti 10, Feriti 41, Dispersi 8.*
Truppa: *Caduti 112, Feriti 653, Dispersi 438.*

In totale, nel corso dei quattro anni di guerra, la Brigata ***Ancona*** *ebbe 108 Ufficiali Caduti, 292 Feriti e 206 Dispersi. Tra i Militari di Truppa si ebbero 1532 Caduti, 8416 Feriti e 8346 Dispersi. In totale le perdite ammontarono a 18899 uomini.*

CAPITOLO 5
LA BRIGATA MACERATA

(121° Reggimento, 122° Reggimento)

5.1 Sintesi Storica. ¤ *5.2 Impiego: anno 1915, 1916, 1917, 1918.* ¤
5.3 Comandanti di Brigata e di Reggimento. ¤ *5.4 Ricompense Collettive.* ¤
5.5 Ricompense individuali. ¤ *5.6 Le Perdite: Caduti, Feriti, dispersi.* ¤

Fig.57. Brigata Macerata. Medaglie commemorative della Brigata

5.1 Sintesi Storica

L'ossatura generale dell'Esercito Italiano prevista sin dal 1873 (le riforme che vanno sotto il nome di chi ne fu l'ispiratore, Ricotti Magnani) in 1a, 2a, 3a linea, ebbe pratica attuazione nel 1910, con la costituzione dei Nuclei di Milizia Territoriale (2a linea) per ciascun Deposito di reggimento di fanteria, cavalleria, artiglieria e battaglione alpino. La costituzione di tali nuclei avvenne per fasi successive, si che, alla vigilia del primo conflitto mondiale, l'Esercito Italiano disponeva già di un cospicuo numero di unità di seconda linea e precisamente 52 reggimenti di fanteria, 11 battaglioni bersaglieri, 38 compagnie alpine, 23 squadroni di cavalleria, 13 reggimenti artiglieria da campagna. I 52 reggimenti di fanteria numerati dal 111° al 162° andarono a costituire 26 nuove Brigate.[1] I reggimenti 121° e 122° costituirono la Brigata **Macerata**.

La Brigata **Macerata** fu costituita, quindi, il 1 marzo 1915. Il Comando di Brigata ed il 122° Reggimento dal deposito del 12° Fanteria[2], il 121° Reggimento dal deposito dal 93° reggimento.[3]

I Reggimenti della Brigata **Macerata**, avevano i colori delle mostrine bianco ed azzurro.

---

[1] Le nuove brigate ebbero questi nomi: *Piacenza* (111° e 112° Reggimento), *Mantova* (113° e 114° Reggimento), *Treviso* (115° e 116° Reggimento), *Padova* (117° e 118° Reggimento), *Emilia* (119° e 120° Reggimento), la citata *Macerata* (121° e 122° Reggimento), *Chieti* (123° e 124° Reggimento), *Spezia* (125° e 126° Reggimento), *Firenze* (127° e 128° Reggimento), *Perugia* (129° e 130° Reggimento), *Lazio* (131° e 132° Reggimento), *Benevento* (133° e 134° Reggimento), *Campania* (135° e 136° Reggimento), *Barletta* (137° e 138° Reggimento), *Bari* (139° e 140° Reggimento), *Catanzaro* (141° e 142° Reggimento), *Taranto* (143° e 144° Reggimento), *Catania* (145° e 146° Reggimento), *Caltanisetta* (147° e 148° Reggimento), *Trapani* (149° e 150° Reggimento), *Sassari* (151° e 152° Reggimento), *Novara* (153° e 154° Reggimento), *Alessandria* (155° e 156° Reggimento), *Liguria* (157° e 158° Reggimento), *Milano* (159° e 160° Reggimento), *Ivrea* (161° e 162° Reggimento).

[2] Il 12° Reggimento Fanteria "Casale" (motto: *per calvarium ad laurum*) proveniente dalla trasformazione del 2° Reggimento della brigata originaria, ebbe l'anzianità della Brigata Casale (13 novembre 1821) con l'11° Reggimento, depositario della fiera tradizione del reggimento del Monferrato di Sua Altezza Reale. Organicamente costituito alla data del 4 maggio 1839, partecipò ai fatti d'arme della prima guerra d'indipendenza 1848-1849 combattendo a Mantova, Santa Lucia, Canale della Muzza, Milano, alla Sforzesca ed alla battaglia di Novara. Per i combattimenti sostenuti nella prima fase della campagna e per l'assedio di Peschiera, la 1a compagnia del reggimento fu decorata con medaglia di bronzo al valor militare. Concorse alla formazione di reparti di fanteria d'Africa per la guerra italo-abissina 1895-96 ed alla mobilitazione di cinque reggimenti di fanteria del Corpo di operazione per la guerra italo-turca 1911-1912. Un Reggimento dalle solide tradizioni militari.

[3] IL 93° reggimento fanteria "Messina" (motto: "*impetuosa messanensis legio*") si formò a Gaeta il 1 novembre 1884 in virtù del Regio Decreto 4 settembre 1884 con elementi di cinque reggimenti di fanteria destinati a formare le unità contemplate nell'ordinamento del 1882. Fece parte, col 94° Reggimento fanteria, della Brigata *Messina* di nuova formazione, rimanendovi fino allo scioglimento di questa, che avvenne nel 1926. Partecipò con la sua 4a compagnia alla prima guerra d'Africa 1887-1888; prese parte, mobilitato, alla guerra italo-turca 1911-1912.

5.2 *Impiego: anno 1915, 1916, 1917, 1918*

ANNO 1915

a. permanenza in linea.
- dal 24 luglio al 29 agosto: Settore di Castelnuovo del Carso, Fogliano, Polazzo, Redipuglia.
- dal 7 novembre al 13 dicembre: Settore Castelnuovo del Carso, Trincea delle Frasche, dei Morti, delle Celle, dei Razzi, Trincee Rocciose.

b. permanenza in zona di riposo, lavori e trasferimenti.
- dal 24 maggio al 23 luglio: Macerata, Ancona, Fano, Ascoli Piceno, Lonato, San Giorgio di Nogar, Graulio.
- dal 30 giugno al 6 novembre: Cassegliano, Villa Vicentina, Polazzo, Scodavacca, Saciletto, Perteole.
- dal 14 al 31 dicembre: Campolongo, Armelino.

c. operazioni.
Il 2 giugno la Brigata **Macerata**, partita dalla sedi di Macerata e Chiaravalle, raggiunge Lonato, destinata a far parte della 25a divisione.

Il 24 luglio, dopo un periodo di intensa istruzione, è inviata a Fogliano, passando alla dipendenza della 20a divisione ed il 26 entra in azione insieme alla Brigata *Savona* contro la linea della quota 121-118-100 (Redipuglia). Gli attacchi durano qualche giorno e fruttano la conquista di un trinceramento avversario subito rafforzato. Il 2 agosto l'azione è ripresa ed i reparti della Brigata **Macerata**, lo stesso giorno, ottengono nuovi vantaggi perdendo, però, 4 ufficiali e 300 militari di truppa; il 6 si prosegue nell'avanzata fino ad avvicinarsi di molto alle quote 118 e 121 con la perdita, per la Brigata **Macerata**, di altri 245 uomini. L'11 agosto il comando della 20a divisione e sostituito da quello della 31a divisione. La Brigata **Macerata** continua alacremente nei lavori di rafforzamento delle posizioni conquistate e reagisce ai continui attacchi nemici. Il 30-31 agosto sostituita in linea, si porta a Cassegliano e di qui, il 1 settembre, nei pressi di Villa Vicentina passando alla diretta dipendenza del XIII Corpo d'Armata. Il 7 ritorna alla dipendenza della 25a divisione ed attende a esercitazioni ed a lavori di sistemazione difensiva in posizione arretrate. Il 24 ottobre è trasferita a Scadovacca e l'8 novembre, ritorna in linea, sostituisce la Brigata *Bologna* nel settore di Castelnovo.

Il 10, iniziandosi una nostra offensiva sul Carso, il I Battaglione del 122° Reggimento, con brillante attacco alla baionetta, conquista la trincea nemica detta "Rocciosa" e muove verso la trincea dei "Morti" mentre reparti del 121° Reggimento attaccano con pari bravura le antistanti posizioni che più volte sono prese e perdute.

L'azione continua, con alterna vicenda, il giorno 11 e la Brigata **Macerata** perde in questi due giorni di lotta 12 ufficiali e 515 uomini di truppa. Il 14 segna altra data di accaniti tentativi fatti dalla Brigata **Macerata** in concorso con la Brigata *Sassari* per occupare la trincea dei "Razzi" qualche elemento della quale cade in possesso di reparti della Brigata **Macerata** che vi perde ancora 18 ufficiali e 557 gregari. Nei giorni successivi continua l'alternativa fra invio di pattuglie e lavori di rafforzamento ed il 20 un nuovo attacco porta reparti del 121° Reggimento alla conquista della trincea e del ridottino dei "Morti"; ma la reazione avversaria è così violenta da consigliare di sgombrare dette posizioni e di rafforzarsi, senza peraltro consentire al nemico di riprendere le trincee perdute.

Il 27 un nuovo attacco riporta elementi della Brigata **Macerata** nella trincea dei "Morti", ma un contrattacco in forze ne impone ancora na volta l'abbandono con la perdita di 21 ufficiali e 482 gregari.

La Brigata **Macerata**, dopo le brillanti azioni compiute in questo periodo di continua attività, sancite nella motivazione della medaglia d'argento concessa alle bandiere dei due Reggimenti, è sostituita il 14 dicembre ed inviata a riposo fra Campolongo ed Armelino, ove trascorre il resto del mese. Le sue perdite ammontano a 92 ufficiali e 2796 militari di truppa.

Fig.58. Cartolina. 121° Reggimento Fanteria "Macerata"

Fig.59. Cartolina. 122° Reggimento Fanteria "Macerata"

Fig.60. Cartolina. 122° Reggimento Fanteria "Macerata"

ANNO 1916

a. permanenza in linea.

- dal 2 al 26 gennaio: Settore di Castelnuovo del Carso, Trincea delle Celle, Trincee Rocciose.
- dal 11 al 29 febbraio: Settore di Castelnuovo del Carso, Trincee delle Celle, Rocciose delle Frasche.

- dal 11 al 28 marzo: Settore di Castelnuovo del Carso, Trincea delle Frasche, dei Sacchi, degli Scogli, Quota 112, Trincee dei Razzi e Rocciose.
- dal 9 maggio al 17 agosto: Settore di Castelnuovo del Carso, Trincee dei Razzi, dei Sacchi, delle Frasche, Rocciose, degli Scogli, Trincee sud-ovest di Marcottini, Quota 153, Quota 109, Alture sud-ovest di Oppachiasella, Pendici occidentali di Nova Vas.
- dal 18 al 24 settembre: Vermegliano, Ferletti, Pendici quota 208 sud, Doberdò, Vallone Bonetti, Palichise.
- dal 12 ottobre al 3 novembre: Boneti, Vallone, Quota 208 sud, Palchise, Ferletti, Doberdò.
- dal 11 novembre al 31 dicembre: Settore Monte Baldo, Monte Giovo, Besagno, Castello di Rieno, Malga Val Gatto, Cima Mezzana, Passo Buole, Malga Zugna.

b. permanenza in zona di riposo, lavori e trasferimenti.

- 1 gennaio: Campolongo, Armelino
- dal 27 gennaio al 10 febbraio: Campolongo, Armelino
- dal 1 al 10 marzo: Campolongo, Armelino
- dal 10 marzo all'8 maggio: Campolongo, Armelino, Aiello
- dal 18 agosto – al 12 settembre: Campolongo, Armelino
- dal 25 settembre all'11 ottobre: Romans
- dal 4 al 10 novembre: Vermegliano, Cervignano, Strassoldo, Trasferimento in Val Lagarina, Brentonico, Ala, Pilcante.

c. operazioni.

Il 2 gennaio la Brigata **Macerata** torna in linea nel settore Castelnuovo in sostituzione della Brigata *Sassari.* Il 23 scende a riposo fra Campolongo ed Armellino; ma due giorni dopo è richiamata in linea (meno due battaglioni che attendono alle iniezioni antitifiche) quale rincalzo della *Sassari* fortemente impegnata in azione. Il 26 il comando Brigata e due battaglioni tornano nella zona di riposo, lasciando in prima linea gli altri due battaglioni.

L'11 febbraio la Brigata **Macerata** torna in prima linea ed il 12 marzo, dopo aver fruito di un altro turno di riposo, partecipa, nel consueto settore di Castelnuovo, ad una operazione che non produce risultati soddisfacenti a causa dell'intensa reazione nemica.

Il 9 giugno la Brigata **Macerata** è in prima linea ove permane fino alla battaglia di Gorizia durante la quale essa, passata fin dalla metà di giugno alla diretta dipendenza del XIII Corpo d'Armata, agisce dimostrativamente per alleggerire la pressione del nemico nella zona maggiormente impegnata. Il giorno 8 agosto un battaglione del 122° Reggimento (il II Battaglione), vinta la resistenza nemica, occupa il ridottino dei "Morti" che deve più tardi abbandonare perché battuto da fuochi incrociati.

Il giorno seguente lo stesso Battaglione rioccupa il citato ridottino, mentre reparti laterali conquistano contemporaneamente la trincea omonima; ma un violento contrattacco obbliga i reparti ad abbandonare ancora una volta le posizioni occupate, che sono però incessantemente vigilate da nostre pattuglie e tenute sotto un tiro continuato. La Brigata **Macerata** perde 2 ufficiali e 115 militari di truppa.

Il giorno 10, avuto sentore di una rallentata pressione del nemico, i reparti iniziano l'avanzata che, alle ore 12, li porta ad occupare le trincee di Marcottini, subito rafforzate, mentre la Brigata **Macerata** ha ordine di avanzare, prima su Oppachiasella-Nova Vas e poi verso Castagnevizza-Hudi-Leg-Lukatte-Hrbci.

L'11 l'avanzata prosegue, ostacolata dal violento tiro di artiglieria avversario e le pattuglie esploranti raggiungono il margine occidentale dell'abitato di Oppachiasella, che è sempre in possesso del nemico. All'alba del 12, due battaglioni del 121° Reggimento raggiungono Oppachiasella, i cui trinceramenti sono alacremente rafforzati; frattanto il 122° Reggimento, sceso dal vallone di Mikoli, occupa le alture a sud-ovest di Oppachiasella e si aggrappa alle pendici occidentali di Nova Vas. Il nemico tenta un contrattacco, ma è arrestato dalle valorose truppe della Brigata **Macerata**, che è intanto passata alla dipendenza della 19a divisione. L'avanzata, energicamente ripresa il giorno 13, si arresta contro le difese accessorie ancora intatte; nei giorni 15 e 16 è nuovamente tentata, dopo intensa preparazione di artiglieria e bombarde, ma non si ottengono che progressi lievi ed inadeguati alle perdite subite.

Il 17 agosto la Brigata **Macerata**, sostituita dalla Brigata **Marche**, si reca fra Campolongo ed Aiello per riposare e riordinarsi, passando alla dipendenza della 31a divisione

Il 13 settembre la Brigata è schierata nella zona di Doberdò-pendice sud di q. 208 sud ed il 15 è pronta ad agire nel tratto del vallonetto di Boneti a quota 208 sud.

Cessato il tiro di preparazione, il II Battaglione del 121° Reggimento, con brillante attacco alla baionetta, conquista e sorpassa l'antistante trincea nemica, ma non assecondato da reparti laterali, è costretto a ripiegare di poco dalla trincea raggiunta. Sostituito dal I Battaglione del 122° Reggimento, alla ripresa dell'azione, questo riesce a compiere un ardito balzo in avanti che lo porta ad occupare una dolina nella quale cattura 220 austriaci tra i quali 20 ufficiali, ma minacciato di aggiramento da forte masse sopraggiunte, deve ripiegare sulle posizioni di partenza. Il nemico torna più volte al contrattacco ed è sanguinosamente respinto, ma la sua pressione obbliga la sinistra della Brigata **Macerata** a ripiegare di poco, mentre il centro e la destra saldamente resistono. Le perdite sono di 23 ufficiali e 234 gregari.

Il 17 settembre l'azione è ripresa con lievi vantaggi, con alterna vicenda di attacchi e contrattacchi, dura fino al 24, allorché la Brigata **Macerata**, sostituita dalla *Modena*, scende a Romans per riposare.

Il 12 ottobre torna in prima linea passando alle dipendenze della 33a divisione e schiera nelle posizioni di quota 208 sud due battaglioni, altri due invia a Palichisce a disposizione della 47a divisione e due prima a Vermegliano in posizione di attesa e poi nel vallone di Boneti in sostituzione di reparti del 41° Reggimento.

Il 1 novembre la Brigata **Macerata**, che ha riavuti i suoi battaglioni, partecipa alla 9° Battaglia dell'Isonzo. Le sue prime ondate riescono a conquistare la trincea nemica di quota 208 sud catturandovi più di 200 difensori e volgendo gli altri in fuga, ma la resistenza opposta dal nemico all'azione dei reparti laterali e la minaccia di aggiramento consiglia gli elementi più avanzati a ripiegare sulle posizione di partenza.

Altri tre battaglioni (I e II Battaglione del 122° Reggimento e V Battaglione bersaglieri) sono successivamente lanciati al contrattacco ma, nonostante il valore da essi dimostrato e la perdita dei tre comandanti di battaglione (due Caduti sul campo ed il terzo gravemente ferito) i risultati sono di lieve entità e non proporzionali allo sforzo compiuto, poiché il nemico reagisce violentemente.

Brigata **Macerata**, stanca e stremata, passa in rincalzo della Brigata *Valtellina* dopo di aver perduto nella sola giornata del 1 Novembre, 17 ufficiali 3546 militari di truppa.

La sua condotta la rende meritevole della concessione della medaglia d'argento al valor militare.

Il 4 novembre la Brigata **Macerata** è inviata a Vermegliano, il giorno successivo a Cervignano e Strassoldo e nei giorni 6, 7 ed 8 novembre è trasferita per ferrovia in Val Lagarina fra Pilcante-Brentonico-Passo Ercole, passando alla dipendenza della 37a divisione che le affida la difesa del settore Baldo e poi del sottosettore Brentonico, ove trascorre il resto dell'anno.

ANNO 1917

a. permanenza in linea.

- dal 1 gennaio al 31 dicembre: Settore Brentonico, Crosano, Ala, Castello di Tierno, Besagno, Cazzano, Monte Giove.

b. permanenza in zona di riposo, lavori e trasferimenti.

La Brigata **Macerata** era in linea, ma il settore era considerato tranquillo e per tutto il 1917 non fu inviata in zona di riposo.

c. operazioni.

La Brigata **Macerata** è ancora in Val Lagarina, ove trascorre tutto questo anno alternando i suoi reparti in turni di prima linea e di riposo, mantenendo una attiva vigilanza di pattuglie, le quali compiono qualche ardito colpo di mano. Esegue anche molti lavori di sistemazione difensiva ed è di sovente funestata, nel periodo invernale, da cadute di valanghe che cagionano delle perdite.

ANNO 1918

a. permanenza in linea.

- dal 1 al 29 gennaio: Settore Brentonico, Castione, Quota 212, Dosso Alto di Castione Settore Molte Altissimo, Monte Giovo, Coste di Tierno, Crosano, Santa Cecilia, Cazzano, Talpina
- dal 2 marzo al 30 aprile: Settore Monte Altissimo, Doss Casina, Doss Romiti (Quota 804), Cazzano, Cornè, Linea di resistenza, Quota 630, Doss Spirano, Quota 1125, Roccioni, Malga Rigotti, Malga Sorgente
- dal 19 giugno al 20 settembre: Piave, Settore San Biagio di Collalta, Revarè, Molino del Basco, la Callatela, Case dei Comuni, Casa Pradoncin, Casa Ninni La Fossa
- dal 15 al 20 ottobre: Piave, Colle Maggiore, Casa Rizzi, Quadrivio, Camatta, Casa Barchesse, Fornace, Strada di Salettuol, Casa Fonte basso, Vascon
- dal 24 ottobre al 4 novembre: Ronchi, Candelù, Isola Caserta, Isola Maggiore, Tempio, Ormelle, Monticano, Motta di Livenza, Fagnigola, San Vito al Tagliamento San Floriano.

b. permanenza in zona di riposo, lavori e trasferimenti.

- dal 30 gennaio al 1 marzo: Avio, Sabbionara
- dal 1 maggio al 18 giugno: Zona Valeggio, Oliosi, Trasferimento: Campodarsego, Bosco del Vescovo, Treviso
- dal 21 settembre al 14 ottobre: Carbonara, Silvana
- dal 21 al 23 ottobre: Carbonara, Crespano, Silvana.

c. operazioni.

Al principio dell'anno la Brigata **Macerata** è sempre dislocata in Val Lagarina. Il 30 gennaio, sostituita dalla Brigata *Foggia*, è trasferita fra Avio e Sabbionara ed ai primi di marzo invia suoi reparti in prima linea nel settore dell'Altissimo.

Nei primi giorni di maggio la Brigata **Macerata**, sostituita dalla *Pistoia*, è inviata per ferrovia nella zona di Valeggio, ove intraprende un intenso periodo di esercitazioni fino al 16 giugno, alla qual data è trasferita nella zona di Campodarsego-Bosco del Vescovo per proseguire il 18 in autocarri nella zona ad est di Treviso. Il 19, mentre è in pieno svolgimento la battaglia del Piave, è schierata nel settore San Biagio di Callalta-Rovarè con il 122° Reggimento, mentre il 121° è raccolto a Spercenigo in attesa di ordini. Il 2 la Brigata **Macerata** è totalmente impegnata e, mentre il 122° Reggimento concorre a ricacciare le ondate nemiche avanzanti, il 121° attacca la linea dei capisaldi Casa Pavan-Casa Martini, che occupa in parte dopo lotta accanita. IL 24 la Brigata **Macerata** raggiunge il Piave e spinge alcune pattuglie sulla sponda sinistra. In questi giorni di combattimento essa ha perduto 17 ufficiali e 708 militari di truppa. Fino al 24 ottobre alterna i suoi reparti fra le posizioni di prima e seconda linea, spingendo quotidianamente delle ardite ricognizioni sugli isolotti del Piave. Nella battaglia di Vittorio Veneto la Brigata **Macerata** ha modo di dare l'ultima prova della sua abnegazione. Passa il Piave i 27 giugno alle grave di Pappadopoli, il 28 raggiunge Ormelle e Tempio, dopo essersi abilmente sottratta ad una minaccia di aggiramento del nemico. Il 29 ed il 30 prosegue nella sua avanzata; il 31 ottobre passa il Monticano fra Lutrano e Oderzo e raggiunge a sera la Livenza. Il 2 novembre è a Fagnigola; il 3 fra Taiedo e Sbrojavacca ed il 4, alla cessazione delle ostilità, è tra San Vito al Tagliamento e San Floriano.

5.3 *Comandanti di Brigata e di Reggimento*

Brigata:
Magg. Gen. PRATA Adriano, dal 24 maggio 1915 all'aprile 1916.
Col. Brig. AMENDOLA Fileno, dall'aprile al 13 novembre 1916
Magg. Gen. FRANCO Ugo, dal 27 novembre 1916 al 18 maggio 1917
Col. Brig. BUZIO Ettore, dal 19 maggio al 25 ottobre 1917
Col. Brig. MARIETTI Giovanni, dal 2 novembre 1917 al 5 febbraio 1918
Magg. Gen. TAGLIAFERRI Florenzio, dal 12 febbraio 1918 al termine della guerra.

121°Reggimento:
Col. SESINI Vittorio, dal 24 maggio all'8 settembre 1915
Col. AMENDOLA Fileno, dal 1 ottobre 1915 all'aprile 1916
Col. FERRERI Enrico, dal 1 giugno al 3 settembre 1916
Col. SANTORO Alfonso, dal 10 novembre al 3 dicembre 1916
Col. PROVALE Mario, dal 9 dicembre 1916 al 26 agosto 1916
Col. BIBOLINI Ugo, dal 27 agosto 1917 al 14 gennaio 1918
Col. MARENCO Maddaleno, dal 18 gennaio al 4 maggio 1918
Col. BARNI Alberto, dal 5 maggio 1918 al termine della guerra.

122° Reggimento
Col. ROBERT Mario, dal 24 maggio al 26 luglio 1915 (ferito)
Col. BATTAGLIA Silvio, dal 20 agosto 1915 al 19 gennaio 1917
Col. GARGANICO-GRIFFI Rizzardo, dal 20 gennaio al 13 luglio 1917
Col. PELUSO Diego, dal 14 luglio 1917, al termine della guerra.

5.4 *Ricompense Collettive*

La Brigata **Macerata** ha avuto le seguenti ricompense:

Alla Bandiera

Medaglia d'Argento
Alle bandiere del 121° Reggimento e 122° reggimento Fanteria.
"Con energia e tenacia mirabili conquistarono e saldamente mantennero importantissime posizioni sul Carso, prima ad oriente di Polazzo e di Castello Nuovo, e poi, vigorosamente ricacciato il nemico del Vallone (luglio-novembre 1915-agosto-novembre 1916).

Con costanza pari all'ardimento, sostennero, per più giorni, violenti poderosi attacchi del nemico e si distinsero brillantemente nella controffensiva, onde l'invasore fu ricacciato al di la del Piave. La loro fede nella vittoria e la saldezza morale delle loro truppe rifulsero ancora al passaggio del fiume, nonostante la violenta reazione avversaria. (Piave 19-26 giugno 1918; Piave-Livenza-Tagliamento, 24 ottobre-3 novembre 1918.)[4]

Citazione sul Bollettino di Guerra del Comando Supremo

La Brigata **Macerata** non è stata mai citata sul Bollettino di Guerra del Comando Supremo.

5.5 *Ricompense individuali*

Gli uomini della Brigata **Macerata** hanno avuto le seguenti ricompense:

Militari decorati con Medaglia d'Oro al Valor Militare

121° Reggimento Fanteria

Maggiore VENEZIAN GIACOMO, da Trieste:
"In piedi, fra il turbinare dei proiettili nemici, agitando il berretto, al grido di "Viva L'Italia" incuorava le truppe che il 14 novembre 1915 avevano conquistato un tratto di trincea avversaria. Il 16 novembre 1915, ferito, celava il suo stato per timore di essere costretto ad abbandonare la prima linea. Il 20 novembre 1915, quando le truppe di prima linea, attaccando un fortissimo trinceramento austriaco, furono accolte da un violentissimo fuoco, si slanciò di rincalzo, alla testa del suo battaglione, che guidò con il più grande valore, finché cadde colpito da una pallottola in fronte".
Castelnuovo del Carso, 14 – 16 – 20 novembre 1915.[5]

---

[4] Bollettino Ufficiale 1920 Dispensa 47.

[5] Bollettino Ufficiale, del 24 aprile 1917 Dispensa 30.

Militari decorati con Medaglia d'Argento al Valor Militare

121°Reggimento fanteria: Ufficiali n. 45 - Truppa n. 98
121°Reggimento fanteria: Ufficiali n. 35 - Truppa n. 22

Militari decorati con Medaglia di Bronzo al Valor Militare

121° Reggimento fanteria: Ufficiali e militari di truppa, n. 194
122° Reggimento fanteria: Ufficiali e militari di truppa, n. 103

Militari decorati con l'Ordine Militare di Savoia

AMENDOLA Fileno, colonnello brigadiere, *cavaliere*,
Altopiano Carsico, luglio 1915-novembre 1916.

5.6 *Le Perdite: Caduti, Feriti, Dispersi*

121° Reggimento

ANNO 1915
Settore: Castelnuovo del Carso (24 luglio – 29 agosto)
Ufficiali: *Caduti 9, Feriti 18, Dispersi 2.*
Truppa: *Caduti 159, Feriti 590, Dispersi 87.*

Settore: Castelnuovo el carso (7 novembre – 13 dicembre)
Ufficiali: *Caduti 10, Feriti 31, Dispersi 3.*
Truppa: *Caduti 102, Feriti 775, Dispersi 238.*

Totale anno 1915:
Ufficiali: Caduti, 19, Feriti 49, Dispersi 5
Truppa: Caduti 261, Feriti 1365, Dispersi 325

ANNO 1916
Settore: Settore Castelnuovo del Carso (2 gennaio – 17 agosto)
Ufficiali: *Caduti 4, Feriti 12, Dispersi 0.*
Truppa: *Caduti 101, Feriti 706, Dispersi 0.*

Settore: Settore Doberdò. 9a Battaglia dell'Isonzo (13 settembre – 3 novembre)
Ufficiali: *Caduti 6, Feriti 31, Dispersi 3.*
Truppa: *Caduti 79, Feriti 624, Dispersi 55.*

Settore: Settore Baldo (11 novembre – 3 dicembre)
Ufficiali: *Caduti 0, Feriti 0, Dispersi 0.*
Truppa: *Caduti 0, Feriti 1, Dispersi 0.*

Totale anno 1916:
Ufficiali: Caduti, 10, Feriti 43, Dispersi 3
Truppa: Caduti 180, Feriti 1331, Dispersi 55

ANNO 1917
Settore: Val Lagarina (1 gennaio – 31 dicembre)
Ufficiali: *Caduti 2, Feriti 9, Dispersi 2.*
Truppa: *Caduti 13, Feriti 84, Dispersi 54.*

Totale anno 1917:
Ufficiali: Caduti, 2, Feriti 9, Dispersi 2
Truppa: Caduti 13, Feriti 84, Dispersi 54

ANNO 1918

Settore: Val Lagarina (1 gennaio – 30 aprile)
Ufficiali: *Caduti 0, Feriti 0, Dispersi 0.*
Truppa: *Caduti 0, Feriti 16, Dispersi 0.*

Settore: Battaglia del Piave (19 giugno – 20 ottobre)
Ufficiali: *Caduti 2, Feriti 3, Dispersi 2.*
Truppa: *Caduti 57, Feriti 324, Dispersi 117.*

Settore: Battaglia di Vittorio Veneto (24 ottobre – 4 novembre)
Ufficiali: *Caduti 0, Feriti 3, Dispersi 0.*
Truppa: *Caduti 9, Feriti 56, Dispersi 11.*

Totale anno 1918:
Ufficiali: Caduti, 2, Feriti 8, Dispersi 2
Truppa: Caduti 66, Feriti 396, Dispersi 128.

122° Reggimento

ANNO 1915
Settore: Castelnuovo del Carso (24 luglio – 29 agosto)
Ufficiali: *Caduti 14, Feriti 18, Dispersi 2.*
Truppa: *Caduti 208, Feriti 898, Dispersi 0.*

Settore: Castelnuovo del Carso (24 luglio – 29 agosto)
Ufficiali: *Caduti 9, Feriti 32, Dispersi 1.*
Truppa: *Caduti 600, Feriti 736, Dispersi 390.*

Totale anno 1915:
Ufficiali: Caduti, 23, Feriti 50, Dispersi 3
Truppa: Caduti 898, Feriti 1634, Dispersi 390

ANNO 1916
Settore: Settore Castelnuovo del Carso (2 gennaio – 17 agosto)
Ufficiali: *Caduti 3, Feriti 7, Dispersi 0.*
Truppa: *Caduti 76, Feriti 49, Dispersi 1.*

Settore: Settore Doberdò. 9a Battaglia dell'Isonzo (13 settembre – 3 novembre)
Ufficiali: *Caduti 4, Feriti 27, Dispersi 7.*
Truppa: *Caduti 110, Feriti 791, Dispersi 370.*

Settore: Settore Baldo (11 novembre – 3 dicembre)
Ufficiali: *Caduti 0, Feriti 5, Dispersi 0.*
Truppa: *Caduti 19, Feriti 81, Dispersi 13.*

Totale anno 1916:
Ufficiali: Caduti, 7, Feriti 39, Dispersi 7
Truppa: Caduti 205, Feriti 921, Dispersi 384

ANNO 1917
Settore: Val Lagarina (1 gennaio – 31 dicembre)
Ufficiali: *Caduti 2, Feriti 4, Dispersi 0.*
Truppa: *Caduti 20, Feriti 54, Dispersi 4.*

Totale anno 1917:
Ufficiali: Caduti, 2, Feriti 4, Dispersi 0
Truppa: Caduti 20, Feriti 54, Dispersi 4

ANNO 1918
Settore: Val Lagarina (1 gennaio – 30 aprile)
Ufficiali: *Caduti 0, Feriti 0, Dispersi 0.*
Truppa: *Caduti 0, Feriti 0, Dispersi 0.*

Settore: Battaglia del Piave (19 giugno – 20 ottobre)
Ufficiali: *Caduti 2, Feriti 8, Dispersi 0.*
Truppa: *Caduti 56, Feriti 230, Dispersi 42.*

Settore: Battaglia di Vittorio Veneto (24 ottobre – 4 novembre)
Ufficiali: *Caduti 3, Feriti 17, Dispersi 0.*
Truppa: *Caduti 114, Feriti 293, Dispersi 146.*

Totale anno 1918:
Ufficiali: Caduti, 5, Feriti 25, Dispersi 0
Truppa: Caduti 170, Feriti 523, Dispersi 188

RIEPILOGO GENERALE DELLE PERDITE DELLA
Brigata Macerata

Anno 1915
Ufficiali: *Caduti 42, Feriti 99, Dispersi 8.*
Truppa: *Caduti 1159, Feriti 2999, Dispersi 715.*

Anno 1916
Ufficiali: *Caduti 17, Feriti 132, Dispersi 10.*
Truppa: *Caduti 385, Feriti 2252, Dispersi 439.*

Anno 1917
Ufficiali: *Caduti 4, Feriti 13, Dispersi 2.*
Truppa: *Caduti 33, Feriti 138, Dispersi 58.*

Anno 1918
Ufficiali: *Caduti 7, Feriti 33, Dispersi 2.*
Truppa: *Caduti 236, Feriti 919, Dispersi 216.*

In Totale la Brigata ***Macerata*** *ebbe 70 Ufficiali Caduti, 227 Feriti e 22 Dispersi.*
Tra i Militari di Truppa si ebbero 1813 Caduti, 6305 Feriti e 1796 Dispersi.
In totale le perdite ammontarono a 10233 uomini.

CAPITOLO 6
LA BRIGATA PICENO

(235° Reggimento, 236° Reggimento)

6.1 Sintesi Storica. ¤ *6.2 Impiego: anno 1917, 1918.* ¤
6.3 Comandanti di Brigata e di Reggimento. ¤ *6.4 Ricompense Collettive.* ¤
6.5 Ricompense individuali. ¤ *6.6 Le Perdite: Caduti, Feriti, Dispersi.* ¤

Fig.61. Brigata Piceno. Medaglie commemorative della Brigata

6.1 Sintesi Storica

La brigata **Piceno** si costituisce il 6 febbraio 1917 da due dei più prestigiosi e ricchi di tradizione reggimenti dell'Esercito Italiano; il Comando di Brigata ed il 235° Reggimento dal Deposito del 17° Reggimento fanteria[1]; il 236° dal Deposito del 13° Fanteria.[2]

---

[1] Il 17° Reggimento fanteria "Aqui" ha origine nel vecchio reggimento *Deportes* (1703) formato nel Regno di Sardegna da stranieri di varia nazionalità, che divenne reggimento *Audibert* nel 1730, *Monfort* nel 1746, *De Sury* nel 1769, *Chiabese* nel 1774, nazionale nel 1794. Il 26 ottobre 1796 prese il nome di "*Reggimento Alessandria*". Coi reggimenti *Monferrato* e *Saluzzo* costituì la 2a mezza brigata di linea del reggimento piemontese durante il periodo napoleonico, si organizzò poi, al ritorno di Sua Maestà Vittorio Emanuele I nei propri Stati di terraferma, prendendo il nome di brigata *Alessandria* che, nel 1821, rinforzato dalle classi provinciali chiamate alle armi, si tramutò in brigata *Acqui*. I due reggimenti di questa, 1° e 2° inquadrando gli uomini dei battaglioni *Cacciatori di Savoia, La Regina* ed *Aosta*, il 4 maggio 1883 cambiarono il loro ordinativo in 16° e 17° reggimento fanteria *Aqui*. Colla brigata ebbe anzianità 13 novembre 1821, e nel 1909 fu reso depositario della antica brigata *Alessandria*. Vanta così l'eroica difesa di Chivasso, quella memorabile di Torino, l'assedio della fortezza di Fenestrelle, la battaglia di Parma, il fatto d'arme di Guastalla, la guerra del 1742-48 di Carlo Emanuele, la difesa dell'Assietta e la campagna delle Alpi contro gli eserciti della repubblica del 1792-1796. Prese parte alla guerra 1848-49 meritando la medaglia d'argento al valor militare per il fatto d'arme della Sforzesca e per la battaglia di Novara. Con quattro compagnie, inquadrate nel 5° reggimento provvisorio, combattè alla Cernaia nel 1855-56. Tre anni dopo, durante la seconda guerra d'indipendenza, fu a Frassineto, sulla Sesia, alla battaglia di San Martino, all'investimento di Peschiera, guadagnando la seconda medaglia d'argento. Concorse alla seconda spedizione d'Africa colla formazione dei battaglioni che combatterono nella giornata del 1 marzo 1896 (Adua) ed ebbe larga parte nella mobilitazione di tre reggimenti per la guerra italo-turca 1911-1912. Cfr. Ministero della Guerra, *Calendario Regio Esercito, XVII -1939 - XVIII*, a cura del S.I.M. (Servizio Informazioni Militari), cit.

[2] Il 13° Reggimento fanteria *Pinerolo* ha origini nell'antico reggimento savoiardo comandato da marchese Lullin de Genève che fu costituito durante la Guerra del Piemonte contro Genova (1672). Divenne proprietà del Bagnasco, quattro anni dopo del Masino nel 1768, ed entrò a far parte, nel 1680, dei reggimenti d'ordinanza col nome di *Saluzzo di Sua Altezza Reale*. Coi reggimenti Monferrato ed Alessandria formò, nel periodo 1798-1812 la 2a mezza brigata di fanteria di linea dell'esercito della nazione piemontese, ed alla restaurazione ebbe nome di brigata *Saluzzo*. Il 13 novembre 1821 formò la brigata di Pinerolo che, accresciuta da elementi del battaglione cacciatori reali piemontesi e dei cacciatori di Savoia, si divise in due reggimento (1° e 2°) che presero rispettivamente la denominazione di 13° e 14° reggimento fanteria (Brigata Pinerolo) nel 1839. Partecipò alle guerre del XVIII secolo, combattendo a Staffarda, alla Marsaglia, nei memorabili assedi di Cuneo, Pinerolo, Valenza e Torino. Fu in Sicilia alla difesa di Trapani nella guerra contro la Spagna (1718-19), combattè contro gli Imperiali a Parma e Guastalla (1733 -35) partecipò alla guerra della "pragmatica sanzione" (1742-48) distinguendosi a Castelbellino, Villafranca, Montalbano, Pietralunga, Madonna dell'Olmo. Fu uno dei Reggimenti che si immolarono nella bella difesa dell'Authion durante la campagna 1792-96 contro gli eserciti della repubblica. Meritò la medaglia di bronzo all'assedio di Peschiera; una seconda medaglia di bronzo guadagnò il I battaglione nei fatti d'arme del 1848; ebbe la medaglia d'argento nella giornata di Novara (1849), altra medaglia d'argento per la campagna del 1959. Prese parte a tutte le campagne per l'indipendenza; alla spedizione di Crimea concorse con 4 compagnie alla formazione del 3° reggimento provvisorio che fu a Sebastopoli; partecipò a quella d'Africa con una compagnia. Cfr. Ministero della Guerra, *Calendario Regio Esercito, XVII*

6.2 *Impiego: anno 1917, 1918*

ANNO 1915

La Brigata **Piceno** non era costituita.

ANNO 1916

La Brigata **Piceno** non era costituita.

ANNO 1917

La Brigata **Piceno** è costituita in provincia di Vicenza, fra Grisignano-Torri di Quartesolo-Sarmego e Vencimuglio ed assegnata alla 55a divisione. Dopo un lungo periodo di esercitazioni e di allenamento, utile specialmente per le più giovani classi che costituivano il 20% della sua forza, la Brigata **Piceno** destinata in Vallarsa, è trasferita dal 25 marzo al 1 aprile a Piano ed il 9 e schiera sulla linea di resistenza arretrata fra i capisaldi del Lomer, ove compie quei lavori di rafforzamento necessari per una maggiore efficienza della linea stessa. Dal 26 aprile al 1 maggio la Brigata **Piceno** passa in prima linea sulla destra del torrente Leno, tra quota 800 ed il Matassone, rilevando la Brigata **Ancona**. Qui vi rimane fino ai primi di luglio esplicando quotidiana attività di pattuglie. Tra il 7 e l'8 è trasferita per ferrovia e per via ordinaria nella zona fra Campolonghetto-Villa Codis e Castions di Mure, passando alle dipendenze della 27 divisione. Il 16 luglio si trasferisce nella zona di Redipuglia e Soleschiano (61a divisione) e nei giorni 19 e 20 sostituisce il 2° Reggimento Granatieri ed il 139° Reggimento fanteria in prima linea, nella zona di Selo appoggiando la destra alla strada imperiale Komarje-Bestrovica, e la sinistra alle pendici sud-occidentali di quota 241. Il 31, sostituita dalla Brigata *Siena* si riunisce a Polazzo per un periodo di riposo. Il 15 agosto, in vista della nostra imminente offensiva, torna nel solito settore (27a divisione) scaglionandosi in profondità nelle doline retrostanti. Compito della 27a divisione è quello di impadronirsi del tratto di fronte Voiscizza inferiore – quota 326 – quota 232 (Krapenea) – quota 213 (a nord di Mauchiute); quello della Brigata **Piceno** è limitato alla occupazione delle quote 326 e 222. La giornata del 18 è impiegata dalle artiglierie per aprire numerosi varchi nelle trincee nemiche, varchi che vengono ampliati e resi più numerosi dai riparti in linea. Il 19 le prime ondate, composte dal I battaglione del 235° Reggimento, dal II e III Battaglione del 236° Reggimento muovono all'attacco occupando, nonostante fiera resistenza, la linea nemica di vigilanza, ove catturano numerosi prigionieri, armi e materiali vari. L'avanzata si fa però difficile, specie per l'ala sinistra perché il nemico la fulmina con mitragliatrici

---

-1939 - XVIII, a cura del S.I.M. (Servizio Informazioni Militari), cit.

appostate a quota 241 (ovest di Selo). Entrano pertanto in azione anche il II Battaglione del 235° Reggimento ed il I Battaglione del 236° Reggimento. Occupata la quota 241, si tende a quota 247; qui il nemico vi oppone una resistenza molto accanita e contrattacca a sinistra del 235° che ripiega fin quasi alle doline Franzel e Donan. Le difficoltà trovate in prossimità della quota 247 impediscono alla Brigata **Piceno** di prendere contatto, sulla sinistra, con la Brigata *Lazio* la cui avanzata, per tal motivo, viene arresta all'altezza della strada Boscomalo-Selo.

Chiesto l'intervento dell'artiglieria e ricevuti rinforzi la Brigata **Piceno** torna all'attacco di quota 247 che, finalmente cade in sue mani. Verso sera la sinistra giunge all'altezza di Korite, mentre la destra trovasi a qualche centinaio di metri da Selo. Nel frattempo, il I Battaglione del 235° Reggimento, che ha subito numerose perdite, viene sostituito dal I Battaglione del 65°Reggimento fanteria, mentre viene inviato in azione anche il III Battaglione del 235°, sinora in riserva. I1 giorno 20 la Brigata **Piceno** giunge all'altezza del cimitero e del1'acquedotto di Selo, a contatto della Brigata Granatieri che occupa il paese, mentre il I Battaglione del 65° Reggimento, con magnifico slancio, prende possesso delle falde occidentali di quota 241 a nord-est di Selo, e più tardi conquista la sommità affermandovisi dopo lunga lotta. Ma nel pomeriggio il nemico contrattacca ed obbliga la Brigata Lazio, operante sulla sinistra, a ripiegare ad occidente della linea quota 241 – quota 246 che aveva brillantemente conquistato il mattino. Anche quota 241 viene pertanto abbandonata al nemico: ma il 235° Reggimento, rinforzato dal I Battaglione del 65° Reggimento, la riprende poco dopo, mantenendone saldo il possesso malgrado nuovi e ripetuti ritorni offensivi. L'avanzata prosegue anche il giorni 21 superando le enormi difficoltà frapposte dal terreno e dal nemico.

I1 22 le truppe sostano sulle posizioni conquistate, rettificando e rafforzando la linea raggiunta. Per il contegno eroico ottenuto in questi quattro giorni di fiera lotta viene concessa la medaglia d'argento al valor militare al 235° Reggimento e quella di bronzo al 236° Reggimento e tutta a Brigata **Piceno** ha l'onore di essere citata nel bollettino di guerra del Comando Supremo. Essa ha perduto, dal 19 al 22, 42 ufficiali e 906 uomini di truppa. Nella notte sul 23, sostituita dalla Brigata *Pistoia,* si raccoglie tra Jalmicco e Sottoselva, ed il giorno successivo è trasferita per ferrovia, tra la valle dei Mercanti e Torrebel vicino. Il 15, in autocarri, prosegue per il settore di Pòsina ove, nei giorni successivi, rileva la IV Brigata bersaglieri, schierandosi sulle posizioni di Monte Preuche-Lambre-Ciparie-Mogentale, alla dipendenza del V Corpo d'Armata e, più tardi (6 ottobre) della 69a divisione. Fino al 14 ottobre la Brigata **Piceno** alterna i suoi battaglioni nel citato settore, esercitando assidua vigilanza e compiendo frequenti azioni di pattuglie. Il 15, rilevata dalla Brigata *Pallanza* si trasferisce fra San Vito di Leguzzano. Maio, San Tomio e Santa Caterina. Tra il 26 ed il 29 è inviata sulla fronte del Pasubio (Sottosettore Porte del Pasubio) a sostituirvi la Brigata *Liguria* (55° divisione) ed ivi passa il resto dell'anno nella consueta rotazione dei suoi reparti fra le posizioni di prima e seconda linea.

Fig.62. Cartolina. 235° Reggimento Fanteria "Piceno"

Fig.63. Cartolina Postale. 236° Reggimento Fanteria "Piceno"

Fig.64. Cartolina. 235° Reggimento Fanteria "Piceno"

ANNO 1918

a. permanenza in linea:
- dal 1 gennaio al 12 agosto: Sottosettore Porte di Pasubio, Sottosettore di Cosmagnon.
- dal 1 ottobre al 4 novembre: Sottosettore Porte di Pasubio, Sottosettore di Cosmagnon, Piano di Vallarsa, Linea Fortino, Roje Grande, Roje Piccolo, Leno di Vallarsa, Leno di Terragnolo, Rovereto.

b. permanenza in zona di riposo, lavori e trasferimenti.
- dal 13 agosto al 30 settembre: Valdagno.

c. operazioni:
La Brigata **Piceno** è sempre nel solito sottosettore, dal Palòm di Pasubio agli "Alberghetti", ove resta sino al 17 giugno, per poi spostarsi a sinistra, nel sottosettore di Cosmagnon tra Sogi ed il Coston di Lora. In ambedue i fronti alterna i suoi Reggimenti fra turni di linea e turni di riposo. La sua attività in linea, maggiormente necessaria nei primi mesi dell'anno, durante i quali, da parte nostra ed avversaria, si svolge una accanita lotta di mine, rende sicura la difesa di quegli importanti baluardi montani. È attività di lavori di rafforzamento e di gallerie, è attività di pattuglie, alle quali spesso si uniscono elementi czeco-slovacchi dislocati espressamente nella zona; così si riesce a tenere a bada il nemico ed a paralizzare ogni suo proposito combattivo.

Dal 13 al 17 agosto, sostituita dalla Brigata *Catania*, si trasferisce a Valdagno, ed inizia un periodo di riposo ed ordinamento che dura fino al 30 settembre, allorché è di nuovo inviata nel settore Pasubio ove si schiera, con un reggimento nel sottosettore Cosmagnon e con l'altro nel sottosettore Porte di Pasubio. Quivi riprende la consueta attività di pattuglie.

Nella nostra offensiva finale la Brigata **Piceno**, meno i battaglioni I del 235° Reggimento e III del 235° Reggimento, in Piano di Vallarsa a disposizione del comando Brigata *Liguria*, il 2 novembre agisce contro la linea: Fortino-Roje Grande Roje Piccolo, che viene brillantemente superata, procurandola cattura di oltre 600 prigionieri, di molti cannoni, armi portatili e munizioni. Il 3 novembre, passati il Leno di Vallarsa ed il Leno i Terragnolo, entra in Rovereto, con tre battaglioni, il I battaglione del 236° Reggimento, il II ed il III Battaglioni del 235° Reggimento, ed ivi è raggiunta, il 4 novembre, dagli altri battaglioni.

6.3 Comandanti di Brigata e di Reggimento

Brigata:
Magg. Gen. TORTI Carlo, dal 6 febbraio al 22 luglio 1917 (ferito)
Col. Brig. GAGLIARDO Antonio, dal 2 agosto 1917 al 1 aprile 19178
Brigg. Gen. AMANTEA Luigi, dal 4 aprile al 24 settembre 1918
Magg. Gen. SIROMBO Giovanni, dal 23 settembre al termine della guerra.

235° Reggimento:
Col. TORRE Francesco, dal 6 febbraio al 15 maggio 1917
Col. PAGLIARULO Francesco, dal 16 al 20 maggio 1917
Col. CABIATI Ernesto, dal 21 maggio 1917 al termine della guerra.

236° Reggimento
Col. GRAVOSO Mario, dal 6 febbraio 1917 all'11 maggio 1917
Ten. Col. DE MATTEIS Oreste, dal 12 maggio al 29 agosto 1918.
Col. PERRIER Pietro, dal 30 agosto al termine della guerra.

6.4 Ricompense Collettive

La Brigata **Piceno** ha avuto le seguenti ricompense:

Alla Bandiera

Medaglia d'Argento
Alla Bandiera del 235° Reggimento fanteria.
"Con meravigliosa irresistibile impeto irruppe in minutissimi trinceramenti nemici, oltrepassandoli, pur flagellato da numerosi mitragliatrici, che i suoi fanti snidarono in epica gara di sanguinoso individuale ardimento. Sulle posizioni conquistate s'affermò con incrollabile tenacia, respingendo con serena fermezza i violenti contrattacchi dell'accanito avversario".
Selo-Kortie, 19-22 agosto 1917.[3]

Medaglia di Bronzo
Alla Bandiera del 236° Reggimento fanteria.
"Con tenace volontà di vittoria, in quattro giorni di aspri combattimenti, brillantemente conquistò importanti posizioni nemiche resistendo validamente ai reiterati accaniti contrattacchi avversari"
Selo-Kortie, 19-22 agosto 1917.[4]

---

[3] Bollettino Ufficiale, anno 1926. Dispensa 47.
[4] Bollettino Ufficiale, anno 1926. Dispensa 47.

Citazione sul Bollettino di Guerra del Comando Supremo

La Brigata **Piceno** è stata citata una sola volta sul Bollettino di Guerra del Comando Supremo.

Bollettino di Guerra n. 819 (21 agosto 1917, ore 13.)

"La battaglia sulla fronte giulia prosegue ininterrotta: meravigliosamente tenaci e con azione concorde le nostre truppe efficacemente coadiuvate all'estrema ala destra dalle batterie fisse e natanti e dai monitori della Regia Marina, marciano verso il successo che, anche a traverso la non diminuita resistenza nemica, si va delineando.

Mentre l'ala Nord della vasta fronte la lotta si svolge regolarmente, sull'altipiano carsico e nella zona litoranea, sotto la poderosa pressione delle truppe della 3a Armata, la linea nemica ha cominciato ad inflettersi e cedere in più punti. Le valorose fanterie del XXII Corpo d'Armata ancora una volta si sono coperte di gloria: le brigate Granatieri (1° e 2° Reggimento), Bari (139° Reggimento e 140 ° Reggimento), Piceno (235° reggimento e 236° Reggimento) hanno gareggiato in bravura riuscendo ad oltrepassare le poderose difese nemiche tra Corite e Seio verso la forte posizione di Stari-Lovka.

Duecentosessantuno nostri velivoli hanno volato sopra il campo di battaglia: le truppe ammassate tra Selo e Comeno e sulle falde orientali dell'Hermada sono state fulminate; gli impianti del nodo ferroviario di Tarvis e intensi movimenti nemici ivi segnalati furono colpiti con 5 tonnellate di bombe ad alto esplosivo. Un nostro apparecchio da caccia non fece ritorno al proprio campo. Un velivolo nemico venne abbattuto.

Fino a ieri sera il numero dei nemici passati dai posti di concentramento erano 213 ufficiali e 10103 uomini di truppa. Altri numerosi feriti sono stati ricoverati negli ospedali da campo".

Nella notte sul 20 ed in quella scorsa il nemico ha eseguito a scopo diversivo concentramenti di fuoco e tentativi d'attacco parziali su vari tratti delle fronti tridentina e carsica. Fu ovunque respinto. Un suo riparto d'assalto venne annientato in Val Lagarina ed un altro, che era riuscito a porre piede in un nostro posto avanzato a sud est di Monte Maio, ne venne scacciato da un pronto contrattacco".

Generale Cadorna

6.5 *Ricompense individuali*

Gli uomini della Brigata **Piceno** hanno avuto le seguenti ricompense.

Militari decorati con Medaglia d'Oro al Valor Militare

Nessun componente la Brigata **Piceno** è stato decorato con Medaglia d'Oro al valor Militare nell'arco di tempo che va dalla costituzione della Brigata **Piceno** al termine della guerra.

Militari decorati con Medaglia d'Argento al Valor Militare

235° Reggimento fanteria: Ufficiali n. 27 - Truppa n.12
236° Reggimento fanteria: Ufficiali n. 4 - Truppa n.4

Militari decorati con Medaglia di Bronzo al Valor Militare

235° Reggimento fanteria: Ufficiali e militari di truppa, n.7
236° Reggimento fanteria: Ufficiali e militari di truppa, n. 4

Militari Decorati con l'Ordine Militare di Savoia

Comando Brigata:

GAGLIARDO Antonio, colonnello brigadiere, *cavaliere,*
Selo, 18-22 agosto 1917.

6.6 *Le Perdite: Caduti, Feriti, Dispersi*

235° Reggimento
ANNO 1917
Settore: Di Vallarsa (9 aprile – 2 luglio)
Ufficiali: *Caduti 2, Feriti 1, Dispersi 0.*
Truppa: *Caduti 7, Feriti 26, Dispersi 7.*

Settore: Zona Redipuglia (16-31 luglio)
Ufficiali: *Caduti 0, Feriti 0, Dispersi 0.*
Truppa: *Caduti 7, Feriti 33, Dispersi 0.*

Settore: Korite – Selo (19-22 agosto)
Ufficiali: *Caduti 6, Feriti 14, Dispersi 0.*
Truppa: *Caduti 33, Feriti 250, Dispersi 115.*

Settore: Settore Posina (28 agosto – 12 ottobre)
Ufficiali: *Caduti 0, Feriti 0, Dispersi 0.*
Truppa: *Caduti 2, Feriti 6, Dispersi 0.*

Settore: Sottosettore Porte di Pasubuio (26 ottobre – 31 dicembre)
Ufficiali: *Caduti 0, Feriti 0, Dispersi 0.*
Truppa: *Caduti 2, Feriti 3, Dispersi 0.*

Totale anno 1917:
Ufficiali: Caduti, 8, Feriti 15, Dispersi 0
Truppa: Caduti 51, Feriti 318, Dispersi 122

ANNO 1918

Settore: Sottosettore Porte del Pasubio (1° gennaio – 12 agosto)
Ufficiali: *Caduti 0, Feriti 0, Dispersi 0.*
Truppa: *Caduti 5, Feriti 12, Dispersi 0.*

Settore: Porte del Pasubio. Sottosettore Cosmagon (1 ottobre – 4 novembre)
Ufficiali: *Caduti 0, Feriti 0, Dispersi 0.*
Truppa: *Caduti 0, Feriti 0, Dispersi 0.*

Totale anno 1918:
Ufficiali: Caduti, 0, Feriti 0, Dispersi 0
Truppa: Caduti 5, Feriti 12, Dispersi 0.

236° Reggimento
ANNO 1917
Settore: Di Vallarsa (9 aprile – 2 luglio)
Ufficiali: *Caduti 0, Feriti 1, Dispersi 0.*
Truppa: *Caduti 5, Feriti 41, Dispersi 0.*

Settore: Zona Redipuglia (16-31 luglio)
Ufficiali: *Caduti 0, Feriti 4, Dispersi 0.*
Truppa: *Caduti 0, Feriti 39, Dispersi 0.*

Settore: Korite – Selo (19-22 agosto)
Ufficiali: *Caduti 4, Feriti 12, Dispersi 6.*
Truppa: *Caduti 32, Feriti 218, Dispersi 258.*

Settore: Settore Posina (28 agosto – 12 ottobre)
Ufficiali: *Caduti 0, Feriti 1, Dispersi 0.*
Truppa: *Caduti 6, Feriti 6, Dispersi 0.*

Settore: Sottosettore Porte di Pasubuio (26 ottobre – 31 dicembre)
Ufficiali: *Caduti 1, Feriti 3, Dispersi 0.*
Truppa: *Caduti 12, Feriti 10, Dispersi 19.*

Totale anno 1917:
Ufficiali: Caduti 5, Feriti 21, Dispersi 6
Truppa: Caduti 55, Feriti 314, Dispersi 277

ANNO 1918

Settore: Sottosettore Porte del Pasubio (1° gennaio – 12 agosto)
Ufficiali: *Caduti 0, Feriti 0, Dispersi 0.*
Truppa: *Caduti 51, Feriti 38, Dispersi 12.*

Settore: Porte del Pasubio. Sottosettore Cosmagon (1 ottobre – 4 novembre)
Ufficiali: *Caduti 0, Feriti 0, Dispersi 0.*
Truppa: *Caduti 0, Feriti 0, Dispersi 0.*

Totale anno 1918:
Ufficiali: Caduti, 0, Feriti 0, Dispersi 0
Truppa: Caduti 51, Feriti 38, Dispersi 12.

RIEPILOGO GENERALE DELLE PERDITE DELLA
Brigata Piceno

Anno 1917
Ufficiali: *Caduti 13, Feriti 36, Dispersi, 6.*
Truppa: *Caduti 106, Feriti 532, Dispersi 399.*

Anno 1918
Ufficiali: *Caduti 0, Feriti 0, Dispersi 0.*
Truppa: *Caduti 56, Feriti 50, Dispersi 12.*

Nel corso della guerra la Brigata ***Piceno*** *ebbe 18 Ufficiali Caduti, 46 Feriti e 6 Dispersi.*
Tra i Militari di Truppa ebbe 157 Caduti, 570 Feriti e 351 Dispersi.
In totale le perdite ammontarono a 1150 uomini.

CAPITOLO 7
LA BRIGATA PESARO

(239° Reggimento, 240° Reggimento)

7.1 Sintesi Storica. ¤ 7.2 Impiego: anno 1917, 1918. ¤
7.3 Comandanti di Brigata e di Reggimento. ¤ 7.4 Ricompense Collettive. ¤
7.5 Ricompense individuali. ¤ 7.6 Le Perdite: Caduti, Feriti, Dispersi. ¤

BRIGATA PESARO (239° e 240° Fanteria)

Brigata Pesaro.

Fig.65. Brigata Pesaro. Medaglie commemorative della Brigata

7.1 *Sintesi Storica*

La Brigata **Pesaro** fu costituita nel gennaio 1917. Il Comando di Brigata ed il 239° Reggimento dal deposito del 59° Reggimento fanteria[1]; il 240° Reggimento dal deposito del 60° Reggimento fanteria.[2]

7.2 *Impiego: anno 1917, 1918*

ANNO 1915

La Brigata **Pesaro** non era costituita

ANNO 1916

La Brigata **Pesaro** non era costituita

ANNO 1917

a. permanenza in linea
- dal 16 al 30 maggio: Pendici di Monte Zebio, Casara Zebio, QQ 1623, 1591,1626
- dal 6 giugno al 12 luglio: Pendici di Monte Zebio Casara Zebio, QQ 1623, 1591,1626 Val di Nos, Croce di S. Antonio, Azione per la conquista di Monte Zebio, Pastorile, quote 1678-1706
- Dal agosto al 21 ottobre: Settore del Sober, Linea ferroviaria San Pietro, Ovela Draga, C. Gallia, attacco alle quote123 nord e sud

---

[1] Il 59° Reggimento fanteria *Calabria* (motto: *acriter in hostes*) si formò il 18 aprile 1861, in conseguenza del riordinamento 24 gennaio 1861 dell'arma di fanteria, con elementi di tre reggimenti di fanteria dell'esercito regolare, ciascuno dei quali fornì un battaglione. Entrò a far parte della brigata di nuova formazione *Calabria*. Con lo scioglimento delle brigate permanenti nel 1871 assunse la denominazione 59° Reggimento fanteria (Calabria) concorrendo quindi alla ricostruzione dell'antica brigata nel 1881. Partecipò alla terza guerra di indipendenza nazionale; concorse alla formazione dei battaglioni di fanteria d'Africa del corpo di operazione per la guerra italo-abissina 1895-1896; ed ebbe larga parte nella mobilitazione di quattro reggimenti per la guerra Italo-turca 1911-12. Cfr. Ministero della Guerra, *Calendario Regio Esercito, XVII -1939 - XVIII*, a cura del S.I.M. (Servizio Informazioni Militari), cit.

[2] Il 60° Reggimento fanteria *Calabria*, (motto: *forte come la morte*) in linea generale ha la stessa storia, fino al 1915, del gemello 59° Reggimento fanteria, di cui sopra. In particolare effettuò lo sbarco di Macabes e prese parte al combattimento di Sidi Said nel giugno 1912 meritando, per la bella condotta tenuta, una medaglia di bronzo al valor militare. Cfr. Ministero della Guerra, *Calendario Regio Esercito, XVII -1939 - XVIII*, a cura del S.I.M. (Servizio Informazioni Militari), cit.

- Dal 25 ottobre all'8 novembre: Operazioni di ripiegamento, Grafenberg, Ferrovia, Scartizza, Monte Fortin, Corona, Medea, Chiopris, Viscone, Trevignano, Ialmicco, Palmanova, Ontagnano, Gonars, Castione di Strada, Flumignano, Virco, Bertiolo, Romans, Mortegnano, Tagliamento, Ponte di Madrisio, Cordovado, Villanova di Bannia, Azzano Decimo, Magnedolo, San Cipriano.
- dal 15 al 29 dicembre. Monte Grappa, Osteria di Posie, Linea Fra Col Moschin, Col del Fragheron, Cà d'Anna, Cà del Miglio, Vallone San Lorenzo, Val Damoro, Valle delle Foglie, Val Cismon, Monte Asolone.

b. permanenza in zona di riposo, lavori e trasferimenti.
- dal 22 gennaio al 15 maggio: Asolo, Maser, Sologna, Primolano, Enego, Tombal, Campo delle Doghe, Valle di Campomulo, Passo Stretto, Roccolo Cosmon, Monte Baldo, Pian di Ronchelley
- dal 31 maggio al 5 giugno: Passo Stretto, Vallo di Campomulo, Tagarick, Pian di Ronchelle
- dal 13 luglio al 24 agosto: Campo Cavallo, Enego, Cascina Cornetta. Trasferimento: Primolano, Cismon, Udine, Leonacco, Reana, Pradamano, Dolegnano, Moraro, Ciglione di San Andrea
- dal 22 al 24 ottobre: Moraro, Corona, Mossa
- dal 9 novembre al 14 dicembre: Peraga, Reschiagliano, Pionea, San Giorigo in Bosco Sant'Anna Morosina, Villa del Conto, San Zeno, Bessica, Casoni, Romano Alto, Corte, Pove, Borso
- dal 30 al 31 dicembre: Borso, Cassanego.

c. operazioni.

ANNO 1918

a. permanenza in linea:
- dal 12 al 31 gennaio: Monte Grappa, Val del Pez, Val dei Lebbi, Testata, Val delle Bocchette, Cà Tasson, Val Damoro, Colli Vecchi, Monte Coston, Cason d'Ardossa
- dal 14 marzo al 30 aprile: Monte Grappa, Casoni Coston, Colli Vecchi, Casa Bordignon, Osteria di Poise, Valle dei Lebbi,Monte Asolone, Monte Pertica, quote 1461-1549-1581, Val Cesila
- dal 15 maggio al 16 luglio: Monte Grappa, Settori Pertica, Val Cesila, quote 1581
- 1503, Monte Rivon, Val Damoro, Azione alle quote 1549-1541, Offensiva Austriaca Colli Vecchi, Val Damoro, Casone di Coston, quote 1503-1490-1478-1581, Val delle Foglie, Linea delle Pedane, Rovescio Monte Oro, Quota 1312, Osteria la Cibera, Caposaldo Q.1503

- dal 31 luglio al 22 settembre: Monte Grappa, Monte Ore, Pendane, Croce del Termine, Cason di Meda, Monte Coston, quote 1520-1505, Val Damoro, Val Casila
- dal 9 ottobre al 3 novembre: Monte Grappa, Monte Asolone, quota 1473-1503-1490 Cason di Meda, Monte Rivon, Pendane, Cima Grappa, Val dei Lebbi, Caverne di Quote 1581, Rovescio del Busetto, Caverna di quota 1648, Cason Cancell'Alto, Caverna del Grappa, Rovescio di Monte Rivon, Azione per la conquista di Monte Pertica, Casera Col della Martina, Val delle Foglie

b. permanenza in zona di riposo, lavori e trasferimenti.
- dal 1° all'11 gennaio: Borso, Cassanego
- dal 1° febbraio al 13 marzo: Felette, Bortignoni, Borso, Sant Eulalia
- dal 1 al 14 maggio: Borso, Sant'Eulalia
- dal 17 al 30 luglio: Borso
- dal 25 settembre all'8 ottobre: Borso, Semonzo
- dal 4 novembre: Sant'Eulalia, Crespano

c. operazioni.

ANNO 1917

Nelle zone di Asolo e di Maser affluiscono, fra gli ultimi giorni di gennaio ed i primi di febbraio, i vari battaglioni che costituiscono la Brigata **Pesaro**, posta alle dirette dipendenze del XX Corpo d'Armata. Il 30 aprile la Brigata **Pesaro** è trasferita a Solagna, il 1° maggio a Primolano, il 2 fra Enego e Tomba ed il 3, mentre il 239° Reggimento sosta a Campo delle Doghe, ove è posto alla dipendenza della 29a divisione, il comando della Brigata ed il 240° Reggimento, assegnati alla 13a divisione, si dislocano fra Passo dello Stretto, Roccolo Cismon e Monte Baldo. Nella notte sul 16 maggio il 240° Reggimento sostituisce in linea il 145° Reggimento fanteria. Il 30 maggio il 239° Reggimento rientra alla Brigata e si attenda a Pian di Ronchelle. Il 31, il 240° Reggimento, sostituito dal 146° Reggimento, scende a riposo, fra Passo Stretto, Valle di Campomulo e Tagarlok. Il 6 giugno questi due Reggimenti si scambiano, mentre il 239° Reggimento, in vista di una nuova azione offensiva, invia due battaglioni in Val di Nos ed il terzo a Passo Stretto. Il 10 giugno ha inizio l'azione. La Brigata **Pesaro** deve, in un primo tempo, impadronirsi del costone di quota 1708 (Casara Zebio), quota 1707, e successivamente estendere l'occupazione verso ovest, concorrendo, con la Brigata *Catania*, alla conquista del pianoro di quota 1819. Cessata la preparazione dell'artiglieria, le prime ondate del 239° Reggimento si spingono ardite verso i varchi, ma le arresta un nutrito fuoco di sbarramento che produce la perdita di 7 ufficiali e 214 uomini. Fra i Caduti vi è il Comandante del 239° Reggimento. Gli ulteriori tentativi sono resi vani anche dalle avverse condizioni atmosferiche, sì che l'azione è sospesa ed il 239° Reggimento è inviato in val Campomulo. Il 18 giugno è ripresa l'operazione su Monte Zebio; il 239° Reggimento è richiamato in Val di Nos. La Brigata ha il compito di impossessarsi delle quote 1673 e 1706; vi concorrono reparti delle Brigate *Catania* e *Veneto*. Dopo vari tentativi operati da pattuglie per sondare l'efficienza avversaria, il 19 i Battaglioni I e III del 240° Reggimento avanzano dalla linea di partenza, ma il tiro di mitragliatrici in caverna e quello dell'artiglieria proveniente da Monte Colombara e dal Monte Interrotto arresta ancora una volta le audaci ondate; il II Battaglione del 239° Reggimento accorre in rincalzo, ma i suoi sforzi non valgono a migliorare le sorti del combattimento, che è reso più penoso dallo scatenarsi di un improvviso temporale. Le truppe operanti si arrestano sulle posizioni raggiunte; esse hanno perduto 23 ufficiali e 555 militari di truppa. Il nemico tenta il 21 qualche azione di pattuglia ma è respinto con perdite. La notte sul 10 luglio il 240° Reggimento, dopo aver ceduto il suo tratto di linea al 239° Reggimento, è inviato a Campo Cavallo. La raggiunge dopo due giorni il 239° Reggimento, sostituito da reparti della Brigata Regina. Nei giorni 23 e 24 luglio la Brigata **Pesaro** è inviata ad Enego, ove inizia un periodo di istruzione che dura fino al giorno 11 agosto allorché è trasferito ad Udine in ferrovia e dislocata nella zona fra Leonacco e Reana. Il 16 è fatta proseguire per Padramano, il 19 per Dolegnano, il 24 per Moraro ed il 25 è destinata a sostituire la Modena sulla fronte del Sober, compresa fra la ferrovia San Pietro-Oveia Draga e Casa Gialla. Passa alla dipendenza della 59a divisione. È in pieno svolgimento la battaglia della Bainsizza; alla Brigata **Pesaro** è commesso il compito di agire dimostrativamente per lo sperone di quota 98 est contro la quota 123 nord e, per quello "triangolare" contro la quota 122 sud. Lo assolve brillantemente nei giorni 27, 28, 29 agosto, impegnando il nemico e infliggendogli molte perdite; anch'essa perde 2 ufficiali e 97 gregari. Sostituita, è inviata a riposo fra Moraro e Corona, destinata alla riserva del VIII Corpo d'Armata. Sferratasi il 24 ottobre l'offensiva austro-tedesca, alla Brigata è affidata, il 27 la difesa della linea Grafenberg-Monte Fortin-Medea a protezione del ripiegamento dei reparti della 3a Armata e della 4a divisione. Il 28 (ottobre) il 240° Reggimento è inviato sulla linea Jalimicco -Trevignano, il 30 è spostato a Mortegliano, passando a disposizione della 7a divisione. Mentre il 240° Reggimento resiste sul posto sacrificandosi sul posto e subendo ingenti perdite fra feriti e prigionieri, il 239° Reggimento, passato intanto alla dipendenza tattica della Brigata Brescia, oppone al nemico incalzante una tenace resistenza a Villanova e Monte Fortin ed il 29 inizia il suo ripiegamento prima verso Corona e poi, per Viscone, verso Flumignano. Una nuova resistenza tenta il 30 a Bertiolo; il 31 passa il Tagliamento al ponte di Mandrisio e sosta a Cordovado. Da qui la Brigata **Pesaro** con 239° Reggimento ed i resti del 240° Reggimento inizia il 2 novembre una serie di trasferimenti che per Azzano Decimo, Magnedolo, San Cipriano, Pesseggia, termina il 9 nella zona fra Pionca, Peraga, Vigonza, e Mallaredo ove inizia il suo riordinamento. Il 29 è trasferita nella zona a sud della linea Vaccherie-Stazione Villa del Conte ed il 30 in quella fra Vignola, San Zenone, Carniato, Bessica e Casoni. La Brigata il 3 dicembre si reca, per Val Damoro, ad occupare le posizioni di 2a Linea fra Col Moschin e Col Fagheron (59a divisione) mentre il 239° Reggimento è inviato in Val Poise quale riserva del VI Corpo d'Armata. L'indomani il 240° Reggimento è schierato sulle contrastate posizioni antistanti a Cà d'Anna col compito di resistervi ad oltranza, il 239° Reggimento intanto è dislocato, per lavori di rafforzamento, sulla linea Monte Oro, Colli Vecchi, Monte Meda. Il 18 dicembre il nemico, preceduto da intensa preparazione di artiglieria, attacca le posizioni dei battaglioni II e III del 240° Reggimento che lo ricacciano alla baionetta; per due volte ritenta la prova accanendosi specialmente contro e posizioni di Cà d'Anna (ovest di Osteria il Lepre) ma è sempre respinto con perdite. Il contegno del Reggimento nella tenace resistenza è citato nel bollettino di guerra del Comando Supremo. I1 20 dicembre, i battaglioni II e III del 239° Reggimento concorrono brillantemente, con altre truppe della 66a divisione, alla conquista della vetta di Monte Asolone che viene subito rafforzata e saldamente mantenuta, nonostante il violenti ritorni offensivi. Il 22 il 240° Reggimento, sostituito dal 60° Reggimento, è inviato a riposo a Borso; nei giorni 28 e 29 anche il 239° Reggimento è rilevato dal 22° Reggimento fanteria e si disloca nella zona tra Rore, Fojtanelle, Cassanego e Chiesure.

Fig.66. Cartolina Commemorativa della Brigata "Pesaro"

ANNO 1918

Destinata a sostituire sul Monte Grappa la Brigata *Messina*, la Brigata **Pesaro** invia, il 12 gennaio i1 239° Reggimento in Val Poise, mentre il 240° sostituisce il 93° sulla linea: confluenza Val di Pez con Val dei Lebib-Case Tasson-Roccolo-testata Val delle Bacchette. Il 13, il 239° Reggimento riprende i lavori sulla linea Monte Oro-Colli Vecchi-Monte Meda.

Il 14 il 240° Reggimento compie, verso Case Tasson, una azione di pattuglia a scopo dimostrativo, che viene pienamente raggiunto, poiché il nemico è per oltre quattro ore impegnato, agevolando in tal modo l'avanzata dei reparti collaterali. Il 17 il 239° Reggimento sostituisce il 94° Reggimento sulla seconda linea del settore orientale del Monte Grappa. Nei giorni 30 e 31 gennaio la Brigata **Pesaro**, rilevata dalla Brigata **Lombardia** scende al piano e si disloca nella zona ad est di Bassano, ove passa il mese di Febbraio impegnata in una serie di esercitazioni. Nei primi due giorni di marzo è inviata nella zona Borso-S Entalia al posto della Brigata Modena dal 14 al 16 di detto mese sostituisce la Brigata *Cremona* sulla consueta linea Monte Oro-Colli Vecchi-Monte Meda. Un successivo ordine la destina a rilevare, nei giorni 29, 30 31, la Brigata *Massa Carrara* sul Monte Pertica, ove schiera il 239° Reggimento, sul tratto compreso tra quota 1461 di Monte Asolone – quota 1549 (Monte Pertica) e quota 158, mentre il 240° Reggimento si schiera parte in seconda linea sugli sbarramenti della testata Val Damoro-Pra di Beato e Prà Pelai e parte sulle posizioni di cresta di quota 1461 (sud-ovest di Monte Asolone) al Monte Grappa. Per una più efficiente difesa il settore della Brigata **Pesaro** viene diviso in due sottosettori: di Val Cesilla e Monte Pertica. Dopo un mese di permanenza in linea, durante il quale vengono respinte due puntate avversarie operate da pattuglie, il 15 ed il 25 aprile, rispettivamente contro le quote 1549 e 1451, la Brigata **Pesaro** nelle notti sul 29 e sul 30 aprile, è rilevata dalla Brigata *Modena* ed inviata nella consueta zona di riposo di Borso-Sant'Eulalia. Nei giorni 15 e 16 maggio le due Brigate si sostituiscono e la Brigata **Pesaro** riassume la difesa del settore Pertica-Val Cesilla, ove schiera per ala i suoi Reggimenti. L'8 giugno tre grosse pattuglie del 240° Reggimento tentano una azione di sorpresa sulla cima del Monte Pertica. Superate le difese avversarie e due ordini di trincee, gli attaccanti sorprendono alcuni reparti nemici annidati nelle caverne esistenti dietro la cima del monte. Il nemico, contrattacca, ma è arrestato dagli arditi reparti che, assolto brillantemente il compito, rientrano nelle linee di partenza. Le perdite del Reggimento assommano ad un centinaio di uomini, tra cui quattro ufficiali. Sostituita dalla Brigata *Cremona* il giorno 14 giugno, la Brigata **Pesaro** inizia il trasferimento sulle posizioni di Colli Vecchi-Val Damoro-Casoni di Coston, ma l'offensiva nemica la coinvolge nella lotta furibonda. La notte sul 15 sono in linea, nella zona di Val Cesilia, il I Battaglione del 239° Reggimento nel tratto da quota 1503 e sul Pertica il III Battaglione del 240° Reggimento nel tratto quota 1581-Monte Rivon. L'inizio del bombardamento sorprende il II Battaglione del 239° Reggimento mentre, a cambio ultimato, si è portato verso Osteria Cibera, si che la sua 6a compagnia rimane bloccata in Val Cesilia. Il nemico, cessato il fuoco dell'artiglieria, muove all'attacco e conquista le quote 1478 e 1490 determinando la caduta delle posizioni fronteggianti Val Cesilia e Val Damoro e prosegue verso a quota 1503 che riesce poco dopo ad occupare nonostante la resistenza opposta dalla la compagnia del 239° Reggimento e della 13a compagnia del battaglione complementare. La critica situazione richiede sacrifici nuovi ai quali si prodigano i reparti della Brigata **Pesaro**. Il III Battaglione del 239° Reggimento occupa la linea delle Pendane a sbarramento della valle delle Foglie, consentendo così alla 3a compagnia di risalire le pendici orientali della quota 1503, sulla cui cresta essa impegna, assieme alla 2a compagnia, una cruenta lotta che vale ad arrestare in quel tratto il nemico ed a respingerlo sul versante nord ovest della quota stessa. Contemporaneamente il 240° Reggimento tiene il suo saldo possesso la linea del Monte Rivon. Il nemico però minaccia la quota 1503 la cui necessaria conquista è affidata al 239° Reggimento coadiuvato dal III Reparto d'Assalto. I disperati sforzi delle compagnie 7a ed 8a del 239° Reggimento e 3a del Reparto d'Assalto hanno finalmente ragione dell'avversario che è definitivamente ricacciato dalla quota 1503. Il giorno 16 giugno la nuova conquista è ampliata fino alla linea di sbarramento fronteggiante la quota 1490. Anche questa è più tardi occupata dal III Battaglione del 239° Reggimento che spinge anzi alcune pattuglie fin sulla quota 1478. In tal modo tutta la linea di cresta è in saldo possesso della Brigata per opera specialmente del 239° Reggimento che merita una particolare citazione sul bollettino di guerra del Comando Supremo ed anche del 240° Reggimento che, riconfermando la valorosa condotta già spiegata nell'ottobre 1917, riceve dal Comando Supremo una nuova Bandiera in sostituzione di quella che era stato costretto a distruggere nell'ottobre 1917 perché non cadesse nella mani del nemico. Le perdite della Brigata **Pesaro** ammontano a 19 ufficiali e 502 gregari.

Il 19 giugno il 239° Reggimento si trasferisce a Borso, mentre il 240° si schiera sulla linea di cresta quota 1139-Monte Frontal. Il 23, per concorre ad una azione svolta da truppe del IX Corpo d'Armata contro Monte Asolone, il 239° Reggimento si porta in Val Poisè schierandosi sulla linea: rovescio di Colli Vecchi-Osteria della Cibera-quota 1690. All'attacco del 24 giugno partecipa il III Battaglione del 239° Reggimento che subisce perdite. Dopo un alternativa di turni di riposo e di linea fra i suoi battaglioni, la Brigata **Pesaro** il 16 luglio, sostituita dalla Brigata **Marche**, scende a Borso, ove intraprende un nuovo periodo di istruzioni che dura fino al 30, nel qual giorno ritorna in linea al posto della Brigata *Cremona*. Nel settore occidentale del Monte Grappa, dopo un mese, le Brigate si scambiano nuovamente. La Brigata **Pesaro** il 7 ottobre è nel consueto settore del Monte Grappa per il suo ultimo turno di trincea, a sostituirvi riparti del 2° Raggruppamento di assalto. Il 23, in vista della imminente nostra offensiva, è rilevata la linea della Brigata *Roma* e così dislocata: il 239° Reggimento a Cima Grappa, il 240° Reggimento in Val dei

Lebbi. L'ordine di operazione assegna quale primo obiettivo alla Brigata **Pesaro** lo sperone di Monte Pertica-Casera Col della Martina. La colonna principale di attacco è composta dai battaglioni I e II del 239° Reggimento; il II Battaglione è in riserva di Brigata; il 240° costituisce la riserva divisionale ed è dislocato fra Casone di Cancellato-Caverne del Grappa-rovesci del Monte Rivon. Il 24, sferrato l'attacco, riparti di arditi della Brigata **Pesaro** raggiungono subito la quota 1549, ma il nutrito fuoco di sbarramento avversario arresta le successive ondate. Più tardi l'azione è ripresa: il II Battaglione del 239° Reggimento è spinto sulla linea del fuoco. Mentre il 239° Reggimento attacca il Pertica da sud ovest, il I Battaglione del 240° Reggimento con altri reparti lo fa da nord; le due colonne si portano sotto la vetta del monte ove si rafforzano. L'azione prosegue il 25 il 240° Reggimento punta, nella direzione assegnatagli sul Monte Pertica, mentre il 239° Reggimento agisce prima dimostrativamente verso le quote 1451 e poi a fondo verso la quota 1435 di Casera Cima. Dopo cruenta lotta il Monte Pertica (quota 1549) è conquistato colla cattura di molti prigionieri e abbondante bottino d'armi e munizioni, ma per rendere più saldo il possesso occorre occupare la quota 1451, contro la quale operano il II Battaglione del 239° ed altri riparti. Dopo la lotta non meno accanita anche questo caposaldo cade in nostro possesso. Il 26 tre compagnie del 239° Reggimento, formate dai superstiti dei battaglioni I e II, muovono alla conquista di Col della Martina. Il nemico il 27 con un violento contrattacco riesce a riprendere la vetta del Monte Pertica, ma la tenace resistenza delle truppe schierate su quota 1451 ed il tempestivo accorrere dei rincalzi ricacciano definitivamente gli attaccanti e consolidano la conquista del monte. La Brigata **Pesaro**, sostituita dalla brigata *Modena,* è inviata il 28 in Val dei Lebbi. Le sue perdite ammontano ad 88 ufficiali e 1583 militari di truppa. Il suo valoroso contegno merita la concessione della medaglia d'argento al valor militare alle sue Bandiere e la citazione sul bollettino di guerra del Comando Supremo. Il 4 novembre la **Pesaro** è trasferita presso S. Eulalia per rinfrancarsi delle dure fatiche patite.

6.3 *Comandanti di Brigata e di Reggimento*

Brigata:
Col. Brig. FABBRINI Giulio, dal 22 gennaio al 1 marzo 1917
Magg. Gen. RODINO Angelo, dal 2 marzo 1917 al 30 agosto 1917
Magg. Gen. CASTELLAZZI Carlo, dal 13 settembre 1918 al termine della guerra.

239°Reggimento:
Col. DALLANOCE Aldo, dal 25 gennaio al 2 giugno 1917
(Caduto sul campo)

Ten. Col. MONTANARI Armando, dal 14 giugno al 7 dicembre 1917
Col. GANINI Luigi, dal 20 dicembre 1917 al 25 ottobre 1918
(ferito sul campo)
Col. BAVAGNOLI Giuseppe, dal 27 ottobre al termine della guerra.

240° Reggimento
Col. TADDEINI Achille, dal 16 gennaio al 30 ottobre 1917
Ten. Col. NESI Alberto, dal 27 novembre 1917 al termine della guerra.

6.4 Ricompense Collettive

La Brigata **Pesaro** ha avuto le seguenti ricompense:

Alla Bandiera

Medaglia d'Argento
Alle bandiere del 239° Reggimento e 240° reggimento Fanteria.
"Vincendo ardue difficoltà di terreno e la tenace resistenza nemica, con mirabile valore e con superba audacia conquistavano formidabili posizioni, che mantennero sanguinosamente con incrollabile fulgida tenacia. (Monte Pertica, 24-27 ottobre 1918)."[3]

Citazione sul Bollettino di Guerra del Comando Supremo

La Brigata **Pesaro** è stata citata tre volte sul Bollettino di Guerra del Comando Supremo.

Bollettino di Guerra n. 939 (19 dicembre 1917, ore 13.)
"Ieri, con sanguinosa azione durata l'intera giornata, il nemico alternando violenti bombardamenti a forti attacchi di fanterie tentò, dal Col Caprile al Monte Pertica, di spingere a sud la propria linea: solo alla sua sinistra, dove, peraltro, un centinaio di prigionieri restò nelle nostre mani, l'avversario riuscì a conseguire ed a conservare vantaggi nella zona del Monte Asolone; sulla destra, invece, specie per la mirabile resistenza spiegata ad Ovest di Osteria del Lepre, dal 240° Reggimento Pesaro (Brigata Pesaro) gli sforzi nemici riuscirono vani.

Tentativi di passaggio della vecchia Piave tra Cà Gradinigo e Cavazuccherina diedero lunghi e vivaci combattimenti locali ai quali concorsero largamente mezzi natanti della Regia Marina. Vennero fatti alcuni prigionieri".

Generale Diaz

Bollettino di Guerra n. 1125 (23 giugno 1918, ore 13.)

[3] Bollettino Ufficiale 1920. Dispensa 47.

"Lungo la fronte di battaglia le nostre artiglierie continuano a battere intensamente l'avversario. Sul Montello e sul Piave le fanterie, mantenendo ovunque forte pressione sul nemico, hanno eseguito nella giornata di ieri, con successo, piccoli colpi di mano ed azione di pattuglie. Ad occidente di Fagarè l'avversario tentò ritorni offensivi immediatamente repressi.

Un riparto britannico con energica sorpresa irruppe nelle opposte linee a sud di Asiago e dopo vivace lotta, ucciso un centinaio di nemici, rientrò con 31 nemici ed una mitragliatrice.

Gli aviatori nostri ed alleati proseguono con non diminuito ardore la lotta. Ieri hanno eseguito anche grandi efficaci bombardamenti sulle immediate retrovie dell'avversario. Dieci velivoli nemici vennero abbattuti. Il tenente Flavio Baracchini raggiunse la sua 29a vittoria. Le perdite aeree dell'avversario dal giorno 15 ammontano a 95 velivoli e 6 palloni frenati.

Per il valoroso contegno tenuto nella battaglia meritano l'onore di speciale citazione il 111° Reggimento fanteria (Brigata Piacenza) che ha sostenuto con grande bravura sei giorni di asprissima lotta, le brigate Perugia (129° e 130° Reggimento) ed Avellino (231° e 232° Reggimento), i reggimenti di fanteria 41° (Brigata Modena), 58° (Brigata Abbruzzi), 60° (Brigata Calabria), 239° (Brigata Pesaro) il 1° Gruppo Bersaglieri Ciclisti (4°, 5°, 12° Battaglione), l'8°, il 41° ed il 51° Reggimento artiglieria da campagna, le batteria da campagna 3a del 34° Reggimento, e 5° del 37°, la 14a batteria obici pesanti campali, 462a batteria d'assedio, il 90° battaglione zappatori del Genio, la 1a squadriglia autoblindomitragliatrici. Le sezione fotoelettriche hanno reso utili servizi compiendo con abnegazione il loro dovere".

Generale Diaz

Bollettino di Guerra n. 1252 (26 ottobre 1918, ore 13.)

"Nella regione nord occidentale del massiccio del Grappa i combattimenti ripresi all'alba, sono continuati l'intera giornata di ieri. Sul terreno da noi conquistato il giorno precedente, la lotta ha fluttuato accanita, ma alla fine la tenacia delle brave truppe della 4a Armata ha avuto ragione dei disperati contrattacchi nemici ed il possesso delle contese posizioni è stato mantenuto ed in più tratti ampliato.

Nelle ultime 24 ore vennero catturati 47 ufficiali e 2102 uomini di truppa.

Il 9° Reparto d'assalto si è particolarmente distinto.

Alla Brigata Pesaro, al 18° ed al 23° Reparto d'assalto spetta il merito di avere compiuto la difficile conquista del Monte Pertica formidabilmente apprestato a difesa dell'avversario; alla brigata Aosta quello di avere occupato di slancio il Monte Valderoa a nord-ovest dello Spinoncia.

Sull'altopiano di Asiago, nostre pattuglie fugarono in numerosi scontri nuclei esploranti avversari.

Squadriglie di aeroplani operanti a scaglioni successivi bombardarono violentemente con ottimi risultati baraccamenti, parchi e depositi nemici; batterono e dispersero colonne di truppe e di carreggio in val Sugana, in val di Cismon, nella conca di Arten, lanciando complessivamente circa 7000 kg di bombe. Altri 2000 kg di bombe vennero lanciati la scorsa notte da dirigibili del Regio Esercito su impianti ferroviari delle retrovie avversarie.

Due velivoli nemici sono stati abbattuti.

Albania.

Avanguardie italiane sono a contatto sul nemico sul basso Mati. Bande albanesi alzata la nostra bandiera hanno preso le armi in nome dell'Italia contro gli Austriaci in ritirata ed infliggono loro perdite rilevanti.

Ricognizioni aeree segnalano numerosi incendi a San Giovanni di Medua.

Generale Diaz

7.5 *Ricompense individuali*

Gli uomini della Brigata **Pesaro** hanno avuto le seguenti ricompense:

Militari decorati con Medaglia d'Oro al Valor Militare.

Capitano PALERMO UGO, da Napoli:
"Comandante di una compagnia mitragliatrici, di fronte al nemico dimostrò costante mirabile coraggio. Avute completamente distrutte le proprie armi dall'artiglieria avversaria, si mantenne saldo in trincea con i superstiti del reparto e, con essi, in un supremo slancio, travolse con impeto irresistibile, al grido di "Savoia", un reparto nemico che minacciava seriamente un'ala della posizione. Rimasto infine con soli dieci soldati, fulgido esempio di fermezza e tenacia, li incitò ancora, nel nome dell'Italia, a difendere le posizioni e a mantenerla all'arrivo dei rinforzi. Colpito da una granata avversaria, lasciò la vita gloriosamente sul campo"
Ca d'Anna (Osteria del Lepre) 18 dicembre 1917.[4]

Sottotenente CADLOLO Alberto, da Roma
"Primo fra i più valorosi, animato da intenso amor di patria, guidò con l'esempio il suo plotone all'attacco del Pertica, formidabilmente munito a difesa, tra l'imperversare delle artiglierie e delle mitragliatrici nemiche. Ferito gravemente ad un ginocchio da bomba a mano, sotto i trinceramenti avversari, accrebbe la fede e l'ardore in sé e nei suoi, raggiungendo la cima, irruppe primo nelle superate difese. Nel furioso corpo a corpo, che ne seguì, piegato sul ginocchio infranto, ma con cuore invitto incitò i suoi soldati a tener fermo, agitando un fazzoletto tricolore ed inneggiando alla Patria, finché una fucilata alla tempia ne troncò la giovane e nobilissima vita".
Monte Pertica (Grappa), 24 ottobre 1918.[5]

---

[4] Bollettino Ufficiale, anno 1918. Dispensa 51.

[5] Bollettino Ufficiale, anno 1921. Dispensa 20.

Militari decorati con Medaglia d'Argento al Valor Militare

239° Reggimento fanteria: Ufficiali n. 41 - Truppa n.34
240° Reggimento fanteria: Ufficiali n. 33 - Truppa n.20

Militari decorati con Medaglia di Bronzo al Valor Militare

239° Reggimento fanteria: Ufficiali e militari di truppa, n.106
240° Reggimento fanteria: Ufficiali e militari di truppa, n. 71

Militari Decorati con l'Ordine Militare di Savoia

Comando Brigata:
BODINO ANGELO, maggior generale, *cavaliere,*
Monte Grappa, 15, 16,17 giugno 1918.

CASTELLAZZI Carlo, maggior generale, *cavaliere,*
Monte Pertica, 24, 27 ottobre 1918.

239° Reggimento di fanteria:

GANINI Luigi, colonnello, *cavaliere*
Monte Pertica, 24, 25 ottobre 1918.

7.6 *Le Perdite: Caduti, Feriti, Dispersi*

ANNO 1917

239° Reggimento
Settore: Casara Zebio (16 maggio – 12 luglio)
Ufficiali: *Caduti 1, Feriti 11, Dispersi 0.*
Truppa: *Caduti 62, Feriti 335, Dispersi 115.*

Settore: Settore dei Sobor (25 agosto – 21 ottobre)
Ufficiali: *Caduti 1, Feriti 1, Dispersi 0.*
Truppa: *Caduti 59, Feriti 141, Dispersi 0.*

Settore: 12° Battaglia dell'Isonzo (Caporetto) (25 ottobre – 8 novembre)[6]
Ufficiali: *Caduti 0, Feriti 2, Dispersi 8.*
Truppa: *Caduti 0, Feriti 0, Dispersi 550.*

---

[6] Questi dati possono ritenersi i più vicini alla realtà perché desunti dal prospetto numerico presentato alla Commissione d'inchiesta di cui al regio Decreto 12 Gennaio 1918, n. 35.

Settore: Monte Grappa (15-29 dicembre)
Ufficiali: *Caduti 2, Feriti 11, Dispersi 0.*
Truppa: *Caduti 34, Feriti 213, Dispersi 0.*

240° Reggimento
Settore: Casara Zebio (16 maggio – 12 luglio)
Ufficiali: *Caduti 2, Feriti 18, Dispersi 1.*
Truppa: *Caduti 57, Feriti 448, Dispersi 4.*

Settore: Settore dei Sobor (25 agosto – 21 ottobre)
Ufficiali: *Caduti 3, Feriti 5, Dispersi 0.*
Truppa: *Caduti 54, Feriti 226, Dispersi 0.*

Settore: 12° Battaglia dell'Isonzo (Caporetto) (25 ottobre – 8 novembre)[7]
Ufficiali: *Caduti 1, Feriti 0, Dispersi 64.*
Truppa: *Caduti 0, Feriti 0, Dispersi 1163.*

Settore: Monte Grappa (15-29 dicembre)
Ufficiali: *Caduti 3, Feriti 18, Dispersi 1.*
Truppa: *Caduti 111, Feriti 537, Dispersi 91.*

Totale anno 1917:
Ufficiali: Caduti, 13, Feriti 66, Dispersi 75.
Truppa: Caduti 377, Feriti 1900, Dispersi 1923.

ANNO 1918
239° Reggimento
Settore: Monte Grappa (12 gennaio -22 ottobre)
Ufficiali: *Caduti 4, Feriti 7, Dispersi, 10.*
Truppa: *Caduti 51, Feriti 246, Dispersi 369.*

Settore: Azione per la conquista di Monte Pertica (23 ottobre – 3 novembre)
Ufficiali: *Caduti 10, Feriti 40, Dispersi 3.*
Truppa: *Caduti 46, Feriti 451, Dispersi 186.*

240° Reggimento
Settore: Monte Grappa (12 gennaio -22 ottobre)
Ufficiali: *Caduti 6, Feriti 7, Dispersi 3.*
Truppa: *Caduti 50, Feriti 253, Dispersi 56.*

---

[7] Vedi nota precedente.

Settore: Azione per la conquista di Monte Pertica (23 ottobre – 3 novembre)
Ufficiali: *Caduti 11, Feriti 42, Dispersi 3.*
Truppa: *Caduti 102, Feriti 1078, Dispersi 83.*

Totale anno 1918:
Ufficiali: Caduti, 31, Feriti 82, Dispersi 16.
Truppa: Caduti 199, Feriti 1775, Dispersi 638.

RIEPILOGO GENERALE DELLE PERDITE DELLA
Brigata Pesaro

Anno 1917
Ufficiali: *Caduti 13, Feriti 66, Dispersi,75.*
Truppa: *Caduti 377, Feriti 1900, Dispersi 1923.*

Anno 1918
Ufficiali: *Caduti 31, Feriti 82, Dispersi, 16.*
Truppa: *Caduti 199, Feriti 1775, Dispersi 638.*

In Totale la Brigata ***Pesaro*** *ebbe 44 Ufficiali Caduti 148 Feriti e 90 Dispersi. Tra i Militari di Truppa si ebbero 576 Caduti, 3675 Feriti e 2561 Dispersi.*
In totale le perdite ammontarono a 7094 uomini.

Fig.67. Vittorio Emanuele II con il Generale Armando Diaz

CONCLUSIONE

Questo volume è stato preparato e messo a disposizione di tutti, soprattutto per i più giovani, per evidenziare il rapporto tra le Marche e la Prima Guerra Mondiale attraverso la descrizione degli avvenimenti che videro protagoniste le Brigate di fanteria che nel Regio Esercito portavano un nome marchigiano. A corredo di questo sono stati portati i resoconti e gli atti di mostre, conferenze ed iniziative che sono state messe in essere per ricordare questo anno, il 1914, che fu la matrice della Prima Guerra Mondiale. Sono gli avvenimenti, concatenatisi anche in maniera contraddittoria che determinarono le scelte dell'anno successivo. Questo corollario può anche essere considerato la raccolta di "materiali" per comprendere e capire la Grande Guerra, nel suo quadro generale, e in particolare gli avvenimenti nel contesto marchigiano.

Si è consci che, a prima vista, il volume potrebbe anche sembrare un volume non consequenziale e lineare, una raccolta di note messe insieme senza un filo logico. Potrebbe anche essere, ma lo spirito del volume è stato quello di documentare e sintetizzare tutti gli interventi dedicati alla Prima Guerra Mondiale svolti nel 2014 di cui si è avuto un qualche ruolo partecipativo; interventi che, come detto, sono di introduzione e corollario al tema principale, che è quello di far riaffiorare, in forma abbreviata i dati, tratti dai Diari Storici di quei reparti che portavano un nome marchigiano.

Un quadro, in miniatura, di che cosa è stata la Grande Guerra al fronte, dal punto di vista della Fanteria. Naturalmente si rimanda, per il resto degli avvenimenti e delle azioni delle altre Brigate, ed ancora più, delle altre Armi e Servizi alla esaustiva letteratura di questa Guerra, primo fra tutti alla Relazione Ufficiale edita dall'Ufficio Storico del Comando di Stato Maggiore negli anni venti e trenta.

Nel concludere, è necessario dire che il volume è il primo della serie che si concluderà con il 1918, con il quale, nell'ambito della Collana Storia in Laboratorio, pensiamo di dare, appunto "materiali" per poter capire e comprendere questo avvenimento, la Grande Guerra che ha segnato l'ordine europeo e mondiale, che ha disegnato l'architettura geopolitica, l'ordine mondiale entro il quale ancora oggi ci muoviamo.

POSTFAZIONE

Si è ritenuto, come postfazione, per completare il quadro che questo volume offre al lettore, di riportare brani dei discorsi ufficiali che sono stati tenuti dal Comandante del Comando Militare Esercito "Marche" in occasione delle conferenze o iniziative intraprese per illustrare e far comprendere aspetti della Grande Guerra.

In occasione della inaugurazione della Mostra "L'Europa in Fiamme – La Grande Guerra 1915-1918", rivolgendosi al Signor Prefetto di Pesaro, ed ai gentili ospiti il Comandante, dopo le dovute presentazioni, così si espresse:

Sono particolarmente lieto di trovarmi qui questa sera, nella splendida cornice del Palazzo Ducale, sede della Prefettura di Pesaro, grazie sopratutto al gentile invito di Sua Eccellenza il Prefetto, sotto la cui alta direzione ci apprestiamo a celebrare quest'importante evento culturale legato alle commemorazioni del centenario della Grande Guerra, commemorazioni che si svilupperanno su tutto il territorio nazionale, nell'arco di un quadriennio con qualche "coda" nei primissimi mesi del 2019.

Per dare il giusto e doveroso risalto storico-evocativo a questo fondamentale passaggio della storia nazionale ed europea, presso la Presidenza del Consiglio dei Ministri è stato infatti da tempo costituito un apposito comitato storico-scientifico per il "Centenario della Prima Guerra Mondiale" con compiti di coordinamento, pianificazione, preparazione ed organizzazione degli eventi.

In tale ottica, tra i vari Enti interessati figurano dicasteri degli Interni, della Difesa, Università, organismi di ricerca nonché Associazioni Combattentistiche e d'Arma. In particolare, i vari Comandi ed Enti della Forza Armata, su specifiche direttive emanate dallo Stato Maggiore dell'Esercito, collaborano alle varie iniziative che localmente vengono e continueranno ad essere intraprese, sviluppando contestualmente una serie di manifestazioni diffuse su tutto il territorio nazionale. Questo è il quadro di riferimento; quale è, quindi, l'obiettivo? È quello di realizzare, in maniera sinergica, tutti gli strumenti culturali ed espositivi a disposizione della Forza Armata, allo scopo di dare completa ed esauriente attuazione ad un progetto culturale che faccia conoscere il contributo fondamentale fornito dall'Esercito durante i quattro anni di guerra. E i quattro anni di guerra hanno coinvolto, sia pure a vario titolo, tutte le regione d'Italia; ecco perché, per queste celebrazioni, lo Stato

Maggiore dell'Esercito ha dato mandato ai Comandi Territoriali incentrati su tutte le Regioni Amministrative di:

- *ealizzare una mostra itinerante che verrà resa disponibile per circa 40 mesi (da maggio 2015 a novembre 2018) attraverso "pacchetti" espositivi che, auspicabilmente, toccheranno le provincie di ciascuna Regione;*
- *organizzare, con periodicità annuale a decorrere da quest'anno (2014 n.d.a) dei Convegni/Conferenze Tematiche (cioè per ciascun anno di guerra) con l'intento di valorizzare il legame territorio/reparto ed il contributo dato allo sforzo bellico. Nella circostanza ci si avvarrà della collaborazione di Professori/Studiosi della materia.*

Al riguardi ci terrei a sottolineare che il mio Comando ha da tempo intrapreso una proficua ed intensa collaborazione con il Gen. Massimo Coltrinari, illustre docente e studioso nonché figlio di questa terra!

Ho accennato poc'anzi all'impiego sinergico delle risorse interne alla nostra organizzazione, tuttavia, questa sera, vorrei porre in chiara evidenza che la Mostra che si sta per inaugurare scaturisce da uno sforzo organizzativo frutto di sinergie tra le Autorità di Governo locali, Centri di ricerche e studi quali l'Accademia di Oplologia e Militaria di Ancona, gli enti dell'Esercito che insistono sul territorio marchigiano e, non da ultima, una Associazione veneziana che custodisce un'interessantissima raccolta museale, il cui contributo ha consentito di ulteriormente arricchire il patrimonio storico messo in campo per l"Europa in fiamme" che, a partire da questa sera, auspico, possa attrarre quanti più curiosi e visitatori possibile.

Con questo augurio ed il mio sentito ringraziamento a quanti hanno reso possibile la realizzazione di questo progetto, cedo la parola al prossimo intervento".

Pesaro, 28 giugno 2014.

In occasione della Conferenza organizzata in Ancona dedicata alle Brigate di Fanteria che durante la Grande Guerra portarono il nome marchigiano, nel concludere l'incontro, che ebbe luogo al Polo Museale di Sant'Agostino della Marina Militare, il Comandante ebbe modo di così commentare e concludere quella Conferenza:

"Caro Massimo, dopo cotanto intervento, a me il compito, gradito quanto ardo, di chiudere questa serata con qualche riflessione conclusive.

Il quadro di riferimento storico, prodomico al nostro ingresso nel Primo Conflitto Mondiale, era, come tu hai brillantemente ed esaurientemente rievocato, complesso, articolato e particolarmente precario sia dal punto di vista delle relazioni tra Stati sia per le spinte nazionalistiche che, diffusamente in tutta Europa, caratterizzavano la situazione interna di numerosi Stati, non ultime le potenze del tempo.

La guerra, a quel tempo, in un Europa ancora "ottocentesca", era considerata il passaggio ineludibile per la risoluzione di annose dispute economico-territoriali e, spesso, nel con-

tempo, come strumento di cui i governanti dell'epoca si serviranno per distrarre l'opinione pubblica interna ovvero per attirarne il sostegno.

Per il nostro Paese, in ogni caso, aldilà di ogni analisi e/o tentazione di revisionismo storico, si trattò davvero dell'ultimo capitolo del nostro risorgimento, quello cioè che sancì definitivamente l'unità del territorio e del popolo della Nazione italiana.

Questa è la chiave di lettura che auspicherei prevalesse, alla fine, quando, con le correnti commemorazioni del suo centenario, ci si rivolge alla Prima Guerra Mondiale, riguardandola come passaggio fondamentale della storia nazionale oltreché di quella europea. Passaggi cui tutti gli Italiani, anche quelli che ancora "non sapevano di esserlo"con immenso e generoso sacrificio, contribuirono.

Ed ai soldati dell'Esercito Italiano, che da un tale sacrificio, rappresentano il simbolo più alto nonché l'espressione più genuina dei valori e del sentimento di patria, va il pensiero più profondo e, lasciatemelo dire, più caro e commosso.

Ad un siffatto quadro di riferimento, come questa sera abbiamo avuto modo di acquisirne coscienza e conoscenza, le Marche e la sua gente non sono affatto estranei. L'attribuzione di denominazioni marchigiane a Reparti e Grandi Unità di fanteria non costituisce un aspetto di mera curiosità storica ma, al pari di tanti altri esempi sul territorio nazionale, si identifica con l'obiettivo di costruire quel senso di identità nazionale che, all'indomani del neonato Regno d'Italia, faceva fatica ad emergere. Questo l'aspetto ordinativo che, da solo, non è sicuramente sufficiente a delineare i contorni del legame tra questa regione ed il conflitto mondiale, anche perché nelle citate unità non necessariamente venivano inquadrati soldati di provenienza marchigiana.

Nelle successive conferenze si avrà sicuramente modo di porre in altrettanta evidenza il valore umano ed il livello di coinvolgimento delle Marche nella Grande Guerra, sottolineando con ciò, oltre ad altri aspetti, il valore ed il sacrificio del soldato marchigiano di cento anni fa.

Dopo queste brevi considerazioni finali, ringrazio ancora una volta tutte le autorità ed i gentili ospiti".

Ancona, 23 ottobre 2014

Il terzo intervento esplicativo e quanto ai interessante è quello riferito alla presentazione del Calendario dell'Esercito per il 2015. Un evento che simbolicamente introduce alla data centenaria della Prima Guerra Mondiale e che ha avuto la sua presentazione nei saloni della Prefettura di Ancona. Il Comandante del Comando Militare Esercito così si è espresso in quella circostanza:

"...... per l'Esercito, il tema del Calendario 2015 non poteva che riguardare il centenario dell'inizio della Grande Guerra. La presentazione di tale opera rientra in un più vasto progetto interministeriale ed interdisciplinare, da tempo avviato dalla presidenza del Consiglio dei Ministri. Un progetto volto a rievocare, in chiave celebrativa, un evento locale che ha cambiato l'Italia e l'Europa e che è entrato nella vita di tutte le famiglie italiane nonché ricordato dalle migliaia di monumenti esistenti in tutti i comuni d'Italia.

"La Grande Guerra... un popolo in armi", non è un elenco di battaglie, bensì uno spaccato dell'Italia di allora che si incentra sul rapporto tra Esercito e Società, un rapporto intenso e totalizzante, proprio perché l'Esercito era, per molti versi, la Società italiana stessa.

Il percorso seguito, dal punto di vista storico, culturale e grafico, attraversa tutta la realtà del tempo, le esamina nell'ottica dello sforzo bellico dell'intera nazione e rafforza la consapevolezza che l'Esercito Italiano, proprio attraverso la tragica esperienza della Grande Guerra, ha contribuito, in maniera determinante, a creare quella comune base di valori che ha dato significato pieno alla famosa frase di D'Azeglio "Fatta l'Italia, bisogna fare gli Italiani".

Il progetto editoriale, che ne è scaturito, ha inteso riproporre in chiave giornalistica, tipica dell'epoca, l'Italia del 1915-1918, focalizzando l'attenzione oltre che sulle immagini, anche sui testi che rappresentano, in modo appassionato e partecipato, il ruolo dell'Esercito Italiano come elemento catalizzatore della nuova identità nazionale.

Sono Personaggi e Persone che servono a fotografare un'epoca con parole che fanno riflettere e immagini che vivificano i ricordi di guerra. I concetti chiave non sono espressi in ordine cronologico ma sono distribuiti nei 12 mesi.

Il nostro racconto della Grande Guerra inizia nella seconda di Copertina, con l'immagine di due soldati che stanno scrivendo, simbolicamente rappresentano la nostra storia. È presente anche l'immagine del Capo di Stato Maggiore dell'Esercito, gen. C.A. Claudio Graziano con il suo indirizzo di Saluto.

A Gennaio raccontiamo la mobilitazione, Istituto che contribuì a chiamare alle armi oltre 5 milioni di uomini, il 97% degli Italiani abili; un impiego senza precedenti che ha alimentato lo sforzo bellico nei tre lunghi anni di guerra. Sono le parole del Diario del Sergente Angelo Roncalli, futuro papa Giovanni XXIII, richiamato nel Regio Corpo della Sanità Militare, ad immergerci nella realtà del 23 maggio 1915.

"Domani parto per il servizio militare in Sanità. Dove mi manderanno? Forse sul fronte nemico? Tornerò a Bergamo, oppure il Signore mi ha preparato la mia ultima ora sul campo di guerra? Nulla so; questo solamente voglio, la volontà di Dio in tutto è sempre, e la sua gloria nel sacrifico completo del mio essere. Così e solo così penso di mantenermi all'altezza della mia vocazione e di mostrare a fatti il mio vero amore per la Patria e per le anime dei miei fratelli. Lo spirito è pronto e lieto. Signore Gesù mantenetemi sempre in queste disposizioni. Maria, mia buona mamma, aiutatami ut in omnibus glorificetur christus. Sotto il Monte 23 maggio 1915".

Il mese di febbraio è dedicato alla realtà contadina, Scipio Slataper, scrittore triestino, inizialmente molto critico nei confronti delle tesi irredentiste che ispiravano i popoli a completare la propria unità nazionale, acquisendo terre soggette al dominio straniero (terre irredente), allo scoppio della Prima Guerra Mondiale si arruolò volontario, come molti altri triestini, nel Regio Esercito Italiano raggiungendo il grado di sottotenente nel 1° Reggimento "Re" e morì al fronte combattendo sul Monte Podgora (toponimo sloveno della località Piedimonte del Calvario, ora nel comune di Gorizia). Per il suo sacrificio gli fu concessa la Medaglia d'Argento al Valor Militare nel suo diario coglie l'essenza dell'animo contadino del popolo italiano e ne esalta lo spirito ed i sentimenti.

"Ieri sono arrivati i 600 richiamati della classe dell'84. Tutti padri di famiglia. Li vedevo sfilare, gravi sotto lo zaino....Salivano là li abbiamo accantonati. Pensavo che somma di affetti, interessi, speranze essi trascinavano con sé, stanchi dalla marcia. E pure obbedienti e calmi come se sapessero che bisogna rassegnare. La vita nelle mani di qualche cosa che val più di loro. Questo è l'entusiasmo vero, non quello dei giornali. Il popolo italiano checché ne dicano i cantastorie, è un popolo calmo. Forse anzi la calma intima, profonda, quasi religiosa è la sua vera qualità. È un popolo paziente, sano, contadino. E in questo io mi sento assai italiano".[1]

Oltre agli Italiani al fronte, ci furono un milione di civili, uomini donne, impiegate nella produzione industriale a sostegno allo sforzo bellico. Agli operai e l'industria dedicato il mese di marzo. Gli intellettuali e artisti ebbero un ruolo attivo nel conflitto e molti di loro si arruolarono come volontari nel Regio Esercito: D'Annunzio, Montale, Palazzeschi, Pertini solo per citare alcuni nomi. Il mese di aprile richiama alla memoria gli scritti di Cesare Battisti, eroico patriota che viene ricordato per la sua tenace e intensa propaganda a favore della causa italiana per riannettere i territori italiani dall'Austria e per gli atti eroici compiuti al fronte il mese ricorda anche il sottotenente Carlo Stuparich, patriota e scrittore triestino decorato con la medaglia d'oro al valor militare, anch'egli volontario della grande guerra che, dopo aver perduto tutti i suoi uomini, morì suicida per non cadere nelle mani del nemico.

"Cara Signora... talvolta vedendomi riflesso nelle vetrine e negli specchi, mi fermo un po' stupito e triste; un anno fa avevo davanti il mare e attorno la famiglia, e la guerra era per me come una storia passata, come un romanzo da leggersi nella quiete della mia camera ben munita di libri. Ora sono un esperto della guerra e della vita di guerra; ora sono un sottotenente abbastanza fine. Comando un plotone di uomini di quarant'anni! Povero me, come stonato mi sento! "Present'arm!" Quanti capelli bianchi, teste bianche, grigie e rigide... Sono gente paziente, molti occhi e baffi di buoni padri di famiglia. Sono della classe del '76... li abbiamo dovuti vestire, armare, ordinare.. anche condurli al bagno ed all'istruzione".[2]

Il mese di maggio tratta della società e religione significando che proprio nel periodo bellico, l'organizzazione militare comprese la necessità di rispondere alle esigenze di tutti i soldati,

[1] Lettera di un soldato a Don Alfredo Benvenuto Darrè parroco di Castelvecchio Pascoli. 16 aprile 1918.

[2] Estratto da una lettera di Carlo Stuparich. Verona 21 agosto 1915.

garantendo libertà di culto e professione di fede, con pari dignità, oltre che ai cattolici anche agli evangelici ed agli israeliti.

Il mese di giugno è dedicato all'altro cardine della nostra cultura: la famiglia. Il legame con i propri cari lontani ed il timore di non riuscire a tornare da loro, sono i temi ricorrenti in cui, sentimenti ed emozioni emergono in tutta la loro forza.

"...tutte le notti mi sveglio, e non mi sembra vero di essere a qua, mi sogno sempre che sono in mezzo a voi ed alle mie care bambine. In quanto poi a stare male, più peggio di così non potevo capitare, neanche per il mangiare, come per il dormire, telo dicevo io a casa, ed ora ti do a dire che sono 15 o 16 giorni non ci siamo ancora spogliati, senza coperta soltanto con la mantellina; e si dorme per terra con un freddo, per fortuna adesso ormai ci siamo abituati, poi si sdraiamo uno accordo all'altro per stare più caldi...".[3]

Ma sono le Istituzione a stupirci, ancora una volta, con la loro capacità di adeguarsi velocemente alle nuove esigenze: è il caso di matrimonio per procura.

Nelle due pagine centrali sono raccolte alcune curiosità nella Grande Guerra. Oltre alle interessanti informazioni che si possono reperire abbiamo voluto rendere omaggio a due personaggi storici: un alpinista austriaco, Sepp Innerkofler che ha combattuto con l'Imperial Regio Esercito Asburgico ma che è stato seppellito, in segno di rispetto, dagli alpini italiani, sulla cima dolomitica del Monte Paterno (Cadore); ed Ernest Hemingway, celeberrimo scrittore, ricordiamo tutti "Addio alle armi" che fu protagonista sul fronte italiano come volontario della Croce Rossa Americana in qualità di assistente di trincea, meritando la medaglia d'argento al valor militare per aver salvato in battaglia alcuni suoi commilitoni.

Nel mese di luglio dedicato alle donne, ci ricorda che tutta la società visse la Grande Guerra: gli uomini al fronte e le donne nei campi, nelle industrie, nella sanità o, come nel caso delle portatrici carniche, anch'esse al fronte, con incarichi logistici in supporto alle prime linee. A Maria Plozner Mentil, Medaglia d'Oro al Valor Militare, era intitolata la caserma di Paluzza, in provincia di Udine, non lontano dal luogo ove è morta il 15 febbraio 1916, colpita da un cecchino avversario.

"Modesti, rispettosi, pazienti, coraggiosi senza pompa ed eroici senza saperlo, gli operai e specialmente i contadini marchigiani, non furono purtroppo fra i più entusiasti della mia opera di bibliotecaria. La carità del natio loco non mi fa velo al giudizio. Quando mi fermavo carica di libri, davanti ai loro letti, difficilmente accettavano la mia offerta, e talora, più per un senso di riguardo e deferenza verso di me, che per convenzione di procurarsi un diletto. Spesso sentivo dirmi, con aria di ingenuità e d'indifferenza: "E chi sa legge?" come cosa naturale e sembra l'ombra del rimpianto".[4]

---

[3] Lettera di un soldato alla famiglia.

[4] Memorie di una insegnante di Forlì arruolatasi come Crocerossina.

La prima linea, siamo in agosto, è il fronte è la linea del fuoco. I ricordi più vividi e tragici dell'esperienza di guerra sono indissolubilmente legati ad essa, la lettera di un soldato alla madre:

"Mamma carissima, pochi minuti prima di andare all'assalto ti invio il mio pensiero affettuosissimo. Un fuoco infernale di artiglieria e di bombarde sconvolge nel momento che ti scrivo tutto il terreno attorno a noi. Non avevo mai visto tanta rovina. È terribile, sembra che tutto debba essere inghiottito da una immensa fornace. Eppure, col tuo aiuto, coll'aiuto di Dio, da te fervidamente pregato, il mio animo é sereno. Farò il mio dovere fino all'ultimo".[5]

....e la poesia scolpita nella galleria del Castelletto delle Tofane (Cortina) ne sono un esempio.

"Tutti avevano la faccia del Cristo nella livida aureola dell'elmetto. Tutti portavano l'insegna del supplizio nella croce della baionetta e nelle tasche il pane dell'ultima cena, e nella gola il pianto dell'ultimo addio".[6]

Con l'arrivo dell'autunno, siamo nel mese di settembre sono le immagini e la poesia di Giuseppe Ungaretti a raccontare la trincea. Il poeta partecipò alla campagna interventista, per poi arruolarsi volontario nel 19° Reggimento fanteria, quando il 24 maggio 1915 l'Italia entrò in guerra. Combattè sul Carso e in seguito a questa esperienza scrisse le poesie che, raccolte dall'amico Ettore Serra, vennero stampate in 80 copie.

"Si sta come d'autunno sugli alberi le foglie".[7]

Il mese di ottobre è dedicato ad un altro aspetto del periodo bellico: la propaganda. L'Esercito costituì il servizio "P", antesignano di quello che oggi sono le attività di comunicazione e di pubblica informazione, ma con un occhi rivolto anche al benessere del personale. Non poteva mancare il riferimento alla terra italiana che più di ogni altra ha vissuto e sofferto la realtà bellica.

Il mese di novembre è il tributo al Friuli Venezia Giulia.

Il Calendesercito 1915 termina il suo percorso narrativo con il mese di dicembre, dedicato alla vittoria.

Gentili ospiti, abbiamo raccontato l'Italia e L'Esercito attraverso le storie di Italiani nelle Grande Guerra, seguendo il filo della memoria, del sentimento e dell'emozione. Ciò è stato possibile anche grazie all'entusiastica adesione ed alla collaborazione degli eredi, di Enti e di Società che hanno concesso l'utilizzo a titolo gratuito delle rispettive opere e/o fotografie.

---

[5] Lettera di un soldato alla madre.

[6] Poesia di un anonimo scolpita nella Galleria del Castelletto delle Tofane.

[7] G. Ungaretti, Soldati, Arnaldo Mondadori Editore.

Concludo la mia presentazione lasciandovi adesso ad un breve filmato, realizzato con materiale video d'epoca girati da cineoperatori della forza armata, che ci permetterà di "vivere" più da vicino la Grande Guerra.

In successione, il generale Massimo Coltrinari, anconetano doc nonché affermato cultore e docente di Storia Militare ci intratterrà sul contesto politico-militare della Grande Guerra.

....

Note Conclusive

Il primo conflitto mondale, con il suo pesante e tragico carico di Vittime Militari e Civili, per il nostro Paese, in ogni caso, aldilà di ogni analisi e/o tentazione di revisionismo storico, rappresentò davvero l'ultimo capitolo del nostro Risorgimento, quello cioè che sancì definitivamente l'Unità del territorio e del popolo della nazione italiana.

Questa è la chiave di lettura che auspicherei prevalesse alla fine, quando con le correnti commemorazioni del suo centenario, ci si rivolge alla Grande Guerra, riguardandola come passaggio fondamentale della Storia Nazionale oltreché di quella europea. Passaggio cui tutti gli italiani, anche quelli che ancora "non sapevano di esserlo" con immenso e generoso sacrifico, contribuirono.

Ed ai soldati dell'Esercito Italiano unitamente a quelli della Marina Militare, dei Carabinieri e della Guardia di Finanza, che di quel sacrificio rappresentarono il simbolo più alto, nonché l'espressione più genuina dei valori e del sentimento di Patria, va il pensiero più profondo e, lasciando dire, più caro e commosso.

.......ci auguriamo che sfogliando Calendesercito 2015 "la Grande Guerra...un popolo in armi" si possano vivere i sentimenti, le emozioni, la passione e gli ideali dei soldati di allora ma che sono ancora oggi il fondamento la guida, la forza e lo spirito degli uomini e delle donne dell'Esercito Italiano.

Ringraziando voi tutti per l'attenzione, vorrei cogliere, infine, l'opportunità per augurare a voi ed alle vostre famiglia un sereno Natale ed un felice Anno Nuovo.

Ancona, 12 dicembre 2014

DOCUMENTI

1. Nota iconografica, con fotografie coeve, dei luoghi ove maggiormente si è combattuto.
2. Manifesti, locandine delle principali iniziative a cui l'Autore ha partecipato nel quadro delle commemorazioni per il centenario 1914-2014.
3. Elenco delle Brigate di Fanteria dell'Esercito Italiano, 1915-1918, con l'indicazione dei Reggimenti di appartenenza.

Documento n. 1
Nota iconografica, con fotografie coeve, dei luoghi ove maggiormente si è combattuto.

Le fotografie sono tratte dalla pubblicazione:
Venetennale della Vittoria" 1918-1938 (XVII E.F.)
edita a cura del Ministero della Guerra
per il tipi della Tipo-Litografia Turati Lombardi & C., Milano,
ottobre 1938 – (XVI E.F.)

(Tale pubblicazione presenta una interessante caratteristica. L'anno di stampa e pubblicazione è sempre il 1938, ma la stampa è stata effettuata prima del 28 ottobre, è riporta la numerazione XVI E.F., mentre la pubblicazione, evidentemente riferita al 4 novembre, è dopo il 28 ottobre, e riporta la numerazione XVII E.F. Questo perché l'anno fascista iniziava il 29 ottobre e finiva il 28 ottobre, data anniversaria della Marcia su Roma del 1922.)

Fig.68. Immagini dalle trincee. Trincee sul San Michele

.... SUL CARSO E SULL' ISONZO

TRINCEE SUL S. MICHELE.

TRINCEE SUL S. MICHELE.

Fig.69. Immagini dalle trincee. Trincee sul San Michele

Fig.70. Immagini dalle trincee. Trincee sul San Michele

…. SUL CARSO E SULL'ISONZO

TRINCEE SUL S. MICHELE.

DOLINA BOMBARDIERI.

Fig.71. Immagini dalle trincee. Dolina Bombardieri

Fig.72. Immagini dalle trincee. Trincee di quota 95 verso San Marco

.... SUL CARSO E SULL' ISONZO

TRINCEE DI QUOTA 95 VERSO S. MARCO.

Fig.73. Immagini dalle trincee. Bombardamenti di Plava

Fig.74. Immagini dalle trincee. Sulla fronte montana. Monte Pertica

.... SULLA FRONTE MONTANA

MONTE PERTICA.

MONTE ASOLONE.

Fig.75. Immagini dalle trincee. Sulla fronte montana. Monte Asolone

Fig.76. Immagini dalle trincee. Trincee. Sulla fronte montana. Monte Pasubio

.... SULLA FRONTE MONTANA

IL MONTE PASUBIO.

TRINCEE A PASSO BUOLE.

Fig.77. Immagini dalle trincee. Trincee. Sulla fronte montana. Passo Buole

Fig.78. Immagini dalle trincee. Trincee a Colle d'Echele

.... SULLA FRONTE MONTANA

TRINCEE A COL D'ECHELE.

ALPINI SULL'ALTIPIANO D'ASIAGO.

Fig.79. Immagini dalle trincee. Alpini in perlustrazione

Documento n. 2
Manifesti, locandine delle principali iniziative a cui L'Autore ha partecipato nel quadro delle commemorazioni per il centenario 1914-2014

Fig.1. Locandina. Pesaro. Mostra. "L'Europa in Fiamme. La Grande Guerra"

Fig.2. Locandina. Mostra. "Pietralacroce e la Prima Guerra Mondiale"

Fig.3. Locandina. Rimini. Convegno "Il Piave mormorava"

Fig.4. Locandina. Rimini. Mostra "Il Piave mormorava"

Fig.5. Invito. Ancona. Conferenza. "Le Marche e la Prima Guerra Mondiale"

Commemorazioni del Centenario della Grande Guerra

Il Comandante del Comando Militare Esercito "Marche"

Gen. B. Rosario Silvestro MOSCHELLA

ha il piacere di invitare la S. V.
alla conferenza tenuta dal Magg. Gen. (AUS) Massimo COLTRINARI sul tema:
"Le Marche e la 1^ Guerra Mondiale - I reparti con nome marchigiano della Grande Guerra",
che avrà luogo giovedì 23 ottobre 2014 alle ore 17.00,
presso il Polo Museale della Marina Militare "Sant'Agostino"
via Cialdini, 1 in Ancona.

Comando Militare Esercito "Marche"
Ufficio Affari Generali - 071/2074770 int. 248/232
casezapres@cmean.esercito.difesa.it

R.S.V.P. entro il 15 ottobre 2014

Fig.6. Locandina.
Ascoli. Mostra/Conferenza.
"La Grande Guerra"

Fig.7. Invito. Ancona: Presentazione del Calendario dell'Esercito 2015

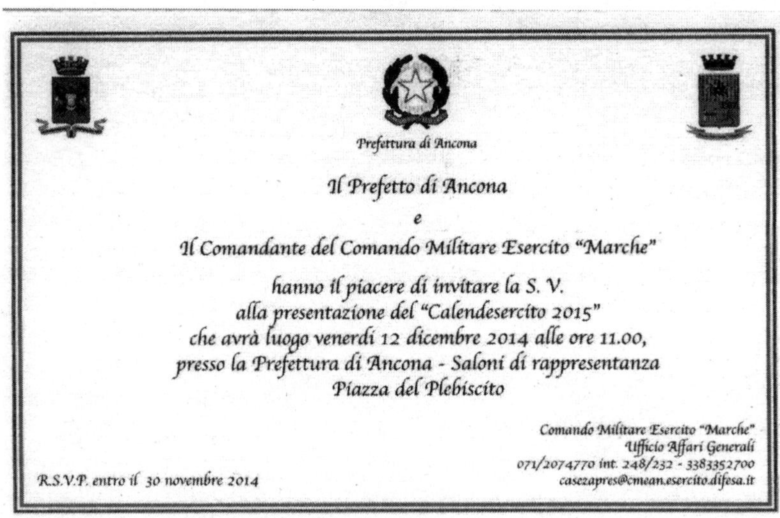

Prefettura di Ancona

Il Prefetto di Ancona

e

Il Comandante del Comando Militare Esercito "Marche"

hanno il piacere di invitare la S. V.
alla presentazione del "Calendesercito 2015"
che avrà luogo venerdì 12 dicembre 2014 alle ore 11.00,
presso la Prefettura di Ancona - Saloni di rappresentanza
Piazza del Plebiscito

Comando Militare Esercito "Marche"
Ufficio Affari Generali
071/2074770 int. 248/232 - 3383352700
casezapres@cmean.esercito.difesa.it

R.S.V.P. entro il 30 novembre 2014

Fig.8. Locandina.
Ancona. "La Grande Guerra...
un popolo in armi"

Prefettura di Ancona

Comando Militare Esercito "Marche"

Programma

1. ***Saluto del Vice Prefetto Vicario***

2. ***Presentazione del CalendEsercito 2015***
   (a cura del Comandante del CME "Marche")

3. ***Filmato d'epoca*** ***(fonte SME / V Rep.)***

4. ***Conferenza "La Grande Guerra"***
   (a cura del Magg. Generale (AUS.) Massimo COLTRINARI)

5. ***Concerto "La musica al fronte"***
   (a cura del M° Massimo MAZZONI)

Fig.9. Osimo.
Presentazione del volume
"Su tre fronti"

Fig.10. Locandina. Lamberto Duranti.
Ancona, commemorazione al Famedio del cimitero delle Tavarnelle

Fig.11. Locandina. Lamberto Duranti. Castel d'Emilio.
Società Operaia di Mutuo Soccorso. Conferenza

Fig.12. Locandina. Polverigi. Convegno "Capire la Grande Guerra"

Conferenza introduttiva
alle Manifestazioni
per il Centenario
della 1^ Guerra Mondiale.

Venerdì 16 febbraio 2015
Sala consiliare
del Comune di Polverigi
ore 21,00

La S.V.
è gentilmente invitata

PROGRAMMA

Dott. Daniele Carnevali
Sindaco di Polverigi

Prof. Sergio Rigotti
Presidente della Mediateca
Comunale Gualtiero Giamagli

Prof. Gen. Massimo Coltrinari
1914
LA BATTAGLIA DELLE ARDENNE
E IL PATTO DI LONDRA

Prof. Marco Severini
PERIFERIE, LINGUAGGI E
STORIOGRAFIA SULLA
PRIMA GUERRA MONDIALE

Proiezione video

MEDIATECA COMUNALE GUALTIERO GIAMAGLI - POLVERIGI
60020 Via Marconi, 49. Tel 071 907859 - e-mail:mgg.polverigi@fastnet.it .www.mediatecapolverigi.org
In collaborazione con

AS

Associazione di Storia Contemporanea - Via Chiostergi,10 - 60019 Senigallia (AN)
www.ascontemporanea.wordpress.com - e-mail info@ascontemporanea.it

Documento n.3

Elenco delle Brigate di Fanteria dell'Esercito Italiano
con l'indicazione dei Reggimenti di appartenenza
1915-1918

REGGIMENTI	BRIGATE
1°- 2°	RE
3° - 4°	PIEMONTE
5° - 6°	AOSTA
7° - 8°	CUNEO
9° - 10°	REGINA
11° - 12°	CASALE
13° - 14°	PINEROLO
15° - 16°	SAVONA
17° - 18°	ACQUI
19° - 20°	BRESCIA
21° - 22°	CREMONA
23° - 24°	COMO
25° - 26°	BERGAMO
27° - 28°	PAVIA
29° - 30°	PISA
31° - 32°	SIENA
33° - 34°	LIVORNO
35° - 36°	PISTOIA
37° - 38°	RAVENNA
39° - 40°	BOLOGNA
41° - 42°	MODENA
43° - 44°	FORLì
45° - 46°	REGGIO
47° - 48°	FERRARA
49° - 50°	PARMA
51° - 52°	ALPI
53° - 54°	UMBRIA

55° - 56°	MARCHE
57° - 58°	ABRUZZI
59° - 60°	CALABRIA
61° - 62°	SICILIA
63° - 64°	CAGLIARI
65° - 66°	VALTELLINA
67° - 68°	PALERMO
69° - 70°	ANCONA
71° - 72°	PUGLIE
73° - 74°	LOMBARDIA
75° - 76°	NAPOLI
77° - 78°	TOSCANA
79° - 80°	ROMA
81° - 82°	TORINO
83° - 84°	VENEZIA
85° - 86	VERONA
87° - 88°	FRIULI
89° - 90°	SALERNO
91° - 92°	BASILICATA
93° - 94°	MESSINA
95° - 96°	UDINE
97° - 98°	GENOVA
99° - 100°	TREVISO
111° - 112°	PIACENZA
113° - 114°	MANTOVA
115° - 116°	TREVISO
117° - 118°	PADOVA
119° - 120°	EMILIA
121° - 122°	MACERATA
123° - 124°	CHIETI
125° - 126°	SPEZIA
127° - 128°	FIRENZE
129° - 130°	PERUGIA
131° - 132°	LAZIO
133° - 134°	BENEVENTO
135° - 136°	CAMPANIA
137° - 138°	BARLETTA
139° - 140°	BARI
141° - 142°	CATANZARO
143° - 144°	TARANTO
145° - 146°	CATANIA

147° - 148°	CALTANISSETTA
149° - 150°	TRAPANI
151° - 152°	SASSARI
153° - 154°	NOVARA
155° - 156°	ALESSANDRIA
157° - 158°	LIGURIA
159° - 160°	MILANO
161° - 162°	IVREA
163° - 164°	LUCCA
165°	===
201° - 202°	SESIA
203° - 204°	TANARO
205° - 206°	LAMBRO
207° - 208°	TARO
209° - 210°	BISAGNO
211° - 212°	PESCARA
213° - 214°	ARNO
215° - 216°	TEVERE
217° - 218°	VOLTURNO
219° - 220°	SELE
221° - 222°	IONIO
223° - 224°	ETNA
225° - 226°	AREZZO
227° - 228°	ROVIGO
229° - 230°	CAMPOBASSO
231° - 232°	AVELLINO
233° - 234°	LARIO
235° - 236°	**PICENO**
237° -238°	GROSSETO
239° -240°	**PESARO**
241° -242°	TERAMO
243° -244°	COSENZA
245° -246°	SIRACUSA
247° -248°	GIRGENTI
249° -250°	PALLANZA
251° -252°	MASSA CARRARA
253° -254°	PORTO MAURIZIO
255° -256°	VENETO
257° -258°	TORTONA
259° -260°	MURGE
261° -262°	ELBA

263° -264°	GAETA
265° -266°	LECCE
267° -268°	CASERTA
269° -270°	AQUILA
271° -272°- 273°	POTENZA
274° -275°- 276°	BELLUNO
277° -278°- 279°	VICENZA
280° -281°- 282°	FOGGIA
313°	

BIBLIOGRAFIA*

AA., AA., *Ventennale della Vittoria. 1018-1938,* Milano, Tipo-Litografia Tirati Lombardi e C., 1938.

De Biase, L.A., *Le Cartoline delle Brigate e dei Reggimenti di Fanteria nella Prima Guerra Mondiale,* Roma, Ministero della Difesa, Stato Maggiore dell'Esercito, Ufficio Storico, 1993.

Botti F., *La Logistica dell'Esercito Italiano (1831 – 1981),* Roma, Ministero della Difesa, Stato Maggiore dell'Esercito, Ufficio Storico, 1991.

Brugioni A., *Piani strategici italiani alla vigilia dell'intervento nel Primo Conflitto Mondiale in Studi Storico-Militari 1984,* Roma, Ministero della Difesa, Stato Maggiore dell'Esercito, Ufficio Storico, 1985.

Cecchini E., *Tecnologia e Arte militare,* Roma, Ministero della Difesa, Stato Maggiore dell'Esercito. Ufficio Storico, 1997.

Chiostergi G., *Diario garibaldino ed altri scritti e discorsi,* Milano, Associazione Mazziniana Italiana, 1961.

Della Volpe N., *Esercito e Propaganda nella Grande Guerra,* Roma, Ministero della Difesa, Stato Maggiore dell'Esercito. Ufficio Storico; 1989.

Gabriele M., *La frontiera nord-occidentale dall'Unità alla Grande Guerra (1861-1915). Piani s Studi operativi italiani verso la Francia durante la Triplice Alleanza,* Roma, Ministero della Difesa, Stato Maggiore dell'Esercito, Ufficio Storico, 2005.

Marabini C., *La Rossa avanguardia dell'Argonna,* Milano, Ravà & C. Editori, 1915.

Ministero della Guerra, *Calendario Regio Esercito, XVII -1939 - XVIII*, a cura del S.I.M. (Servizio Informazioni Militari), Edizioni Luigi Alfieri, Milano, 1938.

Ministero della Guerra, *Comando del Corpo di Stato Maggiore, Ufficio Storico, L'Esercito Italiano nella Grande Guerra 1915 1918. Le Forze Belligeranti. Allegati*, Roma, Tipografia Regionale, Ristampa, 1974, Volume I-bis.

Ministero della Guerra, *Comando del Corpo di Stato Maggiore, Ufficio Storico, Riassunti Storici dei Corpi e Comandi nella guerra 1915-1918, Brigate di Fanteria*, Roma, Libreria dello Stato, 1928, Vol. III.

Ministero della Guerra, *Comando del Corpo di Stato Maggiore, Ufficio Storico, Riassunti Storici dei Corpi e Comandi nella guerra 1915-1918, Brigate di Fanteria*, Roma, Libreria dello Stato, 1928, Vol. V.

Ministero della Guerra, *Comando del Corpo di Stato Maggiore, Ufficio Storico, Riassunti Storici dei Corpi e Comandi nella guerra 1915-1918, Brigate di Fanteria*, Roma, Libreria dello Stato, 1928, Vol. VII.

Ministero della Guerra, *Comando del Corpo di Stato Maggiore, Ufficio Storico, L'Esercito Italiano nella Grande Guerra (1915-1918)- Le forze belligeranti, Allegati, Vol. I Bis*, Roma, Ristampa 1974.

Ministero della Guerra, *Cento anni di glorioso camino Almanacco del R. Esercito*, Anno 1941- XIX, a cura del S.I.M. (Servizio Informazioni Militari), Edizioni Luigi Alfieri, Milano, XII -1940 –XIX.

Petrignani R., *Neutralità e Alleanza. Le scelte di politica estera dell'Italia dopo l'Unità*, Bologna, Il Mulino; 1987.

Rotasso G., Ruffo M., *L'armamento individuale dell'Esercito Italiano dal 1861 al 1943*, Roma, Ministero della Difesa, Stato Maggiore dell'Esercito. Ufficio Storico, 1995.

Ruffo M., *L'Italia nella Triplice Alleanza. I piani operativi dello Stato Maggiore verso l'Austria-Ungheria dal 1885 al 1915*, Roma, Ministero della Difesa, Stato Maggiore dell'Esercito. Ufficio Storico; 1998.

Salvemini G., *La politica estera italiana dal 1871 al 1915*, Milano, Feltrinelli, 1970.

Stefani F., *Storia della Dottrina e degli Ordinamenti dell'Esercito Italiano,* Roma, Ministero della Difesa, Stato Maggiore dell'Esercito. Ufficio Storico, 1985, Tomo II, Vol.II.

Susmel D., *Nenni e Mussolini. Mezzo secolo di fronte,* Milano, Rizzoli Editorie, 1996.

* *Sulla Prima Guerra Mondiale esiste una bibliografia immensa, a cui si rimanda. Qui sono citati i principali volumi utilizzati, che crediamo essenziali per una documentazione utile al volume.*

INDICE DELLE ILLUSTRAZIONI

Cartine

Documenti: Convegni, Mostre, Conferenze, Incontri

Collana Storia in Laboratorio

N. 1 EDOARDO GIORGI DI VISTARINO, ALESSANDRO CICOGNA MOZZONI
Umberto Utili, un generale scomodo, 2008

N. 2 MASSIMO COLTRINARI
L'8 settembre in Albania
La crisi armistiziale tra impotenza, errori ed eroismo. 8 settembre - 7 ottobre 1943, 2009

N. 3 MASSIMO COLTRINARI, LAURA COLTRINARI
La ricostruzione e lo studio di un avvenimento storico militare, 2009

N. 4 MASSIMO COLTRINARI, PAOLO COLOMBO
La Divisione "Perugia"
Dalla tragedia all'oblio. Albania 8 settembre - 3 ottobre 1943, 2009

N. 5 MASSIMO COLTRINARI
Il combattimento di Loreto, detto di Castelfidardo. 18 settembre 1860, 2009

N. 6 GIORGIO PRINZI, MASSIMO COLTRINARI
Salvare il Salvabile
La crisi armistiziale dell'8 settembre 1943: per gli Italiani, il momento delle scelte, 2010

N. 7 PIERIVO FACCHINI
La campagna di Tunisia. 1942-1943, 2010

N. 8 MASSIMO COLTRINARI
L'investimento e la presa di Ancona
La conclusione della campagna di annessione delle Marche 20 settembre - 8 ottobre 1860, 2010

N. 9 NICOLA DELLA VOLPE
I Militari nella Guerra Partigiana (1943-1945)

N. 10 MASSIMO COLTRINARI
Il Corpo Italiano di Liberazione e Ancona
Il tempo delle oche verdi e del lardo rosso
Il passaggio del fronte: giugno-luglio1944

N. 11 MASSIMO COLTRINARI
L'ultima difesa pontificia di Ancona. 7-29 settembre 1860
La fine del potere temporale dei Papi nelle Marche. Tomo I La Piazzaforte

N. 12 MASSIMO COLTRINARI
L'ultima difesa pontificia di Ancona. 7-29 settembre 1860
La fine del potere temporale dei Papi nelle Marche. Tomo II Gli Avvenimenti

N. 13 Diana Fotia
Terrorismo per non addetti ai lavori

N. 14 Massimo Coltrinari
I prigionieri italiani nella Seconda Guerra Mondiale in Unione Sovietica
La guerra Italiana all'URSS – 1941-1943
Vol. I

N. 15 Massimo Coltrinari
I prigionieri italiani nella Seconda Guerra Mondiale in Unione Sovietica*
La prigionia in mano all'URSS – 1941-1943
Vol. II

N. 16 Massimo Coltrinari
I prigionieri italiani nella Seconda Guerra Mondiale in Unione Sovietica*
La guerra Italiana all'URSS – 1941-1943. L'Occupazione
Vol. III

N. 17 Massimo Coltrinari
I prigionieri italiani nella Seconda Guerra Mondiale in Unione Sovietica*
La guerra italiana all'URSS – 1941-143: La Memoria
Vol. IV

N. 18 Francesca Romana Lenzi
L'Italia in Alta Slesia. (1919-1922)
Aspetti Storici e militari nei documenti dell'Archivio storico dello Stato Maggiore dell'esercito

N. 19 Massimo Morroni
Il Cielo. Istruzioni per l'uso

N. 20 Edoardo Boria
Carte come armi
Geopolitica, cartografia, comunicazione

N. 21 Massimo Coltrinari
Le Marche e la Prima Guerra mondiale: il 1914
Le Brigate di fanteria "Marchigiane":
Marche, Ancona, Macerata, Pesaro, Piceno

N. 22 Massimo Coltrinari
Le Marche e la Prima Guerra mondiale: il 1915*
In prima linea

N. 23 Massimo Coltrinari
Le Marche e la Prima Guerra mondiale: il 1916*
Il fronte interno

---

* *In preparazione.*

N. 24 MASSIMO COLTRINARI
Le Marche e la Prima Guerra mondiale: il 1917 *
Il combattente disarmato.
La Prigionia attraverso un Diario di un soldato anconetano

N. 25 MASSIMO COLTRINARI
Le Marche e la Prima Guerra mondiale: il 1918 *
Il valore del soldato marchigiano

N. 26 MASSIMO COLTRINARI
La guerra di Liberazione: Una guerra su cinque fronti *

N. 27 MASSIMO COLTRINARI
Cialdini era in Osimo *
Riflessioni sugli eventi del settembre 1860 nelle Marche

Per informazioni: ***www.storiainlaboratorio.blogspot.com***

* *In preparazione.*

L'Accademia di Oplologia e Militaria di Ancona incoraggia studi e ricerche nell'ambito della storia militare.
In occasione del 100° anniversario della Prima Guerra Mondiale si è attivata al fine di promuovere ricerche e studi affinché alcuni segmenti di storia marchigiana potessero essere approfonditi.
Tra queste iniziative vi è il sostegno alla pubblicazione di questo volume, e, nelle speranze di tutti, quelli che seguiranno, destinati soprattutto a rinforzare quella memoria, anche locale,che è l'architrave della nostra identità e del senso di appartenenza.

L'augurio che questa sia la continuazione di iniziative similari affinché l'Accademia di Oplologia e Militaria possa essere, sia per i soci che per la collettività, sempre più uno strumento di conoscenza e di aggregazione

Accademia di Oplologia e Militaria
Via Cialdini 26 – Ancona
email: accademiadioplologiaemilitaria@yahoo.it
web: http://oplon.jimdo.com

Finito di stampare aprile 2015
con tecnologia *print on demand*
presso il Centro Stampa "*Nuova Cultura*"
p.le Aldo Moro, 5 - 00185 Roma
www.nuovacultura.it
per ordini: ordini@nuovacultura.it – cervinocause@libero.it

[Int_9788868124878_17x24b/n_LM03]